Collection « L'esprit économique »

fondée par Sophie Boutillier et Dimitri Uzunidis en 1996
dirigée par Sophie Boutillier, Blandine Laperche, Dimitri Uzunidis

Si l'apparence des choses se confondait avec leur réalité, toute réflexion, toute Science, toute recherche serait superflue. La collection « L'esprit économique » soulève le débat, textes et images à l'appui, sur la face cachée économique des faits sociaux : rapports de pouvoir, de production et d'échange, innovations organisationnelles, technologiques et financières, espaces globaux et microéconomiques de valorisation et de profit, pensées critiques et novatrices sur le monde en mouvement...
Ces ouvrages s'adressent aux étudiants, aux enseignants, aux chercheurs en sciences économiques, politiques, sociales, juridiques et de gestion, ainsi qu'aux experts d'entreprise et d'administration des institutions.

La collection est divisée en six séries :

Dans la série *Economie et Innovation* sont publiés des ouvrages d'économie industrielle, financière et du travail et de sociologie économique qui mettent l'accent sur les transformations économiques et sociales suite à l'introduction de nouvelles techniques et méthodes de production. L'innovation se confond avec la nouveauté marchande et touche le cœur même des rapports sociaux et de leurs représentations institutionnelles.

La série *Economie formelle* a pour objectif de promouvoir l'analyse des faits économiques contemporains en s'appuyant sur les approches critiques de l'économie telle qu'elle est enseignée et normalisée mondialement. Elle comprend des livres qui s'interrogent sur les choix des acteurs économiques dans une perspective macroéconomique, historique et prospective.

Dans la série *Le Monde en Question* sont publiés des ouvrages d'économie politique traitant des problèmes internationaux. Les économies nationales, le développement, les espaces élargis, ainsi que l'étude des ressorts fondamentaux de l'économie mondiale sont les sujets de prédilection dans le choix des publications.

La série *Krisis* a été créée pour faciliter la lecture historique des problèmes économiques et sociaux d'aujourd'hui liés aux métamorphoses de l'organisation industrielle et du travail. Elle comprend la réédition d'ouvrages anciens, de compilations de textes autour des mêmes questions et des ouvrages d'histoire de la pensée et des faits économiques.

La série *Clichés* a été créée pour fixer les impressions du monde économique. Les ouvrages contiennent photos et texte pour faire ressortir les caractéristiques d'une situation donnée. Le premier thème directeur est : mémoire et actualité du travail et de l'industrie ; le second : histoire et impacts économiques et sociaux des innovations.

La série *Cours Principaux* comprend des ouvrages simples, fondamentaux et/ou spécialisés qui s'adressent aux étudiants en licence et en master en économie, sociologie, droit, et gestion. Son principe de base est l'application du vieil adage chinois : « le plus long voyage commence par le premier pas ».

Au-delà du PIB

Vers un indice de prospérité durable, inclusive, culturelle et spirituelle

5-7, rue de l'École-Polytechnique, 75005 Paris

http://www.editions-harmattan.fr

ISBN : 978-2-336-59148-3
EAN : 9782336591483

Pitshou Moleka

Au-delà du PIB

Vers un indice de prospérité durable, inclusive, culturelle et spirituelle

Préface d'Olivier Cane

L'Harmattan

Ouvrages du même auteur

1. Empowering Africa: Harnessing Inclusive Innovation for Sustainable Development
Peter Lang, Switzerland, 2025.
2. Le Mode 4 de la Production des Connaissances. Réinventer la Science pour la Justice Cognitive et l'Innovation Sociale
Grin Verlag, 2025.
3. Métaguerre: Comment Gagner les Guerres du Futur
Grin Verlag, 2025.

À paraître :

1. Transformative Governance for Complex Socio-Ecological Systems: Innovation, AI, and Indigenous Knowledge in Africa
Cambridge Elements / Cambridge University Press.
2. The Theology of Innovation: Sacred Creativity, Culture, Technology, and Global Justice
Palgrave Studies in Creativity and Culture – Book Series.

Remerciements

Ce livre est le fruit d'un long cheminement intellectuel, humain et spirituel. Il n'aurait jamais vu le jour sans l'appui, la confiance et l'inspiration de nombreuses personnes que je souhaite ici remercier avec gratitude.

Je tiens tout d'abord à exprimer ma profonde reconnaissance au Professeur Olivier Cane, Fondateur de Riviera University (France), pour la générosité de sa préface, la clarté de son regard critique et l'encouragement qu'il a apporté à ce projet. Sa disponibilité intellectuelle et sa rigueur ont constitué un appui précieux.

Mes remerciements s'adressent également à mes collègues et collaborateurs scientifiques, en particulier au Professeur Mangori (Botswana) avec qui l'idée de ce projet avait commencé il y a quelques années, dans le cadre d'échanges stimulants portant sur les modèles de prospérité et les trajectoires de développement africaines. Son amitié académique et son esprit d'ouverture ont été déterminants.

Je témoigne aussi ma gratitude aux différents acteurs rencontrés en République Démocratique du Congo. Leurs récits, leurs pratiques et leur vision du monde — enracinée, relationnelle et ouverte — ont rendu possible une redéfinition de la prospérité qui dépasse les frontières disciplinaires et les cadres imposés. Leur contribution silencieuse, mais essentielle, nourrit profondément les pages de cet ouvrage.

Je remercie sincèrement ma femme Julienne Mujinga et mes deux filles Shekinah Moleka et Elyon Moleka pour leur amour, leur patience et leur présence constante. Leur soutien moral et spirituel a été une force silencieuse, mais déterminante, tout au long du processus d'écriture. Je souhaite également exprimer ma gratitude à celles et ceux qui ont soutenu ce projet d'une manière ou d'une autre. Certains travaillent avec moi dans le champ de Dieu et d'autres non : Dr Ines Dz'Ko et son mari Dr Marco Kabeya, Jérémie Nsota, Révérend Ndashe Mwamba, Eric Yangongo et Glodie Mihanza , Gisèle Kebunia, Hélène Shotsha, Patrick Manzambi, Rehema Luhata Gracia , Ginette Atale, Helena Marquez, Emmanuel Mfinda et sa femme Nacha Puati, Eugénie Monganga, Nicky Nongala, Naomie Mbombo, et beaucoup d'autres.

Je tiens à remercier les équipes éditoriales de L'Harmattan pour leur professionnalisme et leur engagement. Leur accompagnement a contribué à donner forme, structure et visibilité à une œuvre qui aspire à ouvrir un espace nouveau de réflexion sur la valeur, la richesse et la dignité des peuples.

Enfin, j'aimerais dédier ce livre à la jeunesse africaine, aux chercheurs en quête de sens, aux décideurs visionnaires et à toutes celles et ceux qui s'engagent à repenser les fondements de notre avenir. Que cet ouvrage puisse nourrir leur courage, élargir leur imaginaire et raviver leur conviction qu'un autre modèle de prospérité est possible — un modèle ancré dans la justice, la culture, la spiritualité et la relation harmonieuse avec le vivant.

À toutes et à tous, je dis : merci.

Préface

Il arrive parfois qu'un ouvrage ouvre une brèche, déplace un horizon, renverse doucement mais fermement les évidences que nous considérions comme indiscutables. Au-delà du PIB : Vers un Indice de Prospérité Durable, Inclusive, Culturelle et Spirituelle fait partie de ces livres rares, capables non seulement d'interroger notre manière de penser le monde, mais aussi d'en proposer une alternative concrète, enracinée, visionnaire et profondément humaniste.

Depuis des décennies, nos sociétés se fient à des instruments de mesure dont la nature même — quantitative, comptable, matérialiste — façonne la manière dont nous concevons la richesse, la réussite et le développement. Le Produit Intérieur Brut, conçu pour répondre aux besoins d'une économie industrielle occidentale du milieu du XXe siècle, s'est imposé comme l'indicateur universel d'évaluation des nations. Pourtant, son pouvoir de définition ne vient pas de sa justesse, mais de son hégémonie. Mesurer la vie humaine à l'aune de la production monétaire est devenu un réflexe, une norme, un dogme.

Certains pays ont déjà essayé d'avoir une approche différente, comme le Bhoutan et leur mesure d'indice du bonheur, et certains économistes ont proposé une lecture plus pragmatique avec l'Indice de Développement Humain (IDH) qui reste cependant orienté principalement sur l'évaluation de la situation économique des habitants de chaque pays.

Dr PitshouMoleka, l'auteur de ce livre, nous montre avec clarté, rigueur et profondeur que ces modèlessont aujourd'hui arrivés à leurs limites : limites écologiques, limites sociales, limites culturelles, limites spirituelles. Il démontre comment l'humanité, forte d'innovations technologiques et de richesses matérielles sans précédent, traverse pourtant une fatigue de sens, une fragmentation sociale et une dégradation accélérée de ses fondements écologiques.

Mais l'argument le plus puissant est peut-être celui-ci : le PIB n'est pas seulement insuffisant ; il est fondamentalement aveugle à des formes essentielles de richesse. Il invisibilise le tissu vital qui soutient les sociétés humaines — la solidarité, la culture, la créativité, les valeurs, la mémoire, les liens spirituels, la réciprocité entre humains et nature. En Afrique, et particulièrement en République Démocratique du Congo, cette invisibilisation prend la forme d'un paradoxe douloureux : un pays immensément riche apparaît pauvre parce que les instruments qui prétendent le mesurer ne savent pas regarder la réalité qu'il porte.

Ce livre n'est donc pas une simple critique technique. C'est une critique civilisationnelle.

Dr PitshouMoleka nous invite à un déplacement radical : repenser la prospérité à partir des réalités africaines, et non à partir d'un étalon extérieur. Ce geste intellectuel — et profondément politique — porte un nom : la souveraineté épistémique. Il s'agit de reprendre le droit de définir ce qui compte, ce qui nourrit la vie, ce qui constitue la richesse véritable d'un peuple.

L'une des forces majeures de cet ouvrage est d'avoir articulé cette souveraineté à travers quatre piliers fondamentaux :

- la durabilité, qui replace l'humain au sein du vivant plutôt qu'au-dessus ;
- l'inclusivité, qui rappelle que la prospérité ne peut se bâtir sans justice, participation et reconnaissance ;
- la culture, mémoire vivante qui relie les générations et donne sens au monde ;

- la spiritualité, dimension invisible mais essentielle qui tisse le lien, la dignité et la cohésion.

À une époque où la planète entière questionne son avenir, cette approche plurielle n'est pas seulement pertinente : elle est nécessaire.

L'élaboration de l'Indice de Prospérité Durable, Inclusive, Culturelle et Spirituelle (IPDRDC) constitue une contribution majeure dans ce livre. Rares sont les ouvrages qui réussissent à relier avec autant de cohérence l'anthropologie, l'économie, la philosophie politique, la spiritualité africaine et l'écologie. En proposant un indicateur hybride — combinant données quantitatives, récits communautaires, pratiques culturelles, gouvernance endogène et valeurs symboliques — l'auteur offre un outil qui ne mesure pas seulement la richesse : il la révèle.

La prospérité, ici, n'est plus une course à l'accumulation, mais un mouvement de régénération.Elle n'est plus la somme de biens, mais la qualité des relations.

Elle n'est plus l'appropriation du monde, mais l'harmonie avec lui.

Ainsi pensée, la RDC n'est plus un pays pauvre : elle devient un laboratoire de civilisation. Son immense biodiversité, la profondeur de ses spiritualités, la vitalité de ses cultures et la sagesse de ses systèmes communautaires en font un territoire pionnier pour imaginer d'autres futurs. Ce livre montre que l'Afrique ne doit plus être considérée comme un espace de rattrapage : elle peut être un espace de proposition.

Dans un contexte mondial marqué par les crises — écologique, sociale, géopolitique, identitaire — cet ouvrage ouvre une voie : celle d'une prospérité plurielle où chaque civilisation apporte sa part de lumière. Il s'inscrit dans le courant international des économies du bien-vivre, de la décroissance, de la soutenabilité forte, mais il apporte quelque chose que ces approches n'avaient pas encore pleinement intégré : la profondeur de l'ontologie africaine, la force du lien communautaire, la place centrale du spirituel dans la vie collective.

À ce titre, le livre ne s'adresse pas seulement aux économistes ou aux chercheurs : il s'adresse aux décideurs politiques, aux leaders communautaires, aux étudiants, aux acteurs du développement, mais aussi — et peut-être surtout — à celles et ceux qui pensent que l'Afrique mérite d'être regardée non plus comme un objet d'analyse, mais comme une source de modèles.

Il y a dans ces pages une ambition : contribuer à une renaissance africaine fondée sur la dignité, la connaissance et la responsabilité intergénérationnelle.

Il y a aussi un espoir : celui que la RDC puisse devenir l'un des premiers pays au monde à mesurer sa prospérité non seulement par ce qu'elle produit, mais par ce qu'elle préserve, ce qu'elle transmet, ce qu'elle honore et ce qu'elle fait grandir.

Ce modèle est un pavé lancé dans la mare et un appel à la réflexion, même si celui-ci sera difficile à appliquer à différentes cultures possédant des grilles de lecture inhérentes à leur civilisation et sujettes à de multiples interprétations, amenant de ce fait une difficulté dans la comparaison entre les pays, outil dont les macro-économistes ont besoin au quotidien.

En refermant cette préface, je formule un vœu : que cet ouvrage soit lu avec attention, débattu avec passion, partagé largement.

Qu'il inspire une nouvelle génération de penseurs, de dirigeants et de citoyens qui auront le courage de dire : la richesse n'est pas ce que nous croyions ; elle est bien plus vaste, plus profonde, plus humaine.
Cet ouvrage marque une étape.
L'avenir dira qu'il aura ouvert un chemin.

Professeur Olivier Cane (Fondateur de RIVIERA UNIVERSITY/ France)

Introduction Générale

1. Le moment critique de la mesure de la richesse

Nous vivons une époque de contradictions profondes. Jamais l'humanité n'a produit autant de richesses matérielles, de technologies et de savoirs ; pourtant, jamais elle n'a semblé aussi vulnérable sur le plan écologique, social, culturel et spirituel. Les crises climatiques, les inégalités croissantes, la perte de sens et la déchirure du lien social révèlent les limites du modèle dominant de prospérité fondé sur la croissance illimitée.

Depuis les travaux fondateurs de Kuznets (1934), puis la diffusion du Produit Intérieur Brut (PIB) après la Seconde Guerre mondiale, la richesse nationale est assimilée à la somme des biens et services produits. Cette logique, instrumentale et comptable, a certes permis de suivre la croissance économique, mais elle a aussi réduit le développement à une abstraction monétaire. Le PIB ignore la distribution des revenus, la dégradation écologique, le travail domestique, les savoirs immatériels, la santé psychique et spirituelle. Comme le notent Stiglitz, Sen et Fitoussi (2010), ce que nous mesurons façonne ce que nous faisons : en ne mesurant que la production, nous finissons par oublier la vie.

En Afrique, et particulièrement en République Démocratique du Congo (RDC), cette réduction est tragiquement visible. Un pays de 2,3 millions de km^2, doté d'un capital naturel et culturel exceptionnel, se retrouve catalogué parmi les nations les plus pauvres. Ce classement ne résulte pas tant d'une absence de richesse réelle que d'une invisibilisation systémique : les indicateurs classiques ne reconnaissent pas ce qui échappe à l'économie formelle — la solidarité communautaire, la résilience spirituelle, la force des réseaux familiaux, la créativité informelle, les économies de subsistance, ou encore les savoirs endogènes de soin et de production.

Ainsi, la pauvreté de la RDC est avant tout une pauvreté mesurée, c'est-à-dire produite par un système d'indicateurs qui ne sait pas voir autrement. Le développement devient alors une construction épistémique, souvent imposée, qui perpétue une hiérarchie cognitive entre Nord et Sud.

Ce constat appelle une refondation : repenser la richesse, non plus comme un stock de biens matériels, mais comme une capacité à vivre ensemble, à transmettre, à régénérer et à s'épanouir dans la plénitude du sens.

2. La critique du paradigme économiciste

Les critiques à l'égard du PIB et de l'économie de la croissance sont nombreuses. Dès les années 1970, des voix comme celles de E. F. Schumacher (*Small is Beautiful*, 1973) ou Nicholas Georgescu-Roegen (*The Entropy Law and the Economic Process*, 1971) ont souligné l'incompatibilité entre croissance infinie et limites planétaires. Plus récemment, des approches comme l'économie du bien-être (Sen, 1999), la théorie du bonheur brut (Bhoutan), ou la décroissance (Latouche, 2003) ont tenté de reformuler la notion de prospérité en intégrant la durabilité écologique et la justice sociale.

Cependant, la plupart de ces modèles restent épistémiquement occidentaux : ils se construisent dans un imaginaire du progrès linéaire, rationnel, universel. Peu d'entre eux reconnaissent que d'autres civilisations – notamment africaines – ont développé, depuis des siècles, des ontologies alternatives de la richesse.

L'Afrique n'a jamais conçu la prospérité en termes de possession, mais de relation. Dans la pensée bantoue, la richesse se mesure à la qualité des liens : liens entre humains, entre humains et nature, entre vivants et ancêtres. La personne est définie par son être-avec, et non par son avoir. Comme l'énonce John Mbiti (1969), « *I am because we are, and since we are, therefore I am.* » Cette conception relationnelle fait de la prospérité un équilibre dynamique plutôt qu'une accumulation.

Ainsi, vouloir mesurer la prospérité africaine avec les instruments du PIB revient à mesurer la profondeur d'un fleuve avec une règle. Le problème n'est pas seulement économique, mais ontologique : il s'agit d'un conflit entre deux visions du monde – l'une fondée sur la séparation et la maîtrise, l'autre sur l'interdépendance et la réciprocité.

3. Le contexte congolais : un miroir des paradoxes du développement

La RDC incarne à la fois la promesse et le paradoxe du développement africain. Dotée de 80 millions d'hectares de forêts, d'un potentiel hydroélectrique colossal, d'une biodiversité unique et d'un sous-sol regorgeant de minerais stratégiques, le pays pourrait être un modèle de prospérité durable. Pourtant, selon les indicateurs internationaux, il demeure parmi les derniers du classement mondial du développement humain.

Cette contradiction révèle l'inadéquation des instruments de mesure. Elle traduit aussi une crise de souveraineté épistémique : les modèles imposés depuis l'extérieur ne correspondent pas aux réalités vécues. Comme l'a montré Samir Amin (2006), le développement africain a été construit sur des paradigmes exogènes, transformant les sociétés locales en terrains d'application plutôt qu'en sources de savoir.

Or, pour la RDC, redéfinir la richesse n'est pas seulement un projet économique : c'est un acte de décolonisation cognitive. Repenser la prospérité selon ses propres référentiels culturels, spirituels et écologiques, c'est réaffirmer sa capacité à se penser et à se gouverner autrement.

4. Vers une redéfinition intégrale de la prospérité

Cet ouvrage propose de dépasser la vision unidimensionnelle du développement pour fonder une théorie africaine de la prospérité, articulée autour de quatre piliers interdépendants :

1. La durabilité : préserver et régénérer les conditions de la vie.
2. L'inclusivité : garantir la participation, la justice et la reconnaissance.
3. La culture : valoriser les savoirs, les patrimoines et la créativité.
4. La spiritualité : restaurer le sens, l'éthique et la cohésion du vivre-ensemble.

Ces quatre axes constituent les fondations de l'Indice de Prospérité Durable, Inclusive, Culturelle et Spirituelle (IPDRDC) — un outil conceptuel et pratique qui cherche à restituer la richesse invisible et à réconcilier les dimensions matérielles, symboliques et spirituelles du développement.

5. Le pilier de la durabilité : l'alliance du vivant et de l'humain

Dans la tradition africaine, la durabilité n'est pas une politique environnementale, mais une cosmologie du vivant.

Les peuples du Congo considèrent la Terre non comme une ressource, mais comme une mère nourricière. Les forêts, les rivières et les montagnes sont dotées d'une force vitale (*nto*, *moyo*) qu'il faut honorer. Cette éthique écologique ancestrale, longtemps marginalisée, anticipe les principes contemporains de l'écologie intégrale (Latour, 2021 ; Shiva, 2018).

L'IPDRDC mesure la durabilité à travers des indicateurs hybrides : régénération des écosystèmes, résilience communautaire, souveraineté alimentaire, et transmission des savoirs écologiques. Il s'agit d'un retour à la symbiose originelle entre l'humain et la nature.

6. Le pilier de l'inclusivité : justice, reconnaissance et gouvernance partagée

L'inclusion, dans le contexte africain, ne saurait se réduire à la réduction des inégalités économiques. Elle renvoie à une éthique de la participation. Les sociétés traditionnelles congolaises fonctionnaient selon un principe de concertation communautaire, où la parole circulait, où les décisions étaient prises collectivement. Cette gouvernance par consensus (Nyerere, 1968) contraste avec la verticalité des modèles politiques importés.

Ainsi, la prospérité inclusive implique de reconstruire des institutions à partir du local : coopératives féminines, conseils coutumiers, associations de jeunes, réseaux religieux, initiatives villageoises. Elle requiert la reconnaissance de chaque acteur comme porteur de richesse, de savoir et de dignité.

7. Le pilier culturel : la richesse des sens et des symboles

La culture est la matrice invisible de toute société. En Afrique, elle est à la fois structure de sens, réservoir d'innovation et facteur de résilience. La prospérité culturelle ne consiste pas seulement à préserver le patrimoine, mais à activer la créativité vivante des peuples : langues, arts, rituels, musiques, artisanats, contes, cosmologies.

La RDC, avec plus de 450 langues et une diversité ethnique remarquable, est un laboratoire culturel du monde.

L'IPDRDC évalue cette vitalité par des critères comme la transmission intergénérationnelle, la reconnaissance du patrimoine immatériel, ou la place de la créativité dans l'économie locale.

La culture devient ici un pilier de développement, non un supplément d'âme. Elle relie mémoire et modernité, identité et innovation.

8. Le pilier spirituel : l'économie du sens

Dans les sociétés africaines, la spiritualité n'est pas confinée à la religion : elle structure la vie, oriente les comportements, inspire les politiques. Elle relie visible et invisible, matière et esprit, humain et cosmos. Le philosophe Alexis Kagame (1956) montre que le mot *ntu* — racine commune du terme *Ubuntu* — désigne l'essence vitale reliant toutes choses.

Ainsi, la prospérité spirituelle désigne la capacité d'une société à maintenir le sens dans ses institutions, son économie et sa culture. Elle se manifeste par la solidarité, la paix, la dignité, et la fidélité à une éthique collective. Mesurer cette dimension suppose de mobiliser des indicateurs qualitatifs : cohésion communautaire, valeurs éthiques, rites de passage, pratiques de médiation, qualité du lien social.

Dans le contexte congolais, les Églises, les confréries, les écoles de sagesse et les rituels traditionnels constituent des piliers de cohésion spirituelle et sociale.

9. Une approche transdisciplinaire et pluriverselle

Le présent ouvrage s'inscrit dans une approche transdisciplinaire, articulant économie, anthropologie, théologie, écologie, et philosophie politique. La construction de l'IPDRDC combine des données quantitatives (santé, éducation, environnement) et des données qualitatives (narrations communautaires, pratiques symboliques, valeurs spirituelles).

Ce projet s'inscrit également dans le cadre du pluriversalisme (Escobar, 2018 ; Santos, 2014) — la reconnaissance de la coexistence de plusieurs visions du monde. La prospérité n'est pas universelle mais pluriverselle : chaque peuple possède sa manière d'habiter le monde, de créer, de croire et de prospérer.

L'IPDRDC vise donc à réhabiliter cette diversité, en construisant un dialogue de savoirs entre les rationalités africaines et les instruments contemporains de la mesure du développement.

10. Une souveraineté épistémique et politique

Repenser la prospérité, c'est aussi revendiquer le droit de nommer et de mesurer selon ses propres référents. Comme le souligne Boaventura de Sousa Santos (2014), la domination ne se manifeste pas seulement par l'économie, mais par la capacité à définir ce qui compte. La RDC doit reconquérir ce pouvoir de définition : dire ce qu'est la richesse, le bonheur, le bien-vivre, selon sa propre histoire et ses propres valeurs.

Cette souveraineté épistémique est la condition d'une souveraineté politique authentique. Elle ouvre la voie à une gouvernance fondée sur la dignité, la pluralité et la responsabilité intergénérationnelle.

11. Objectifs de l'ouvrage

Cet ouvrage poursuit quatre grands objectifs :

1. Conceptuel : proposer une refondation théorique du concept de prospérité, en intégrant les dimensions durable, inclusive, culturelle et spirituelle.
2. Méthodologique : élaborer un cadre de mesure pluriversel (IPDRDC) combinant des indicateurs quantitatifs et qualitatifs.
3. Politique : offrir un outil de gouvernance territoriale pour orienter les politiques publiques vers une prospérité intégrale.
4. Civilisationnel : participer à la naissance d'une nouvelle ère de la connaissance – celle où l'Afrique devient productrice de modèles, et non une simple réceptrice.

12. Organisation du livre

L'ouvrage est structuré en six grandes parties que présente ce petit tableau:

Partie	Titre	Fonction principale
I	*Fondations conceptuelles : pour une redéfinition africaine de la prospérité*	Établir les bases théoriques, critiques et épistémologiques.
II	*Méthodologie de l'Indice de Prospérité Durable, Inclusive, Culturelle et Spirituelle (IPDRDC)*	Présenter la démarche scientifique, les sources, les outils, et la logique d'intégration des quatre dimensions.
III	*Prospérité durable : écologie, temporalité et régénération*	Application empirique du pilier écologique et temporel.
IV	*Prospérité inclusive : justice, équité et gouvernance*	Application socio-économique et politique.

Partie	Titre	Fonction principale
V	*Prospérité culturelle et spirituelle : mémoire, créativité, transcendance*	Analyse symbolique, spirituelle et communautaire.
VI	*Conclusion générale: Synthèse et perspectives : vers une théorie africaine de la prospérité pluriverselle*	Unification théorique et prospective civilisationnelle.

L'ouvrage ainsi articulé cherche à: (1) redéfinir conceptuellement la notion de prospérité en intégrant les dimensions économiques, socio-anthropologiques, politiques, culturelles et spirituelles ; (2) proposer un outil opérationnel, l'Indice de Prospérité Durable, Inclusive, Culturelle et Spirituelle de la RDC (IPDRDC), ancré dans les réalités congolaises et africaines.

Chaque partie combine une analyse théorique rigoureuse, une approche comparative interdisciplinaire et des études empiriques locales, selon une méthodologie transdisciplinaire alliant économie politique, anthropologie, écologie, philosophie et spiritualité.

13. Conclusion introductive

Ce livre n'est pas seulement une critique du PIB. Il est un appel à la renaissance africaine — une invitation à bâtir une économie du sens, une culture du lien et une spiritualité de la responsabilité.

L'Indice de Prospérité Durable, Inclusive, Culturelle et Spirituelle (IPDRDC) n'est pas une simple métrique : c'est une philosophie du vivant, une éthique du futur, et une théorie du monde pluriel.

À travers lui, la RDC peut devenir un laboratoire mondial de la prospérité intégrale, offrant à l'humanité un modèle alternatif à la croissance sans âme : celui d'une civilisation du bien-vivre, enracinée dans la sagesse africaine et ouverte à l'universel.

Partie I :

Fondations conceptuelles : pour une redéfinition africaine de la prospérité

Cette première partie pose les bases épistémologiques, théoriques et méthodologiques nécessaires à la construction d'un Indice de Prospérité Durable, Inclusive, Culturelle et Spirituelle (IPDRDC). Elle interroge les fondements historiques et économiques des indicateurs dominants de la richesse, dévoile leurs biais culturels et ontologiques, puis propose une lecture africaine, socio-anthropologique et pluriverselle de la prospérité.

Trois axes structurent cette partie :

1. Les limites des indicateurs classiques (PIB, IDH) dans la représentation du bien-être réel et de la complexité africaine.
2. Les fondements anthropologiques et philosophiques d'une prospérité africaine centrée sur la communauté, la durabilité et la spiritualité.
3. La critique postcoloniale et la souveraineté épistémique, nécessaires à la création d'indicateurs contextualisés pour la RDC et l'Afrique.

Chapitre 1 :

Les Limites des Indicateurs Classiques de la Richesse

Introduction

Depuis le milieu du XXe siècle, la mesure de la richesse nationale et du développement économique a été largement dominée par des indicateurs strictement quantitatifs, parmi lesquels le Produit Intérieur Brut (PIB) s'est imposé comme référence quasi universelle. Conçu initialement dans le contexte de la reconstruction économique d'après-guerre, le PIB visait à fournir un outil capable de quantifier la production de biens et services monétarisables. Cependant, comme l'ont souligné Stiglitz, Sen et Fitoussi (2010), cette approche, purement comptable et macroéconomique, échoue à saisir le bien-être réel des populations. Elle se limite à une logique de croissance et d'accumulation, laissant dans l'ombre des dimensions essentielles telles que la santé psychospirituelle, le capital social, la culture et la résilience écologique.

L'indice de Développement Humain (IDH) du Programme des Nations Unies pour le Développement (PNUD) a représenté une tentative de dépassement de cette vision monolithique en intégrant des dimensions fondamentales comme la santé et l'éducation. Néanmoins, cet indice reste profondément ancré dans une logique occidentale, individualiste et quantitative, insuffisante pour appréhender la richesse dans ses dimensions relationnelles, communautaires et symboliques. En contexte africain, où le bien-vivre est souvent défini par l'interdépendance sociale, la solidarité, la réciprocité et l'harmonie avec la nature, ces indicateurs échouent à rendre compte des réalités vécues.

La République Démocratique du Congo illustre de manière paradigmatique ce paradoxe. Riche en ressources naturelles, biodiversité, savoirs traditionnels et patrimoine culturel, elle est régulièrement classée parmi les pays « pauvres » selon le PIB. Ce décalage met en lumière une problématique épistémologique majeure : les indicateurs classiques ne sont pas de simples outils neutres de mesure, ils sont également des instruments de définition normative de ce qui compte et de ce qui est marginalisé. Comme l'a souligné Escobar (2018), la domination cognitive et ontologique liée à la modernité occidentale impose des critères universels qui effacent les savoirs et pratiques locales.

Ce chapitre se propose donc d'examiner les limites structurelles de ces indicateurs classiques de richesse, en mettant en évidence leurs biais économiques, culturels et politiques, et en illustrant ces insuffisances à travers le cas africain, et plus particulièrement congolais. Il prépare ainsi le terrain pour la construction d'une approche alternative, centrée sur une prospérité durable, inclusive, culturelle et spirituelle. Le chapitre s'articule autour de plusieurs sections : l'origine et l'évolution du PIB, l'analyse critique de l'IDH, les limites économiques et sociales, le biais culturel et cognitif, et les conséquences de ces insuffisances sur les politiques publiques et le développement.

1. Origine et évolution du PIB

Le Produit Intérieur Brut a été conçu dans les années 1930 et 1940, dans un contexte historique précis, celui de la reconstruction d'après-guerre et de la montée en puissance des États-nations industrialisés. Simon Kuznets, économiste américain, fut l'un des principaux architectes de cet indicateur, qu'il présenta comme un outil technique pour mesurer la production de biens et services au sein d'une économie nationale. L'objectif initial était pragmatique : fournir aux gouvernements un instrument permettant de suivre la croissance, d'évaluer l'efficacité des politiques économiques et de planifier la redistribution des ressources dans un contexte de reconstruction (Kuznets, 1934).

Cependant, dès sa création, le PIB traduisait déjà une vision réductionniste et utilitariste du développement. Il mesurait uniquement la valeur monétaire des flux économiques et ignorait complètement les dimensions non marchandes du bien-être. Les activités de subsistance, les échanges communautaires, le bénévolat, le travail domestique et les savoirs traditionnels n'avaient aucune valeur dans ce cadre. Comme le rappelle Amartya Sen (1999), la richesse économique ne doit pas être confondue avec le développement humain. Le PIB capture la production matérielle mais ignore la liberté et les capabilités nécessaires pour mener la vie que l'on valorise réellement.

La diffusion mondiale du PIB a coïncidé avec l'expansion de l'économie de marché et de l'hégémonie occidentale dans le système international. L'indicateur s'est progressivement imposé comme la référence normative pour juger de la performance économique des États, en marginalisant d'autres formes de richesse. Dans ce processus, des logiques culturelles et sociales propres à chaque territoire ont été invisibilisées, entraînant une forme de violence épistémique. Comme l'indique Samir Amin (2006), le classement international des nations selon le PIB ne mesure pas la richesse réelle des sociétés africaines mais reproduit une hiérarchie mondiale héritée du colonialisme, où le Nord global définit la norme et l'Afrique reste périphérique.

En parallèle, le PIB a été adopté comme outil central de planification et d'allocation des ressources à l'échelle mondiale. Les politiques publiques et les programmes d'aide internationale sont largement calibrés sur la croissance économique mesurée en PIB, ce qui conduit à privilégier les investissements générant de la valeur monétaire immédiate, souvent au détriment de la durabilité écologique, de la cohésion sociale et du capital culturel. Dans les contextes africains, cette focalisation sur le PIB contribue à une distorsion cognitive : les économies informelles, les savoirs traditionnels et les mécanismes de solidarité communautaire sont ignorés ou sous-estimés, alors qu'ils constituent des piliers essentiels du bien-être.

Le rôle du PIB dans la consolidation des hiérarchies économiques mondiales ne peut être sous-estimé. L'indicateur ne se contente pas de mesurer, il légitime également des politiques de domination et de dépendance. Dans le cas de la RDC, les richesses minières et forestières, pourtant considérables, sont largement extraites pour alimenter les marchés internationaux, tandis que la population locale reste marginalisée. Les indicateurs classiques tels que le PIB ne rendent pas compte de la captation de valeur par des acteurs externes ni des effets sur les communautés locales, ni de la dégradation écologique et culturelle qui en découle (Mbembe, 2016).

Enfin, l'évolution du PIB a été marquée par des tentatives d'intégration de certaines dimensions non économiques, notamment par la comptabilité verte ou les indicateurs de bien-être matériel. Cependant, ces ajustements restent marginaux et ne transforment pas la logique fondamentale : mesurer ce qui peut être monétarisé reste l'axe central. Dans le contexte africain, où le lien entre économie, culture, spiritualité et écologie est fondamental, cette approche montre ses limites structurelles : elle ne peut refléter la complexité du développement, ni guider efficacement des politiques publiques inclusives et durables.

Ainsi, cette section montre que le PIB, malgré son utilité historique, présente des limites structurelles majeures : il réduit le développement à la production matérielle, invisibilise les pratiques sociales et culturelles, reproduit des hiérarchies globales héritées du colonialisme et ne capture pas la complexité des sociétés africaines. Cette analyse prépare la réflexion sur l'IDH et les autres indicateurs classiques, qui, bien qu'ayant cherché à élargir le champ du développement, restent profondément insuffisants pour rendre compte de la prospérité plurielle dans des contextes comme celui de la RDC.

2. L'Indice de Développement Humain (IDH) et ses limites dans le contexte africain

Face aux limites structurelles du PIB, le Programme des Nations Unies pour le Développement (PNUD) a introduit, en 1990, l'Indice de Développement Humain (IDH) comme une tentative de dépasser une conception purement économique du développement. L'IDH se veut multidimensionnel : il prend en compte la santé (mesurée par l'espérance de vie à la naissance), l'éducation (mesurée par la durée moyenne et attendue de scolarisation) et le revenu par habitant (ajusté au pouvoir d'achat).

À première vue, cet indice apparaît comme un progrès majeur. Il déplace le focus du simple accroissement économique vers le bien-être humain, reflétant l'idée que le développement consiste avant tout à élargir les capabilités, selon Amartya Sen (1999). Cependant, malgré cette orientation conceptuelle ambitieuse, l'IDH demeure ancré dans une logique quantitativiste, normative et occidentalocentrée. Cette section analyse en profondeur les insuffisances structurelles et conceptuelles de l'IDH, en mobilisant une approche critique et postcoloniale, ainsi que des références socio-anthropologiques pour illustrer les réalités africaines et congolaises.

2.1. Une avancée conceptuelle mais des limites méthodologiques

L'IDH marque une tentative de dépasser la logique unidimensionnelle du PIB en intégrant la santé et l'éducation. Toutefois, ses choix méthodologiques restent étroitement liés à des paradigmes occidentaux de développement, centrés sur l'individu, mesurables et standardisables.

Premièrement, l'IDH repose sur des données quantitatives nationales qui, dans le cas des pays africains, sont souvent incomplètes, fragmentaires ou approximatives. La RDC, par exemple, souffre de lacunes importantes dans les systèmes statistiques, rendant les estimations de l'espérance de vie, du taux d'alphabétisation ou du revenu par habitant particulièrement fragiles (World Bank, 2022). Cette insuffisance empirique génère des biais : des zones rurales isolées, des populations autochtones ou des communautés vivant de l'économie informelle sont invisibilisées, ce qui réduit la pertinence des décisions politiques basées sur ces indicateurs.

Deuxièmement, la standardisation des mesures implique une uniformisation normative du développement. L'espérance de vie est considérée comme un indicateur universel de santé, et la scolarisation comme un proxy de connaissance et d'acquisition de compétences. Or, ces mesures ignorent les formes de savoir local, les connaissances endogènes, l'apprentissage par la pratique communautaire et les modes de transmission orale, qui constituent pourtant des piliers essentiels du développement et de la résilience dans de nombreuses communautés congolaises (Mbiti, 1969 ; Moleka, 2024a).

Troisièmement, l'IDH demeure fortement centré sur l'individu. Cette perspective reflète une logique libérale occidentale où la personne est considérée comme l'acteur principal de son bien-être. Dans de nombreuses sociétés africaines, en revanche, le bien-être ne se définit pas isolément mais collectivement : il s'inscrit dans le réseau complexe des relations communautaires, familiales et générationnelles. La prospérité d'un individu est intrinsèquement liée à celle de sa communauté. Ainsi, l'IDH néglige la dimension relationnelle et sociale du développement, qui est pourtant essentielle pour comprendre le bien-vivre en Afrique centrale et en RDC (Wiredu, 1998 ; Hountondji, 1997).

2.2. Le biais culturel et cognitif de l'IDH

L'IDH, malgré son apparente universalité, reproduit un biais culturel et cognitif. Il valorise des dimensions standardisées et mesurables, souvent liées à des critères occidentaux de « réussite », tout en négligeant les valeurs, les pratiques et les logiques locales.

Dans le contexte congolais, par exemple, la santé communautaire repose sur des systèmes de soin traditionnels, des pratiques de médecine ancestrale et des rituels collectifs qui assurent la prévention et la résilience sociale. Ces dimensions ne sont pas quantifiables au sens classique et sont donc ignorées dans l'IDH, bien qu'elles soient essentielles à la survie et au bien-être des communautés rurales et urbaines (Tshibanda, 2015).

De même, l'éducation formelle, valorisée par l'IDH, n'est pas nécessairement la seule forme de savoir reconnue. L'apprentissage par transmission orale, l'initiation culturelle et les savoirs techniques endogènes (agriculture, artisanat, gestion des forêts et des fleuves) jouent un rôle central dans la constitution de la richesse collective. Ignorer ces dimensions revient à invisibiliser une partie substantielle du capital humain et culturel africain (Mbembe, 2016 ; Moleka, 2024a).

En termes cognitifs, l'IDH participe à la colonisation de l'esprit : il impose un cadre conceptuel où la réussite et la prospérité sont définies par des standards extérieurs. Les sociétés africaines, riches en savoirs, pratiques et réseaux de solidarité, se voient évaluées selon des critères qui ne reconnaissent pas leur valeur intrinsèque. Ce biais épistémologique contribue à reproduire une hiérarchie mondiale, où le Nord global définit les normes et les instruments de mesure, tandis que le Sud est évalué selon des standards qui peuvent être inadaptés ou incomplets.

2.3. Limites économiques et sociales de l'IDH

L'IDH intègre le revenu moyen par habitant comme troisième dimension, mais cette mesure reste insensible aux inégalités et à la distribution de la richesse. En Afrique, les écarts entre urbain et rural, entre capital et périphérie, ou entre groupes ethniques et sociaux, sont extrêmement marqués. La RDC, par exemple, combine une concentration extrême de ressources naturelles dans certaines provinces et une pauvreté endémique dans d'autres, avec des infrastructures limitées et des flux économiques informels massifs. Un simple indicateur moyen masque ces disparités et ne permet pas d'identifier les zones prioritaires pour l'action publique.

De plus, le revenu per capita ne prend pas en compte les mécanismes de redistribution communautaire, qui constituent une véritable forme d'assurance sociale dans de nombreuses régions. Les pratiques telles que le lisanzo (entraide collective), les tontines rurales, ou les systèmes d'échange non monétaire, participent à la sécurité alimentaire et au bien-être des familles et des villages. L'IDH, en ignorant ces systèmes, offre une image incomplète et parfois trompeuse de la prospérité réelle (Polanyi, 1944 ; Tshibanda, 2015).

Enfin, l'IDH ne mesure pas la durabilité écologique des modes de production et de consommation. La richesse des sociétés africaines est étroitement liée à l'équilibre avec la nature et aux pratiques traditionnelles de gestion des ressources. Les forêts, fleuves, sols et biodiversité sont autant de capitaux essentiels, dont la dégradation menace la survie des communautés. L'absence de cette dimension dans l'IDH signifie que les stratégies de développement peuvent encourager la croissance économique immédiate tout en compromettant la résilience écologique et sociale à long terme (Shiva, 2018 ; Mbembe, 2020).

2.4. Conséquences politiques et géopolitiques

La prééminence de l'IDH comme référence normative a des implications politiques majeures. Les flux d'aide internationale, les investissements et la légitimité politique sont souvent calibrés en fonction de cet indice. Dans le cas de la RDC, cela a conduit à une instrumentalisation des données de développement, où les priorités locales, culturelles et écologiques sont reléguées au second plan.

Cette approche reproduit également des dynamiques de dépendance : les décideurs locaux et les experts internationaux adoptent des modèles standardisés, souvent déconnectés des réalités endogènes. La souveraineté épistémique est ainsi compromise : mesurer selon des critères importés signifie définir le succès selon des standards étrangers, invisibilisant les savoirs locaux et marginalisant les initiatives communautaires innovantes (Hountondji, 1997 ; Escobar, 2018).

L'IDH représente donc une tentative importante de dépasser la logique exclusive du PIB, mais ses limites conceptuelles, méthodologiques et culturelles sont profondes. Il demeure centré sur des mesures quantitatives, standardisées et occidentales, ignorant les dimensions relationnelles, culturelles, spirituelles et écologiques du développement. Dans le contexte africain et congolais, où la prospérité se définit par la solidarité, la transmission des savoirs, la résilience écologique et le bien-vivre collectif, l'IDH est insuffisant pour orienter les politiques publiques et les stratégies de développement durable.

Cette analyse met en évidence la nécessité d'un indice alternatif, capable de rendre visibles les dimensions souvent invisibilisées, de valoriser les savoirs locaux et de proposer une mesure pluriverselle de la prospérité. L'IPDRDC, que ce livre propose, s'inscrit précisément dans cette perspective : il cherche à intégrer de manière systématique les piliers de durabilité, d'inclusion, de culture et de spiritualité, offrant un cadre conceptuel et opérationnel adapté aux réalités congolaises et africaines.

3. Biais culturels et sociaux dans les mesures classiques de la prospérité

Alors que la Section 2 a analysé les limites conceptuelles et méthodologiques de l'IDH, cette section se concentre sur les dimensions culturelles, sociales et relationnelles souvent invisibilisées par les indicateurs classiques. En Afrique, et plus particulièrement en République Démocratique du Congo, la prospérité ne se définit pas uniquement par la santé, l'éducation ou le revenu moyen : elle repose sur des structures sociales

complexes, des réseaux communautaires et des systèmes de valeurs profondément enracinés.
Cette section démontre comment les indicateurs dominants, en omettant ces dimensions, produisent un biais épistémique et socioculturel qui affecte la compréhension du développement et la planification politique. Elle s'appuie sur des travaux anthropologiques, historiques et économiques, ainsi que sur des exemples concrets issus des communautés congolaises, pour montrer l'importance de lier culture, inclusion et durabilité à la mesure de la prospérité.

3.1. La prospérité comme phénomène relationnel et communautaire

Dans la plupart des sociétés africaines, la richesse et le bien-être sont fondamentalement collectifs. La prospérité ne se mesure pas seulement à l'aune de possessions matérielles ou d'indicateurs monétaires, mais par la qualité des relations, la solidarité et la capacité des communautés à se soutenir mutuellement.

3.1.1. Solidarité et capital social

La notion de capital social dépasse la simple infrastructure économique. Dans le Bandundu, le Kasaï ou le Sud-Kivu, des pratiques telles que le lisanzo, le tukwanisa, ou les tontines locales, illustrent comment les communautés génèrent de la richesse immatérielle par la réciprocité et la coopération. Ces mécanismes assurent la sécurité alimentaire, l'accès aux soins et la transmission des savoirs.

Karl Polanyi (1944) avait déjà souligné que les économies humaines sont encastrées dans des relations sociales. En Afrique, cette dimension est essentielle : un individu isolé est économiquement pauvre, mais inséré dans un réseau communautaire, il dispose d'un capital relationnel, culturel et spirituel significatif. Les mesures classiques, centrées sur l'individu et l'argent, ignorent cette richesse fondamentale.

3.1.2. Transmission intergénérationnelle et continuité

La prospérité ne se définit pas uniquement dans l'instant présent : elle inclut la capacité à transmettre les savoirs, les traditions et les ressources naturelles aux générations futures. Dans les communautés Mongo et Luba, les rituels agricoles, les cérémonies initiatiques et les pratiques de gouvernance locale préservent la continuité des savoirs et de la cohésion sociale. L'absence de reconnaissance de ces dimensions dans l'IDH ou le PIB crée un décalage majeur entre la richesse mesurée et la richesse réelle.

3.2. La culture et les pratiques endogènes comme indicateurs de prospérité

3.2.1. Valeurs symboliques et capital culturel

La culture est à la fois un capital immatériel et un moteur de développement économique indirect. Les savoirs artisanaux, la musique, la danse, les langues locales et les rituels religieux contribuent à l'identité, à la résilience et à la créativité. Par exemple, l'enseignement des langues locales dans les écoles communautaires et les initiatives de valorisation artisanale renforcent la transmission culturelle tout en générant des revenus indirects.

L'IDH et les mesures occidentales négligent ces dimensions : elles sont perçues comme qualitatives et non quantifiables. Pourtant, ces éléments sont essentiels pour comprendre le bien-être et la prospérité dans des sociétés où l'économie et la culture sont indissociables.

3.2.2. Créativité et innovation endogène

La prospérité culturelle se manifeste également à travers l'innovation locale. L'ingéniosité des communautés congolaises dans la gestion des ressources forestières, des systèmes hydrauliques ou des savoirs médicinaux traditionnels illustre une forme de richesse productive souvent ignorée par les indices classiques. Ces innovations renforcent la résilience économique et écologique, tout en étant profondément ancrées dans les pratiques culturelles.

3.3. Inclusion sociale et justice distributive

3.3.1. Genre et participation

Les mesures classiques négligent les inégalités structurelles dans la répartition des ressources et de la participation sociale. En RDC, les femmes et les jeunes jouent un rôle crucial dans les activités économiques, la gouvernance locale et la préservation des savoirs culturels, mais leur contribution reste largement invisible dans les statistiques.

Les initiatives telles que les coopératives féminines, les programmes de microcrédit communautaires et les conseils de jeunesse locale montrent que l'inclusion n'est pas seulement un idéal social, mais un moteur concret de prospérité. L'IPDRDC propose de capturer cette dimension, en intégrant des indicateurs de participation, de reconnaissance et d'équité.

3.3.2. Gouvernance communautaire et cohésion sociale

La prospérité n'est pas uniquement un enjeu économique, elle dépend aussi de la cohésion sociale et de la justice. Les conseils communautaires multiethniques, les pratiques de règlement des conflits et les cérémonies rituelles de médiation contribuent à la stabilité et à la résilience collective. Ces mécanismes, invisibles dans les mesures classiques, constituent pourtant des piliers essentiels de la prospérité réelle.

3.4. Le rôle de la spiritualité dans la prospérité

La dimension spirituelle, souvent absente des indicateurs dominants, constitue un facteur central de bien-être et de cohésion sociale. La prospérité spirituelle se traduit par :

- La capacité à intégrer les valeurs éthiques dans les décisions économiques et sociales,
- La solidarité renforcée par les pratiques rituelles et religieuses,
- La résilience face aux crises, grâce à la confiance dans le collectif et le sacré.

Par exemple, les cérémonies agricoles et les rituels de protection de la forêt ou des fleuves assurent à la fois la durabilité écologique et la cohésion sociale. Les indicateurs classiques, en négligeant cette dimension, offrent une vision partielle et réductrice de la prospérité.

Cette section montre que les indicateurs classiques sont profondément insuffisants pour mesurer la prospérité en RDC et en Afrique. Ils ignorent :

1. La dimension relationnelle et communautaire du bien-être.
2. Les savoirs et pratiques culturelles endogènes.
3. L'inclusion sociale, la participation et l'équité.
4. La spiritualité et la dimension éthique du vivre ensemble.

Ces constats soulignent la nécessité de construire un indice pluriversel et holistique, capable de saisir ces dimensions invisibles, tout en intégrant des exemples concrets et validés issus des communautés congolaises. L'IPDRDC répond précisément à ce besoin, en proposant une approche multidimensionnelle qui dépasse la simple mesure économique et quantitative.

4. Prospérité Durable – Écologie, Temporalité et Responsabilité Intergénérationnelle

La durabilité est devenue un concept central dans les débats globaux sur le développement, mais sa compréhension varie profondément selon les contextes culturels et historiques. Dans la perspective occidentale dominante, la durabilité est souvent réduite à la gestion environnementale ou à la protection des ressources naturelles pour éviter l'épuisement des stocks.

En Afrique, et plus particulièrement en République Démocratique du Congo, la durabilité ne se limite pas à l'écologie : elle englobe également la continuité sociale, la préservation des savoirs et traditions, la régénération des écosystèmes, et la responsabilité envers les générations futures. Elle est intrinsèquement liée à la prospérité holistique telle que conceptualisée par l'IPDRDC.

Cette section démontre que la durabilité est un pilier incontournable pour mesurer la richesse réelle et propose un cadre conceptuel et opérationnel qui intègre les dimensions matérielles, sociales et culturelles.

4.1. Une conception africaine de la durabilité

4.1.1. Harmonie avec la nature

Dans de nombreuses communautés congolaises, la relation avec la nature n'est pas utilitariste mais ontologique et symbolique. Les forêts, rivières, collines et terres agricoles sont considérées comme des entités vivantes interconnectées avec la société humaine. Par exemple, les forêts sacrées du Kasaï ou du Bas-Congo ne sont pas seulement des réservoirs de biodiversité, mais des lieux de mémoire collective, de spiritualité et de régulation sociale. La destruction de ces espaces entraîne non seulement des déséquilibres écologiques mais également la rupture de liens communautaires et spirituels.

Cette conception holistique rejoint les travaux de Vandana Shiva (2018) sur la régénération des écosystèmes et la nécessité d'une écologie intégrée qui valorise les savoirs locaux. En intégrant ces dimensions dans l'IPDRDC, la durabilité devient un indicateur de résilience écologique et sociale, et non seulement de conservation environnementale.

4.1.2. Gestion durable des ressources

La RDC est dotée de ressources naturelles immenses : forêts tropicales couvrant près de 60 % du territoire, bassins hydrographiques majeurs, biodiversité exceptionnelle et minerais stratégiques. Pourtant, leur exploitation incontrôlée menace à la fois l'environnement et les communautés locales.

La RDC possède une richesse naturelle exceptionnelle : forêts tropicales couvrant près de 60 % du territoire, bassins hydrographiques majeurs, biodiversité unique et ressources minières stratégiques. Cependant, l'exploitation incontrôlée de ces ressources menace l'environnement et les communautés locales. Des pratiques endogènes montrent qu'une gestion durable est possible et productive :

- Agroforesterie communautaire dans le Kasaï et l'Ituri : intégration de cultures alimentaires avec des arbres fruitiers et forestiers, assurant sécurité alimentaire, régénération des sols et transmission des savoirs agricoles traditionnels (Tshibanda, 2015).
- Pêche durable sur le fleuve Congo : quotas saisonniers et pratiques respectant la reproduction des espèces, garantissant la survie à long terme des ressources halieutiques (Moleka, 2025a).
- Protection des forêts sacrées : interdits religieux et rituels contribuent à la conservation de la biodiversité et à la régénération écologique, tout en renforçant les liens communautaires et spirituels (Vandana, 2020).

Ces exemples illustrent que la prospérité matérielle et la durabilité écologique peuvent coexister et se renforcer mutuellement, offrant un modèle d'intégration que les indicateurs classiques comme le PIB ignorent complètement.

4.2. Temporalité et responsabilité intergénérationnelle

4.2.1. Le concept de durabilité générationnelle

La prospérité durable n'a de sens que dans la longue durée. Dans la tradition congolaise, les décisions économiques et écologiques sont évaluées non seulement pour leurs bénéfices immédiats mais aussi pour leur impact sur les générations futures. Cette vision est centrale dans la philosophie bantoue du « vivre ensemble », où la continuité et la transmission des savoirs et ressources sont primordiales.

Par exemple, la gestion des terres agricoles dans les communautés Luba repose sur des cycles de rotation et de jachère planifiés pour plusieurs générations, assurant fertilité et cohésion sociale.

4.2.2. Régénération écologique et résilience

La durabilité inclut la capacité des systèmes écologiques et sociaux à se régénérer après des perturbations. La RDC, confrontée à la déforestation, aux conflits armés et aux catastrophes climatiques, illustre la nécessité d'indicateurs de prospérité qui intègrent la résilience.

Les communautés locales développent des stratégies innovantes :

- Plantation de cultures secondaires et utilisation de semences locales résistantes aux sécheresses.
- Pratiques de reforestation communautaire avec participation des écoles et des associations culturelles.
- Systèmes de gouvernance locale intégrant les savoirs traditionnels pour la régulation des conflits fonciers et la protection des écosystèmes.

Ces actions démontrent que durabilité et prospérité sont indissociables, et que les savoirs endogènes sont des leviers puissants pour la résilience.

4.3. Intégration de la durabilité dans l'IPDRDC

4.3.1. Fondements épistémologiques et transdisciplinaires

L'intégration de la durabilité dans l'Indice de Prospérité Durable de la République Démocratique du Congo (IPDRDC) repose sur une approche transdisciplinaire articulant écologie, économie, sociologie, anthropologie et philosophie africaine. Contrairement aux modèles classiques centrés sur la croissance du produit intérieur brut (PIB), l'IPDRDC adopte une épistémologie relationnelle et systémique.

Cette approche reconnaît que la prospérité ne se réduit pas à l'accumulation matérielle, mais résulte de l'équilibre entre les dimensions écologiques, sociales, culturelles et spirituelles (Sarr, 2016 ; Escobar, 2018).

Dans la perspective africaine, la durabilité n'est pas un "objectif futur", mais un état d'harmonie dynamique entre les vivants, les ancêtres et les générations à venir. Cette ontologie du "vivre-ensemble" rejoint la philosophie de l'Ubuntu — *"Je suis parce que nous sommes"* — qui établit la co-appartenance entre l'humain et la nature (Mbiti, 1969 ; Ramose, 2002). L'IPDRDC s'inscrit ainsi dans la continuité des approches pluriverselles qui remettent en question l'universalité du paradigme occidental du développement (Escobar, 2018 ; Santos, 2014).

Cette perspective est également conforme à la théorie de la gouvernance des biens communs développée par Elinor Ostrom (2009), qui démontre empiriquement que les communautés locales peuvent gérer durablement leurs ressources naturelles à travers des mécanismes endogènes, participatifs et éthiques. En intégrant ces logiques communautaires et cosmiques, l'IPDRDC propose une épistémologie de la durabilité située, adaptée aux réalités congolaises.

4.3.2. Dimensions constitutives de la durabilité dans l'IPDRDC

L'IPDRDC intègre la durabilité selon quatre grandes dimensions interdépendantes : écologique, sociale, culturelle et économique. Chaque dimension comporte des indicateurs hybrides, combinant données quantitatives et qualitatives, afin de traduire les logiques visibles et invisibles de la prospérité.

a) Durabilité écologique

La dimension écologique évalue la capacité des écosystèmes à se régénérer, non simplement à se maintenir. La RDC abrite environ 10 % des forêts tropicales mondiales, constituant un puits de carbone majeur pour la planète (FAO, 2022). Cependant, ces forêts sont aussi des espaces de sacralité, investis de sens et de mémoire.

Dans le territoire de Bateke (Plateaux), par exemple, certaines zones forestières sont interdites à l'abattage en raison de leur rôle spirituel. Ces forêts sacrées ont, de manière empirique, contribué à la préservation de la biodiversité et à la stabilité microclimatique (Devers & Vande Weghe, 2006). Ces pratiques, bien que non reconnues par les indicateurs classiques, incarnent une écologie spirituelle performative — où la religion, la coutume et la science convergent.

Les indicateurs de durabilité écologique incluent :

- le taux de reforestation communautaire (programmes FONAREDD, 2021),
- la proportion de forêts communautaires enregistrées (Ministère de l'Environnement, 2023),
- la qualité de l'eau et des sols (Institut Congolais pour la Conservation de la Nature, 2024),
- la présence de rituels écospirituels dans les mécanismes locaux de protection.

Ces données sont croisées avec les savoirs oraux et cartographies participatives. Par exemple, dans le Sankuru, les chefs coutumiers utilisent des chants rituels pour "réveiller la terre", symbolisant la régénération de la fertilité — une pratique qui rejoint la logique de la regenerative agriculture (Raworth, 2017).

b) Durabilité sociale

La prospérité durable repose sur la stabilité des liens sociaux. Les études du PNUD (2023) montrent que les sociétés africaines à forte densité d'associations communautaires (mutuelles, tontines, coopératives villageoises) affichent des niveaux de résilience plus élevés face aux crises économiques et climatiques.

En RDC, les structures de solidarité communautaire comme le *likelemba* ou le *mukanda* chez les Luba incarnent une éthique du partage. Ces institutions traditionnelles sont des infrastructures invisibles du développement (Lallau & Dumbi, 2008) : elles soutiennent la redistribution, la formation des jeunes et la résolution pacifique des conflits.

Les indicateurs proposés pour cette dimension incluent :

- la densité des réseaux d'entraide (nombre de tontines actives par 1000 habitants),
- la participation des femmes et jeunes à la gouvernance locale (UN Women, 2022),
- la fréquence des mécanismes de médiation coutumière et leur taux de succès (Ostrom, 2009).

Ces variables permettent de mesurer la capacité d'un territoire à se gouverner lui-même, à maintenir la paix et la confiance — fondements invisibles de toute durabilité.

c) Durabilité culturelle

La culture est le moteur silencieux de la continuité civilisationnelle. Dans l'approche IPDRDC, la durabilité culturelle désigne la capacité d'une société à préserver et transmettre ses savoirs, symboles et pratiques.

Des études menées par Sarr (2016) et Hountondji (2002) montrent que la perte linguistique et rituelle précède souvent l'effondrement écologique et social. En RDC, la vitalité des langues locales (lingala, tshiluba, kikongo, swahili) constitue un indicateur direct de la santé cognitive et symbolique des communautés.

Les indicateurs proposés incluent :

- la part des langues nationales dans l'enseignement primaire et secondaire,
- la transmission intergénérationnelle des savoirs agricoles et médicinaux,
- et la présence d'expressions artistiques locales (festivals, artisanat, musique traditionnelle).

Ainsi, la durabilité culturelle devient une composante essentielle du bien-être collectif — une "écologie de la mémoire" (Mbembe, 2020) qui empêche la désertification identitaire.

d) Durabilité économique

La dimension économique évalue la capacité des systèmes productifs à assurer un bien-être partagé dans le temps, plutôt que la seule croissance monétaire.

En RDC, plusieurs initiatives locales illustrent ce principe:

- Les coopératives d'agroforesterie du Kasaï intégrant manioc, maïs et arbres fruitiers assurent une double production alimentaire et écologique (Tshibanda, 2015).
- Les économies circulaires minières dans le Lualaba réutilisent les déchets métalliques pour la fabrication artisanale d'outils agricoles (Katanga Innovation Forum, 2023).
- Les marchés communautaires solidaires de Kinshasa (projets FAO & ONG Louvain Coopération, 2022) promeuvent la redistribution et réduisent la spéculation.

Les indicateurs incluent :

- la part de l'économie solidaire dans le PIB local,
- le taux d'autonomie alimentaire,
- la diversification productive et
- la redistribution équitable des revenus (Sachs, 2015).

L'économie devient ainsi une écologie des relations, où la valeur se mesure par la réciprocité, la durabilité des échanges et la stabilité intergénérationnelle.

4.3.3. Méthodologie opérationnelle de l'IPDRDC

L'IPDRDC propose une méthodologie participative et évolutive, articulant données empiriques et indicateurs culturels.

Trois principes structurent sa mise en œuvre :

1. Co-construction communautaire : les indicateurs sont élaborés avec la participation des communautés locales, des chefferies traditionnelles, des chercheurs et des institutions publiques, afin d'assurer la légitimité et la pertinence culturelle (Escobar, 2018).
2. Mesure hybride : chaque dimension combine des indicateurs quantitatifs (taux de scolarisation, reforestation, accès à l'eau potable) et qualitatifs (perception du bien-être, cohésion communautaire, satisfaction relationnelle, continuité des rituels) pour éviter la réduction du réel à la donnée économique selon la méthode des "indicateurs vécus" (Stiglitz, Sen & Fitoussi, 2010)..
3. Temporalité longue : l'évaluation s'effectue selon des cycles de cinq à dix ans, afin de mieux capter les transformations structurelles et les transmissions intergénérationnelles plutôt que la performance à court terme (Sachs, 2015).

Cette méthode permet de capter les transformations profondes des systèmes sociaux et écologiques, en reconnaissant la valeur du temps comme ressource de la prospérité durable.

4.3.4. Vers une prospérité régénératrice

Au-delà de la simple préservation, l'IPDRDC promeut la notion de prospérité régénératrice : un modèle dans lequel chaque acte économique, social ou culturel contribue à restaurer les équilibres écologiques, sociaux et spirituels.
Cette approche rejoint les mouvements de la "regenerative economics" (Raworth, 2017) et de la "post-growth society", tout en les réinscrivant dans la matrice africaine du lien vital (*vital force theory*, Tempels, 1945).

Ainsi, la prospérité durable n'est plus la fin du développement, mais le commencement d'un nouvel ordre ontologique fondé sur la responsabilité partagée entre les humains, la nature et les ancêtres. Elle représente une transition du paradigme extractiviste vers un paradigme cosmo-éthique et pluriversel, où le développement devient un processus de régénération continue (Mbembe, 2020).

4.4. Études de cas de prospérité régénératrice en Afrique : pratiques, indicateurs et transformations

4.4.1. La prospérité régénératrice comme nouvelle frontière du développement africain

La prospérité régénératrice constitue aujourd'hui une rupture paradigmatique majeure dans la compréhension du développement. Alors que la durabilité vise à maintenir les systèmes dans un état de non-dégradation, la régénération aspire à restaurer, revitaliser et amplifier la vitalité du vivant (Raworth, 2017 ; Wahl, 2016). Ce déplacement épistémologique trouve un écho particulier en Afrique, où la cosmologie traditionnelle repose sur la continuité entre les dimensions humaines, spirituelles et naturelles (Mbiti, 1990 ; Ramose, 2002). Dans cette perspective, la prospérité n'est pas un état statique mesuré en termes de revenus, mais un flux de relations équilibrées entre la communauté, la nature et le sacré.

Les approches africaines de la régénération traduisent une intelligence systémique, où la terre est perçue non comme une ressource mais comme une entité vivante. Le modèle de l'Ubuntu écologique — "je suis parce que nous sommes, y compris la nature" — ancre cette vision dans une ontologie relationnelle (Mbembe, 2020). Les indicateurs classiques tels que le PIB échouent à rendre compte de ces dynamiques vivantes, car ils mesurent la production, non la reproduction du vivant. C'est pourquoi de nouveaux outils, tels que les Indicateurs de Prospérité Durable pour la RDC (IPDRDC), proposent une approche holistique intégrant les dimensions sociales, spirituelles et écologiques.

Cette section examine quatre cas empiriques à travers le continent — en République Démocratique du Congo, au Ghana, en Éthiopie et au Botswana — afin d'illustrer la diversité et la portée des pratiques de prospérité régénératrice. Ces expériences démontrent comment les communautés africaines inventent des modèles endogènes qui réconcilient bien-être collectif, résilience écologique et cohésion spirituelle, tout en redéfinissant la notion même de richesse.

4.4.2. Cas n°1 : République Démocratique du Congo — Régénération forestière et prospérité communautaire

La République Démocratique du Congo, cœur du bassin du Congo et deuxième poumon écologique de la planète après l'Amazonie, offre un terrain exceptionnel pour observer les interactions entre écologie, économie et culture. Depuis 2016, le Fonds National REDD+ (FONAREDD), soutenu par la Banque Mondiale, la FAO et le PNUD, a initié plusieurs programmes pilotes d'agroforesterie communautaire dans les provinces du Kasaï, de la Tshopo et de l'Ituri. Ces programmes visent à restaurer les terres dégradées, diversifier les revenus locaux et renforcer la gouvernance participative (FONAREDD, 2021).

Dans le territoire de Mambasa (Ituri), les communautés pygmées et bantoues collaborent pour reconstituer des forêts dégradées par la coupe artisanale et l'exploitation minière. Selon les rapports du WWF RDC (2023), plus de 45 000 hectares de forêts communautaires ont été restaurés, avec une augmentation mesurable de la biodiversité (+30 % d'espèces endémiques recensées en 2022) et une réduction de 20 % de la pauvreté locale. L'intégration de pratiques spirituelles traditionnelles, telles que la sanctuarisation des "forêts sacrées" (*mabulumalu*), favorise une cohésion sociale durable et une conscience écologique ancrée dans le sacré.

Au Kasaï, le projet "Forêts vivantes, communautés prospères", mené par le Ministère de l'Environnement (2023), illustre comment l'agroforesterie régénérative peut combiner productivité et spiritualité. Les champs sont conçus selon des principes de permaculture, en intégrant le manioc, les légumineuses et les arbres fruitiers dans des systèmes polyculturels inspirés du modèle ancestral du tukwanisa (entraide collective). Ces pratiques, en recréant la fertilité des sols et les réseaux d'entraide, génèrent un double capital : écologique et social.

Les IPDRDC proposent désormais d'intégrer des indicateurs tels que :

- le taux de reforestation communautaire (hectares restaurés par village),
- l'indice de solidarité active (nombre d'activités communautaires non marchandes),
- et l'indice de satisfaction collective (mesuré par des enquêtes participatives).

Ces expériences congolaises montrent que la prospérité ne découle pas d'une croissance extractive, mais d'une renaissance relationnelle entre les humains et leur milieu. L'économie devient une écologie du don (Mauss, 1925), où la réciprocité fonde la résilience collective.

4.4.3. Cas n°2 : Ghana – Prospérité régénératrice, économie communautaire et spiritualité écologique

Le Ghana offre un exemple éclairant de la manière dont les pratiques traditionnelles et les politiques modernes peuvent converger pour produire une **prospérité régénératrice** ancrée dans les réalités locales. En conjuguant savoir ancestral, innovation socio-économique et gouvernance écologique, le pays illustre la possibilité de construire un modèle alternatif au paradigme extractiviste dominant.

4.4.3.1. De la croissance à la régénération : un changement de paradigme

Depuis la découverte du pétrole en 2007, le Ghana a connu une croissance économique significative, avec un taux moyen de 5,8 % entre 2010 et 2019 (World Bank, 2021). Cependant, cette croissance s'est accompagnée d'une dégradation environnementale accrue, d'une dépendance aux exportations et d'une inégalité territoriale persistante. Ces limites ont conduit les chercheurs et décideurs ghanéens à repenser le modèle de développement vers une approche inclusive et écologique (Owusu & Asiedu, 2020).

En 2016, le gouvernement, en partenariat avec le Centre for Indigenous Knowledge and Organizational Development (CIKOD), a initié des programmes de community ecological governance (CEG) dans plusieurs districts du nord du pays. Ces programmes reposent sur une philosophie holistique inspirée du principe akan de “Sankofa” — “retourner chercher dans le passé ce qui doit guider le futur”. Cette approche postule que la durabilité et la prospérité émergent du ré-ancrage culturel et de la régénération des relations entre la terre, la communauté et le sacré (Abdulai & Crawford, 2019).

4.4.3.2. Économie communautaire et régénération des terres

Le district de Lawra, dans la région de l’Upper West, illustre ce modèle à travers un projet intégré de régénération des terres communautaires, financé par le Global Environment Facility (GEF) et mis en œuvre par la FAO et le CIKOD entre 2018 et 2023.

Les résultats observés montrent des impacts mesurables :

- 3 200 hectares de terres dégradées régénérées grâce à la technique du *Farmer Managed Natural Regeneration* (FMNR) (FAO, 2023) ;
- augmentation moyenne de 35 % de la productivité agricole dans les villages impliqués ;
- réduction de 28 % de la migration rurale des jeunes, due à la création d’emplois locaux (CIKOD, 2023) ;
- et amélioration de la sécurité alimentaire de 62 % des ménages, mesurée par le *Household Food Security Index*.

Ces résultats confirment que la prospérité peut émerger d’un mouvement de régénération sociale : la terre est restaurée, la jeunesse trouve du sens dans la participation collective, et les ressources sont gérées selon un équilibre de réciprocité. L’approche met en avant la gouvernance communautaire des communs, où les chefs traditionnels, les femmes et les jeunes participent aux décisions sur la gestion des terres et de l’eau (Yaro, 2018).

4.4.3.3. Spiritualité écologique et cohésion sociale

L'un des aspects les plus innovants du modèle ghanéen réside dans la réintégration de la spiritualité écologique comme fondement de la gouvernance. Dans la tradition akan, la terre (*Asase Yaa*) est vénérée comme une mère nourricière, et chaque acte de production est précédé d'un rituel de reconnaissance. Cette relation sacrée façonne un rapport non instrumental à la nature, fondé sur la gratitude et la responsabilité (Wiredu, 1998 ; Opoku, 2019).

Les communautés impliquées dans le programme CEG célèbrent désormais des journées de repos de la terre ("Earth Rest Days"), où toute activité agricole est suspendue pour permettre à la terre de "respirer". Selon une évaluation menée par l'Université du Ghana (2022), cette pratique a contribué à une réduction de 12 % de l'érosion des sols et à une augmentation significative de la biodiversité locale, notamment des pollinisateurs.

Au-delà de ses effets écologiques, cette spiritualité de la régénération renforce le capital social : elle favorise la cohésion communautaire, la réconciliation intergénérationnelle et la responsabilisation morale face à l'environnement.

4.4.3.4. Intégration dans les indicateurs de prospérité régénératrice

L'approche ghanéenne offre des indicateurs transférables à l'IPDRDC. Ceux-ci traduisent la vitalité relationnelle entre les dimensions écologique, sociale et spirituelle :

Domaine	Indicateur proposé	Mode de mesure
Écologie	Superficie régénérée par communauté	Données FAO/CIKOD, relevées par satellite
Société	Taux de participation communautaire à la gouvernance des communs	Enquêtes participatives
Économie	Croissance du revenu communautaire durable	Suivi annuel par district
Culture & Spiritualité	Fréquence des rituels de gratitude et des Earth Rest Days	Observations ethnographiques et auto-évaluation communautaire
Temporalité	Transmission intergénérationnelle des savoirs agricoles	Enquêtes auprès des ménages

Ces indicateurs traduisent la logique de symbiose propre à l'IPDRDC : prospérer, c'est co-évoluer avec la nature et les autres. Ils offrent une base empirique pour un Indice de Prospérité Régénératrice Africaine (IPRA), capable de mesurer la qualité des relations plutôt que la quantité des biens produits.

4.4.3.5. Enseignements pour la RDC et l'Afrique centrale

L'expérience du Ghana démontre que la prospérité régénératrice repose sur trois piliers interdépendants :

1. La gouvernance endogène : décentralisation de la gestion écologique et inclusion des savoirs coutumiers.
2. L'économie du soin : la terre et la communauté sont traitées comme des partenaires vivants.

3. La temporalité longue : les décisions économiques sont évaluées selon leurs effets sur trois générations.

Ces principes rejoignent la vision congolaise de la prospérité holistique, en soulignant que la durabilité ne se réduit pas à la gestion des ressources, mais implique la reconstruction du lien ontologique entre l'humain et le vivant (Moleka, 2025b).

Ainsi, l'intégration des indicateurs inspirés du modèle ghanéen dans l'IPDRDC permettrait d'élargir l'échelle d'analyse, en inscrivant la RDC dans une dynamique panafricaine de régénération pluriverselle.

4.4.4. Cas n°3 : Éthiopie – Régénération des paysages, savoirs agroécologiques et cohésion spirituelle

L'Éthiopie illustre un modèle de prospérité régénératrice fondé sur l'intégration de pratiques agroécologiques ancestrales, de gouvernance communautaire et de spiritualité écologique. Confronté à des défis majeurs — érosion des sols, changement climatique, pressions démographiques et conflits intercommunautaires — le pays a développé des stratégies endogènes qui renforcent à la fois la résilience écologique et la cohésion sociale.

4.4.4.1. L'enjeu de la régénération des paysages

Le plateau éthiopien est l'un des plus fragiles au monde en termes de sols et de biodiversité. Selon le World Bank (2022), environ 29 % des terres agricoles sont dégradées, menaçant la sécurité alimentaire de plus de 15 millions de personnes. Face à cette urgence, les communautés rurales ont progressivement adopté une approche de régénération écologique basée sur les savoirs endogènes, combinant :

- Conservation des sols par terrasses traditionnelles, réduisant l'érosion et améliorant la fertilité sur des périodes de 10 à 15 ans (Nyssen et al., 2020) ;
- Reforestation communautaire avec espèces locales adaptées au climat et à la biodiversité, restaurée sur plus de 120 000 hectares depuis 2015 (UNEP, 2021) ;
- Systèmes agroforestiers, intégrant arbres fruitiers et cultures vivrières, favorisant l'autosuffisance alimentaire et la régénération des sols (Amsalu, 2019).

Ces pratiques démontrent que la prospérité ne réside pas seulement dans la production immédiate, mais dans la capacité des systèmes à se renouveler et à transmettre des ressources viables aux générations futures.

4.4.4.2. Savoirs agroécologiques et innovation locale

Les communautés éthiopiennes combinent tradition et innovation pour régénérer les paysages. L'approche dite de "Farmer-Led Soil and Water Conservation" (FLSWC) repose sur :

- l'adaptation des techniques ancestrales de terrasses et d'orientation des parcelles aux conditions climatiques contemporaines ;
- l'utilisation de semences locales résistantes à la sécheresse et aux maladies, préservant la biodiversité et réduisant la dépendance aux intrants chimiques (Amsalu, 2019) ;
- la gestion collective des pâturages et de l'eau, inspirée de mécanismes coutumiers de rotation et de quotas, pour éviter la surexploitation des ressources (Gebremariam et al., 2021).

Ces stratégies combinent connaissances endogènes, pratiques participatives et innovation adaptative, montrant que la prospérité durable repose sur l'intelligence communautaire autant que sur les ressources naturelles.

4.4.4.3. Spiritualité écologique et cohésion sociale

Dans le contexte éthiopien, la régénération des paysages est intimement liée à la cosmologie locale et aux rituels religieux. Les communautés orthodoxes et musulmanes pratiquent des cérémonies de bénédiction des terres et des arbres, reconnues pour :

- renforcer le sentiment de responsabilité collective ;
- réguler symboliquement l'accès aux ressources critiques (Nyssen et al., 2020) ;
- maintenir la cohésion sociale et intergénérationnelle, notamment dans les zones pastorales où les conflits pour l'eau et le pâturage sont fréquents.

Ces pratiques traduisent une ontologie relationnelle proche du principe d'Ubuntu et du lien vital congolais, où la nature n'est pas un objet mais un partenaire dans la prospérité humaine (Tempels, 1945).

4.4.4.4. Intégration dans l'IPDRDC

Les expériences éthiopiennes permettent de définir des indicateurs concrets pour l'IPDRDC, adaptés à la prospérité régénératrice :

Domaine	**Indicateur proposé**	**Mode de mesure**
Écologie	Superficie régénérée par pratiques agroécologiques	Mesures satellitaires et relevés communautaires
Société	Taux de participation intergénérationnelle aux projets	Enquêtes participatives et réunions de village
Économie	Part de la production vivrière durable dans les revenus	Données des coopératives agricoles locales
Culture & Spiritualité	Nombre de rituels de bénédiction des terres et arbres	Observations ethnographiques et registres communautaires
Temporalité	Durée moyenne des pratiques de rotation et jachère	Relevés historiques et entretiens communautaires

Ces indicateurs traduisent une logique systémique et pluriverselle, où la prospérité n'est plus uniquement monétaire, mais évaluée à travers la régénération des écosystèmes et des liens humains.

4.4.4.5. Leçons pour la RDC et l'Afrique centrale

L'Éthiopie illustre que la prospérité régénératrice nécessite :

1. Une gouvernance adaptative, mêlant institutions modernes et savoirs traditionnels ;
2. Une agroécologie régénératrice, fondée sur la conservation et la diversification des cultures ;
3. Une temporalité longue, évaluant les impacts sur plusieurs générations ;
4. Une dimension spirituelle, intégrant la reconnaissance de la nature comme partenaire et le renforcement de la cohésion sociale.

Pour la RDC, ces enseignements confirment que durabilité et prospérité sont indissociables, et que l'intégration de la dimension spirituelle et des savoirs endogènes peut transformer l'IPDRDC en un outil de régénération holistique, reliant écologie, société et culture.

4.4.5. Cas n°4 : Madagascar – Biodiversité, régénération côtière et économie bleue endogène

Madagascar constitue un modèle unique de prospérité régénératrice en Afrique, grâce à son exceptionnelle biodiversité, ses pratiques endogènes de gestion côtière et le développement d'une économie bleue durable. Confrontée à la déforestation, à l'érosion côtière et à la surpêche, l'île a mis en œuvre des stratégies intégrées qui combinent conservation écologique, participation communautaire et valorisation culturelle.

4.4.5.1. Biodiversité et régénération écologique

L'île de Madagascar abrite plus de 90 % d'espèces endémiques, dont de nombreuses espèces forestières et marines menacées. La pression anthropique, liée à l'agriculture extensive et à la pêche non régulée, a entraîné:

- la déforestation de près de 44 % des forêts depuis 1950 (Harper et al., 2007) ;
- la perte de mangroves et d'écosystèmes côtiers essentiels pour la régénération marine ;
- la réduction de la résilience des communautés locales face aux cyclones et aux changements climatiques.

Face à ces défis, les communautés malgaches ont développé des stratégies endogènes de régénération écologique :

- Reforestation communautaire et mangrove management : plantations locales combinant espèces endémiques et techniques traditionnelles pour protéger les côtes et restaurer la biodiversité (Andriamahenina et al., 2020) ;
- Agriculture régénérative : techniques de rotation des cultures et agroforesterie qui améliorent la fertilité des sols et limitent l'érosion (Rakotondrainibe, 2019) ;
- Zones protégées communautaires : participation active des villages à la surveillance des réserves marines et forestières, favorisant la régénération naturelle et la souveraineté locale sur les ressources.

4.4.5.2. Économie bleue endogène et prospérité matérielle

L'économie malgache repose traditionnellement sur la pêche artisanale et la récolte de produits marins (coquillages, algues, poissons). La mise en place de zones de repos pour la pêche et quotas saisonniers a permis :

- la régénération des stocks halieutiques et la sécurité alimentaire (Andriamahenina et al., 2020) ;
- la création de micro-entreprises locales valorisant les produits marins de manière durable (éco-tourisme, aquaculture artisanale) ;
- l'intégration de la dimension culturelle dans l'économie : rituels et tabous liés à la pêche favorisent la préservation et l'usage durable des ressources.

Cette approche traduit une prospérité matérielle régénérative, où l'économie locale contribue directement à la restauration écologique.

4.4.5.3. Cohésion sociale et dimension culturelle

La régénération écologique est étroitement liée à la dimension culturelle et spirituelle. Les pratiques coutumières malgaches — telles que le fady (tabou) sur certaines zones de pêche ou arbres sacrés — jouent un rôle central dans :

- la préservation de la biodiversité ;
- le renforcement de la cohésion communautaire et intergénérationnelle ;
- l'éducation et la transmission des savoirs écologiques aux jeunes générations.

Ainsi, la prospérité durable à Madagascar intègre écologie, économie, culture et spiritualité, conformément aux principes de l'IPDRDC.

4.4.5.4. Intégration dans l'IPDRDC

Pour l'IPDRDC, Madagascar offre des indicateurs transférables pour la prospérité régénératrice :

Domaine	**Indicateur proposé**	**Mode de mesure**
Écologie	Superficie de mangroves restaurées et zones protégées	Cartographie, relevés communautaires
Société	Nombre de communautés impliquées dans la gestion des zones protégées	Recensements et rapports communautaires
Économie	Part des revenus locaux issus de l'économie bleue durable	Statistiques locales et coopératives
Culture & Spiritualité	Pratiques fady et rituels de protection de l'environnement	Observations ethnographiques et enquêtes participatives
Temporalité	Durée de mise en œuvre et de suivi des projets de régénération	Rapports pluriannuels des ONG et autorités locales

Ces indicateurs soulignent l'importance d'une approche holistique, où la prospérité est évaluée par la capacité à régénérer les écosystèmes et renforcer les liens humains, plutôt que par la simple accumulation matérielle.

4.4.5.5. Enseignements pour la RDC et l'Afrique centrale

Madagascar montre que la prospérité durable repose sur :

1. Une gouvernance participative et coutumière, combinant savoirs locaux et mécanismes modernes ;
2. Une économie régénératrice, où la production matérielle renforce l'écosystème plutôt que de le dégrader ;
3. Une temporalité intergénérationnelle, évaluant les impacts à long terme ;
4. La valorisation de la culture et de la spiritualité, qui stabilise les comportements et protège les ressources.

Pour la RDC, l'exemple malgache confirme qu'écologie, culture et économie doivent converger pour construire une prospérité régénératrice et durable, en cohérence avec les principes de l'IPDRDC.

4.4.6. Synthèse comparative : vers une prospérité régénératrice en Afrique centrale et de l'Est

Les quatre cas étudiés — RDC, Kenya, Éthiopie et Madagascar — illustrent la diversité et la richesse des stratégies endogènes de prospérité durable et régénératrice. Chacun des cas révèle comment la combinaison de l'écologie, de la culture, de la gouvernance et de l'économie permet de dépasser les limites des indicateurs classiques comme le PIB ou l'IDH.

Domaine	RDC	Kenya	Éthiopie	Madagascar
Écologie	Agroforesterie, pêche durable, protection des forêts sacrées	Restauration forestière communautaire, corridors fauniques	Gestion communautaire des bassins hydrographiques et forêts de montagne	Régénération côtière, mangroves, zones marines protégées
Économie régénératrice	Économie solidaire, diversification productive, redistribution équitable	Agriculture durable, tourisme communautaire, commerce équitable	Micro-agriculture endogène, irrigation traditionnelle, marchés locaux	Économie bleue artisanale, éco-tourisme, pêche durable
Culture & spiritualité	Langues locales, rituels agricoles, traditions initiatiques	Rites de conservation, cosmogonies locales, festivals culturels	Savoirs endogènes, rituels hydrologiques, transmission intergénérationnelle	Fady, rituels côtiers, transmission culturelle artisanale
Cohésion sociale et gouvernance	Tontines, chefferies, médiation coutumière	Comités de gestion communautaire, inclusion des femmes	Associations de villages, participation communautaire	Comités de surveillance côtière, participation villageoise
Temporalité et intergénération	Rotations agricoles pluri-générationnelles, préservation des forêts sacrées	Protection des écosystèmes à long terme, plans forestiers décennaux	Suivi hydrologique sur cycles pluriannuels, conservation des sols	Gestion durable de la pêche et reforestation sur plusieurs cycles
Leçon clé	La prospérité	La	L'intégration de	L'économ

Domaine	**RDC**	**Kenya**	**Éthiopie**	**Madagascar**
	durable naît de l'équilibre entre ressources naturelles, capital social et savoirs culturels	restauration écologique et l'économie locale coexistent par la participation communautaire	l'eau et des sols à la gouvernance communautaire assure la résilience	ie bleue et la régénération côtière démontrent que croissance matérielle et durabilité écologique sont compatibles

Enseignements transversaux

1. Prospérité holistique : La richesse réelle n'est pas seulement matérielle ; elle résulte de l'équilibre entre écologie, économie, culture, spiritualité et cohésion sociale.
2. Temporalité intergénérationnelle : Les projets réussis considèrent les impacts sur plusieurs générations, garantissant la durabilité et la régénération des ressources.
3. Gouvernance participative : La réussite des stratégies régénératrices repose sur l'implication active des communautés locales et le respect des savoirs endogènes.
4. Économie régénératrice : La production matérielle est intégrée à la régénération écologique et sociale, réconciliant prospérité et durabilité.
5. Indicateurs hybrides : Chaque dimension de la prospérité nécessite des indicateurs combinant mesures quantitatives et qualitatives, afin de refléter la complexité des réalités locales.

Implications pour l'IPDRDC

La comparaison de ces cas confirme que l'IPDRDC doit :

- Capturer la multidimensionnalité de la prospérité : écologie, culture, économie, cohésion sociale et spiritualité ;
- Valoriser les savoirs locaux et les pratiques endogènes comme piliers de résilience ;
- Intégrer une approche temporelle longue pour mesurer la durabilité intergénérationnelle ;
- Fournir des indicateurs hybrides et participatifs, garantissant la légitimité culturelle et scientifique.

Ainsi, la prospérité régénératrice en Afrique ne se limite pas à la croissance économique : elle est un processus dynamique de restauration écologique, sociale et culturelle, aligné sur les principes de l'IPDRDC et sur la vision pluriverselle du développement.

Chapitre 2 :

Vers une anthropologie africaine de la prospérité : de la force vitale à la cosmologie du bien-vivre

Introduction : Décoloniser la notion de prospérité

La prospérité contemporaine a été historiquement saisie par une économie politique de la croissance et de l'accumulation. Dans le langage du capital, « prospérer » se réduit à produire davantage, consommer davantage, posséder davantage. Cette logique, présentée comme universelle, a colonisé les institutions, les sciences sociales et les imaginaires collectifs, reléguant dans l'ombre des siècles de savoirs, de pratiques et de cosmologies qui ont conçu le bien-être autrement.

Pour les ontologies africaines, prospérer n'est ni accumuler ni dominer, mais harmoniser sa vie avec la totalité du vivant. La prospérité se mesure dans la circulation de la force vitale entre les humains, la nature et les ancêtres, dans l'entretien d'un équilibre relationnel et cosmique. Elle est circulaire, régénératrice et résolument pluriverselle : chaque acte individuel se répercute sur le tissu social, écologique et spirituel, et chaque génération participe à la régénération du monde.

Redéfinir la prospérité africaine ne consiste pas à « adapter » des modèles occidentaux ; il s'agit d'une rupture paradigmatique radicale : passer d'une économie de la croissance à une économie de la vie, où la matérialité, l'éthique, la cosmologie et le politique se rejoignent dans un équilibre dynamique. Le bien-vivre africain conjugue écologie, économie, culture et spiritualité, offrant un

horizon de développement où durabilité, régénération et résilience sont les conditions mêmes de la prospérité.
Ce chapitre pose les fondements d'une anthropologie africaine de la prospérité, articulée autour de trois concepts centraux :

1. Force vitale (Nguvu, Moyo, Ntima) : énergie dynamique et partagée du vivant, moteur de création et de régénération ;
2. Relationalité (Ubuntu, Bumuntu) : principe organisateur des liens sociaux, intergénérationnels et écologiques ;
3. Harmonie cosmique (Muntu cosmologique) : cadre éthique et spirituel reliant les vivants, les ancêtres, la nature et le temps.

En s'appuyant sur les ontologies africaines, les pratiques communautaires congolaises et les théories contemporaines du plurivers, ce chapitre propose une vision holistique et transformatrice du développement : un paradigme où la prospérité n'est plus un indicateur de richesse matérielle, mais un processus dynamique de co-création, d'équilibre et de régénération, capable de nourrir durablement les sociétés et la planète.

Ainsi, repenser la prospérité en Afrique centrale et de l'Est ne relève pas seulement d'un projet académique : c'est une révolution conceptuelle et éthique, une invitation à réorienter les politiques, les pratiques et les imaginaires vers un futur régénérateur et intergénérationnel.

2.1. Ontologies africaines du bien-vivre

2.1.1. Fondements philosophiques et cosmologiques

L'« ontologie du bien-vivre » en Afrique ne se limite pas à une dimension matérielle ou économique : elle est intrinsèquement relationnelle, circulaire et plurielle (Mbiti, 1990; Gyekye, 1997). Les sociétés africaines traditionnelles conçoivent l'existence comme un réseau complexe d'interdépendances entre les humains, les non-humains, les ancêtres et les forces cosmologiques (Tempels, 1959). La prospérité, dans cette perspective, ne se mesure pas par l'accumulation de richesses individuelles, mais par la circulation harmonieuse de la force vitale, souvent appelée *nyama*, *nkisi*, *chi* ou *mfumu*, selon les régions et les traditions (Nzewi, 2007). Cette force vitale est considérée comme partagée et co-créatrice : elle circule à travers les relations sociales, les pratiques agricoles, les rituels et la régénération écologique (Kenyatta, 1938; Owuor, 2014).

Philosophiquement, cette ontologie repose sur trois piliers :

1. Relationalité : tout être, vivant ou non, fait partie d'un réseau d'interactions interdépendantes. La prospérité d'un individu ou d'une communauté dépend de l'équilibre de ces relations (Mbiti, 1990).
2. Circularité : le temps et la vie ne sont pas linéaires. Les actions présentes influencent les générations futures, et la prospérité doit être évaluée sur des cycles longs, intégrant la dimension intergénérationnelle (Gyekye, 1997).
3. Harmonie cosmique : les pratiques sociales et économiques doivent être alignées avec les forces naturelles et spirituelles. La rupture de cette harmonie entraîne disharmonie sociale, dégradation écologique et perte de vitalité (Tempels, 1959; Nzewi, 2007).

Ces fondements éclairent la manière dont les sociétés africaines organisent leurs savoirs, leurs rituels et leurs institutions. Contrairement aux modèles occidentaux centrés sur la productivité et la croissance linéaire, la prospérité africaine est régénératrice, intégrant le bien-être de l'écosystème, la cohésion sociale et la continuité des savoirs (Gyekye, 1997; Owuor, 2014).

2.1.2. Dimensions sociales et éthiques

Dans l'optique africaine, la prospérité est indissociable de la cohésion sociale et de l'éthique du lien. Les communautés valorisent la solidarité, la redistribution, l'entraide et le respect des anciens comme moyens d'assurer la vitalité collective (Mbiti, 1990; Gyekye, 1997). Les institutions coutumières, telles que les chefferies, les tontines ou les assemblées villageoises, régulent les comportements pour maintenir l'équilibre entre les individus et la collectivité (Owuor, 2014). Les rituels et cérémonies — célébrations de la moisson, bénédictions des eaux ou des terres, fêtes initiatiques — incarnent cette relation entre prospérité matérielle, éthique sociale et spiritualité (Nzewi, 2007).

L'éthique africaine du bien-vivre implique également une responsabilité écologique. La gestion des ressources naturelles — forêts, eaux, sols et faune — est gouvernée par des normes coutumières assurant leur régénération (Gyekye, 1997). Les tabous (*fady* à Madagascar, *njama* en Afrique centrale) ou les interdictions rituelles jouent un rôle fonctionnel : protéger les ressources, garantir l'équilibre écologique et transmettre les savoirs aux générations futures (Andriamahenina et al., 2020).

2.1.3. Prospérité et force vitale

La force vitale constitue le cœur conceptuel de cette ontologie. Elle n'est pas uniquement individuelle : elle circule au sein de la communauté et du cosmos (Mbiti, 1990; Nzewi, 2007). Dans la pensée bantoue, par exemple, la prospérité individuelle ne peut exister sans la prospérité de la communauté (*ubuntu*: « je suis parce que nous sommes ») (Gyekye, 1997). Les actions humaines — qu'elles soient agricoles, artisanales ou cérémonielles — doivent nourrir cette circulation énergétique, sous peine de déséquilibre social ou écologique (Owuor, 2014).

L'agroécologie, la pêche durable et les pratiques de régénération forestière s'inscrivent dans cette logique : elles ne sont pas seulement des techniques, mais des rituels actifs de reproduction de la force vitale, où l'humain prend soin de la nature et la nature soutient la vie humaine (Rakotondrainibe, 2019; Andriamahenina et al., 2020).

2.1.4. Synthèse et implications pour le plurivers

L'ontologie africaine du bien-vivre montre qu'une prospérité véritablement durable ne peut être réduite à des indicateurs économiques classiques. Elle est plurielle :

- Elle intègre l'écologie, en considérant la régénération des écosystèmes comme partie intégrante de la prospérité (Rakotondrainibe, 2019).
- Elle intègre la société, en plaçant la cohésion, la solidarité et la transmission intergénérationnelle au centre (Mbiti, 1990; Gyekye, 1997).
- Elle intègre la spiritualité, en reconnaissant les forces invisibles et l'interdépendance cosmique comme essentiels au bien-vivre (Nzewi, 2007; Andriamahenina et al., 2020).

Cette vision ouvre la voie à une anthropologie de la prospérité qui est régénératrice, circulaire et relationnelle, et fournit le cadre conceptuel pour les sections suivantes sur les pratiques communautaires et les modèles comparatifs africains.

2.2. Pratiques communautaires de la prospérité régénératrice

La prospérité régénératrice, ancrée dans les ontologies africaines, se manifeste concrètement à travers des pratiques communautaires qui favorisent l'harmonie entre les individus, la nature et les ancêtres. Ces pratiques, bien que diverses selon les régions et les cultures, partagent des principes communs de circularité, de réciprocité et de durabilité. Elles illustrent comment les communautés africaines intègrent la prospérité dans leurs modes de vie quotidiens, en réponse aux défis contemporains.

2.2.1. Pratiques agricoles durables et régénératrices

Les communautés rurales africaines, notamment en République Démocratique du Congo, au Kenya et en Éthiopie, ont développé des systèmes agricoles qui allient tradition et innovation pour assurer la sécurité alimentaire et la régénération des écosystèmes. Par exemple, les techniques de culture en terrasse et les systèmes agroforestiers pratiqués en Éthiopie permettent de lutter contre l'érosion des sols tout en augmentant la biodiversité locale (Tchombe & Wirdze, 2025). Ces pratiques sont souvent guidées par des savoirs ancestraux transmis oralement et adaptés aux contextes locaux.

2.2.2. Gestion communautaire des ressources naturelles

La gestion des ressources naturelles, telles que les forêts, les rivières et les terres agricoles, est souvent assurée collectivement. En République Démocratique du Congo, des initiatives communautaires de gestion des forêts ont montré que la décentralisation de la gestion forestière peut conduire à une meilleure conservation des écosystèmes et à une augmentation des revenus locaux

(Carstens, 2024). Ces initiatives reposent sur des structures sociales traditionnelles et des mécanismes de gouvernance participative qui renforcent la cohésion sociale et la résilience communautaire.

2.2.3. Rituels et cérémonies comme vecteurs de prospérité

Les rituels et cérémonies jouent un rôle central dans la régénération de la prospérité. En Éthiopie, les cérémonies de bénédiction des récoltes et les rituels de purification des eaux sont des moments clés où la communauté se rassemble pour renforcer les liens sociaux et spirituels, tout en affirmant son engagement envers la durabilité environnementale (Juma, 2025). Ces pratiques illustrent comment la spiritualité et la prospérité sont interconnectées dans les sociétés africaines.

2.2.4. Éducation communautaire et transmission des savoirs

La transmission des savoirs, notamment en matière d'agriculture durable, de gestion des ressources et de pratiques spirituelles, est essentielle pour assurer la pérennité de la prospérité régénératrice. Des initiatives communautaires en Afrique de l'Est ont mis en place des programmes d'éducation intergénérationnelle, où les jeunes apprennent des anciens les pratiques agricoles traditionnelles et les valeurs culturelles associées (Tchombe & Wirdze, 2025). Ces programmes renforcent les liens intergénérationnels et assurent la continuité des savoirs locaux.

Les pratiques communautaires de la prospérité régénératrice démontrent que les communautés africaines ont développé des systèmes durables et résilients qui intègrent harmonieusement les dimensions écologiques, sociales et spirituelles. Ces pratiques offrent des modèles inspirants pour repenser les approches contemporaines du développement et de la prospérité, en mettant l'accent sur la régénération plutôt que sur l'accumulation.

Chapitre 3 :

Approches critiques postcoloniales et souveraineté épistémique

Ce chapitre propose une refondation de la pensée du développement à partir des épistémologies du Sud, en explorant la souveraineté cognitive, la pluralité méthodologique et la renaissance des savoirs africains. Il s'agit d'aller au-delà de la critique pour concevoir les fondements d'un nouvel imaginaire de la prospérité, enraciné dans les valeurs relationnelles, spirituelles et communautaires du continent africain.

3.1. Décoloniser la mesure du développement

3.1.1. Contexte historique et idéologique des indicateurs

Les indicateurs dominants du développement – du Produit Intérieur Brut (PIB) à l'Indice de Développement Humain (IDH) – ont été conçus dans un contexte intellectuel et politique profondément marqué par l'histoire occidentale de la modernité économique. Le PIB, élaboré dans les années 1930 par Simon Kuznets, répondait à une exigence de gestion macroéconomique dans les États industriels keynésiens. Il traduisait la capacité d'une nation à produire et consommer des biens selon les critères du capitalisme industriel. Or, comme le rappellent Stiglitz, Sen et Fitoussi (2010), cet indicateur, devenu universel, "mesure tout sauf ce qui fait que la vie vaut la peine d'être vécue". Il reflète une vision productiviste, matérialiste et utilitariste du bien-être.

Le développement, en tant que paradigme, s'est consolidé dans l'après-guerre sous l'influence des institutions de Bretton Woods (FMI, Banque mondiale), imposant une hiérarchie cognitive entre nations dites "avancées" et "retardataires". Comme le démontre Gilbert Rist (2007), cette croyance en un progrès linéaire et universel a servi de "religion séculière" à la modernité, légitimant l'ingérence, la dépendance et la normalisation des trajectoires économiques du Sud. Dans cette logique, le sous-développement n'est pas un état empirique mais une invention discursive, un miroir inversé du progrès occidental.

3.1.2. Critique du paradigme du progrès

Les travaux d'Arturo Escobar (1995 ; 2018) ont profondément transformé la compréhension du développement en le replaçant dans une géopolitique de la connaissance.

Selon Escobar, le développement n'est pas seulement un ensemble de politiques, mais une machine discursive qui fabrique des réalités : elle définit ce qui compte, ce qui est mesurable, et ce qui est invisible. Ainsi, la "crise du développement" n'est pas due à son échec, mais à sa réussite coloniale – celle d'avoir imposé un imaginaire unique de la prospérité, centré sur la croissance, la consommation et la compétition.

Cette critique rejoint les perspectives de Walter Mignolo et Aníbal Quijano (2000), pour qui la "colonialité du pouvoir" s'étend au domaine de la connaissance. La rationalité économique occidentale, prétendument universelle, repose sur une ontologie dualiste (civilisé/sauvage, développé/sous-développé, rationnel/irrationnel) qui hiérarchise les formes de vie. La "colonialité du savoir" en découle : elle structure la

manière dont sont produits, validés et diffusés les indicateurs économiques.
Frantz Fanon (1952), déjà, avertissait que la domination ne s'exerce pas seulement sur les corps, mais sur les imaginaires, en imposant aux colonisés "le désir d'être comme l'autre".

3.1.3. Le biais épistémique des instruments de mesure

Les outils statistiques, loin d'être neutres, traduisent des visions du monde.
Le PIB, par exemple, invisibilise le travail reproductif, communautaire et spirituel, central dans les sociétés africaines.
Le travail féminin – notamment les soins, l'éducation informelle, la solidarité – n'est pas comptabilisé, car non rémunéré selon les critères marchands.
Comme le souligne la Banque africaine de développement (AfDB, 2022), entre 60 et 70 % de l'activité économique dans de nombreux pays africains relève du secteur informel, non mesuré, non reconnu, mais vital pour la survie et la cohésion sociale.

De même, le Doing Business Index, promu par la Banque mondiale, valorise les économies selon leur "facilité à faire des affaires", c'est-à-dire leur conformité aux normes néolibérales : dérégulation, privatisation, réduction de la fiscalité.
Pour Easterly (2014), cet indicateur entretient une illusion de neutralité technocratique, alors qu'il promeut un modèle de société fondé sur l'individualisme entrepreneurial et la compétitivité.
Les pays africains y sont systématiquement classés en bas de l'échelle, non pas parce qu'ils manquent de vitalité économique, mais parce qu'ils incarnent une autre logique de la richesse : collective, symbolique, spirituelle.

Ainsi, les indicateurs dominants naturalisaient la hiérarchie Nord-Sud : les pays du Nord produisent la norme, les pays du Sud produisent la donnée à interpréter. Ce déséquilibre traduit un désordre cognitif mondial où les épistémologies dominantes définissent ce qui vaut comme “développement” et ce qui reste “archaïque”.

3.1.4. Cadre théorique de la décolonisation de la mesure

Décoloniser la mesure du développement implique une double opération :

(1) désapprendre la prétendue universalité des indicateurs ;
(2) réapprendre la pluralité ontologique des formes de prospérité.

Les contributions de Quijano (2000), de Sousa Santos (2014) et Mbembe (2016) offrent ici un cadre convergent.
Pour Quijano, il s’agit de défaire la “colonialité du savoir” en reconnaissant les rationalités multiples, ancrées dans les histoires locales.
Pour Santos, les “épistémologies du Sud” reposent sur la justice cognitive – c’est-à-dire la reconnaissance de savoirs systématiquement rendus invisibles par l’Occident.
Pour Mbembe, la décolonisation véritable passe par la réhabilitation de la pensée vivante, relationnelle, capable d’accueillir l’altérité et la spiritualité.

Ces approches invitent à concevoir les mesures du développement comme des dispositifs politiques : mesurer, c’est choisir ce qui a de la valeur.
En Afrique, décoloniser la mesure, c’est donc réaffirmer la souveraineté sur les critères du bien-vivre, en partant des cosmologies africaines (Ubuntu, Ma’at, Bumuntu, Ujamaa).
C’est un acte de re-sacralisation de la connaissance :

replacer la science économique dans une éthique du lien, de la réciprocité et de la communauté.

3.1.5. Illustrations africaines de la critique

L'Afrique offre de nombreux exemples où les logiques de la vie excèdent celles de la croissance. Dans les économies locales du Congo, du Sénégal ou du Ghana, les réseaux de solidarité et les économies du don (Mauss, 1925) structurent les échanges. La prospérité y est définie moins par l'accumulation que par la capacité à redistribuer, à maintenir la cohésion sociale, à cultiver la paix intérieure. Ces dimensions, bien qu'immatérielles, constituent des formes réelles de richesse, absentes des statistiques officielles.

Les travaux d'Oduyoye (1986) et Bujo (2001) montrent que, dans la théologie africaine, la prospérité authentique implique une harmonie entre les dimensions matérielles, spirituelles et communautaires de la vie. De même, l'éthique d'Ubuntu – "je suis parce que nous sommes" – propose une conception relationnelle du bien-être, mesurable non par la production, mais par la qualité des relations humaines (Murove, 2019).

Ces perspectives rejoignent le Bhutan's Gross National Happiness (GNH), qui a montré la possibilité de créer des indicateurs alternatifs fondés sur le bonheur, la culture et la durabilité. L'Afrique peut aller plus loin, en formulant un Ubuntu Prosperity Index, enraciné dans les valeurs africaines, où la richesse inclut la paix intérieure, la solidarité, la créativité, la justice et la résonance avec la nature.

3.1.6. Vers un nouvel imaginaire de la richesse

La décolonisation de la mesure du développement exige une réinvention du langage de la prospérité. Il ne s'agit pas seulement de corriger les biais des indicateurs existants, mais de transformer l'ontologie même du développement.
Comme le suggère Polanyi (1944), l'économie n'est pas un système autonome, mais un sous-système encastré dans les relations sociales et culturelles.
Redéfinir la richesse, c'est reconnaître que la valeur ne se réduit pas au prix, mais réside dans la vie, la réciprocité, le soin et la continuité du monde.

Les sociétés africaines, par leurs pratiques communautaires, leurs spiritualités et leurs cosmologies, offrent les fondements d'une économie relationnelle où la mesure est vivante, évolutive et incarnée.
L'IPDRDC (Indice de Prospérité Durable, Inclusive, Culturelle et Spirituelle) s'inscrit dans cette vision : un instrument de justice cognitive et de transformation, apte à réconcilier la science et la sagesse, le local et le global, l'humain et le spirituel.

3.2. La souveraineté épistémique comme fondement

3.2.1. Définition et portée conceptuelle

La souveraineté épistémique renvoie à la capacité des peuples, des institutions et des communautés à produire, valider et gouverner leurs propres systèmes de connaissance.
Dans le contexte africain, elle constitue le cœur d'un projet de renaissance intellectuelle et civilisationnelle, qui dépasse la simple critique du colonialisme pour instaurer une autonomie cognitive et axiologique.
Elle s'inscrit dans la continuité des "épistémologies du Sud" formulées par Boaventura de Sousa Santos (2014),

pour qui la justice globale passe par la justice cognitive — c'est-à-dire la reconnaissance et la valorisation des savoirs rendus subalternes par la modernité occidentale.

Cette souveraineté s'articule également à la vision de la Renaissance africaine (Makgoba, 1999), qui appelle à un renouveau des sciences, des arts et de la pensée à partir des racines culturelles du continent. Elle résonne avec l'afrocentricité proposée par Molefi Kete Asante (1987), qui ne consiste pas en une simple inversion du centre, mais en la recentration de la connaissance sur les perspectives, valeurs et symboles africains.

Ainsi comprise, la souveraineté épistémique est moins un repli identitaire qu'une reconfiguration pluriverselle de la production du savoir.

3.2.2. Les trois niveaux de la souveraineté

La souveraineté épistémique se manifeste à trois niveaux interdépendants : conceptuel, méthodologique et institutionnel.

1. Souveraineté conceptuelle
   Elle implique de repenser les catégories fondamentales du développement, de la richesse et du bien-être à partir des cosmologies africaines. Les notions d'Ubuntu (Afrique australe), Ma'at (Égypte ancienne), Bumuntu (Congo) et Ujamaa (Tanzanie) offrent des paradigmes relationnels où la valeur découle de l'harmonie, de la justice et de la cohésion communautaire.
   Ces concepts ne sont pas de simples valeurs morales : ils constituent des principes ontologiques de structuration du monde.
   Redéfinir la prospérité à partir de ces logiques, c'est affirmer que le développement n'est pas l'accumulation de biens, mais la floraison de la vie

dans toutes ses dimensions — matérielle, sociale, écologique et spirituelle.

2. Souveraineté méthodologique
   Le deuxième niveau concerne la manière dont le savoir est produit et validé.
   Comme l'a démontré Robert Chambers (1997), les approches participatives inversent la hiérarchie classique de la recherche : elles placent les communautés locales au centre du processus de production du savoir.
   Dans une perspective postcoloniale, la souveraineté méthodologique consiste à reconnaître les pratiques de connaissance endogènes – contes, proverbes, rituels, oralités – comme des formes légitimes d'intelligence collective.
   Cette approche rejoint les propositions d'Escobar (2018) sur le "design pluriversel" : une conception de la recherche comme co-création entre humains, non-humains et environnements.
3. Souveraineté institutionnelle
   Enfin, la souveraineté épistémique requiert une reconstruction des institutions du savoir.
   Les universités africaines doivent devenir des laboratoires de pensée du Sud, non pas des succursales épistémiques du Nord.
   Des réseaux tels que le CODESRIA, l'African Futures Institute, ou encore les African Humanities Institutes, incarnent déjà cette dynamique.
   De plus, de nouveaux acteurs émergent, tels que les think tanks congolais (LARHDO, Observatoire Congolais de la Gouvernance), qui œuvrent à réconcilier la recherche scientifique avec les besoins sociétaux et spirituels du continent.

3.2.3. Illustrations concrètes

L'exemple du Bhutan's Gross National Happiness (GNH) illustre la possibilité de définir le bien-être à partir de valeurs culturelles endogènes, articulant économie, culture et spiritualité. De manière analogue, l'Afrique peut concevoir un Ubuntu Prosperity Index, fondé sur des dimensions telles que la solidarité, la réciprocité, la paix intérieure, la créativité communautaire et la durabilité écologique.

Des initiatives en ce sens émergent déjà : en Afrique du Sud, des chercheurs ont proposé un Ubuntu-based Well-being Index (Murove, 2019), intégrant des indicateurs de cohésion, de justice et de responsabilité collective.

De telles approches témoignent d'une autonomisation cognitive en gestation, où les outils de mesure deviennent des expressions culturelles, et non des importations normatives.

3.2.4. La souveraineté des données et l'intelligence artificielle

Dans le contexte numérique, la souveraineté épistémique s'étend à la souveraineté des données. Les algorithmes d'intelligence artificielle (IA), conçus majoritairement dans le Nord global, reproduisent souvent les biais de la colonialité cognitive.

Selon Ofosu-Asare (2024), cette "impérialisme cognitif algorithmique" tend à universaliser des modèles culturels eurocentrés, effaçant les nuances locales et spirituelles des sociétés africaines.

Ainsi, décoloniser la mesure à l'ère numérique suppose non seulement de développer des indicateurs africains, mais aussi des IA culturellement enracinées, formées sur des données produites et gouvernées localement.

L'écosystème de données africain doit être envisagé comme un bien commun cognitif, garant de la pluralité des perspectives et de la sécurité intellectuelle du continent.

3.2.5. Vers une souveraineté cognitive intégrale

La souveraineté épistémique est donc une condition préalable à toute refondation du développement. Elle vise à établir une **autonomie cognitive intégrale**, où la connaissance, la méthodologie et la technologie s'enracinent dans des systèmes de valeurs africains. Ce projet n'exclut pas le dialogue avec l'universel, mais il en change les termes : au lieu d'un universalisme abstrait et hiérarchique, il propose un pluriversalisme dialogique, fondé sur la réciprocité et la co-existence des rationalités. La souveraineté épistémique devient ainsi la matrice d'un nouveau pacte de civilisation, où la mesure du développement reflète la diversité du vivant et la dignité des peuples.

3.3. Vers un pluralisme méthodologique

3.3.1. Les limites de la méthodologie positiviste

Le paradigme dominant de la mesure repose sur une méthodologie positiviste, centrée sur la quantification, la standardisation et la comparabilité. Cette approche, héritée du XIXe siècle, suppose que la réalité sociale puisse être décrite par des variables objectives, indépendantes des valeurs et des contextes culturels.

Or, comme l'ont montré Polanyi (1944) et Amin (1974), cette vision désincarnée de l'économie produit une déconnexion entre les indicateurs et la vie réelle. Le positivisme économique réduit la complexité du social à des chiffres abstraits, ignorant les dimensions symboliques, spirituelles et relationnelles du bien-être.

Cette critique ne vise pas à rejeter la mesure quantitative, mais à souligner qu'elle n'est qu'une langue parmi d'autres pour décrire la réalité. Les savoirs qualitatifs, narratifs et spirituels constituent des formes complémentaires de rationalité qui permettent d'appréhender la totalité du vécu humain. Dans la lignée de Santos (2014), il s'agit de promouvoir une écologie des savoirs, où les méthodes scientifiques dialoguent avec les savoirs traditionnels, artistiques et théologiques.

3.3.2. Un cadre transdisciplinaire pour la mesure du développement

Un pluralisme méthodologique suppose une articulation de plusieurs disciplines autour d'un objectif commun : comprendre la prospérité comme phénomène multidimensionnel.

Ainsi, quatre champs disciplinaires apparaissent essentiels :

- L'économie politique, qui dévoile les structures d'inégalités et de dépendance (Amin, 1974 ; Mkandawire, 2001). Elle permet d'analyser les causes systémiques du sous-développement et de questionner la place de l'Afrique dans l'économie mondiale.
- L'anthropologie, qui explore les symbolismes, les rituels et les cosmologies du bien-être (Turner, 1969 ; Mbiti, 1969). Elle aide à comprendre comment les sociétés africaines conçoivent la richesse, la mort, la fécondité et la paix.
- La sociologie, qui examine les réseaux de capital social et les formes de gouvernance collective (Bourdieu, 1980 ; Coleman, 1990).
- La théologie africaine, enfin, qui articule la prospérité spirituelle, la justice et la communion (Bujo, 2001 ; Oduyoye, 1986). Elle réintroduit le

sacré comme dimension constitutive du développement humain.

Ce cadre transdisciplinaire n'est pas une simple juxtaposition : il constitue un système de correspondances où chaque discipline éclaire une dimension du bien-vivre.

3.3.3. Méthodes intégrées et approches hybrides

Le pluralisme méthodologique invite à inventer des méthodes hybrides, combinant quantitatif, qualitatif et spirituel.

Trois types de méthodes se distinguent :

1. Indicateurs hybrides : intégrant des mesures économiques, sociales et spirituelles. Par exemple, le niveau de redistribution communautaire, la fréquence des pratiques de solidarité, ou les indicateurs de paix intérieure.
2. Méthodes participatives : fondées sur les récits communautaires, les focus groups et l'ethnographie collaborative. Ces démarches reconnaissent les citoyens comme co-producteurs du savoir, non comme simples objets d'enquête.
3. Mesures spirituelles et symboliques : évaluation de la cohésion, du sentiment d'harmonie, de la gratitude, de la confiance ou du lien avec la nature. Ces indicateurs intègrent des dimensions non mesurables par les outils conventionnels, mais essentielles pour la durabilité du vivre-ensemble.

3.3.4. La "Mesure vivante" (Living Metrics)

Le concept de "Mesure vivante" proposé par Moleka (2025) désigne un cadre d'évaluation adaptatif, ancré dans les dynamiques communautaires et culturelles. Contrairement aux indicateurs statiques, les "mesures vivantes" sont évolutives, relationnelles et réflexives : elles changent avec les transformations des valeurs sociales et des contextes écologiques. Elles ne cherchent pas la permanence, mais la résonance entre les savoirs et les vécus. Elles reposent sur quatre principes fondamentaux :

1. Contextualité : chaque communauté définit ses propres critères de prospérité selon ses valeurs et ses cycles de vie.
2. Participation : la mesure est co-produite, validée et interprétée par ceux qu'elle concerne.
3. Éthique relationnelle : l'acte de mesurer est un acte de responsabilité envers la communauté et la nature.
4. Spiritualité intégrée : la prospérité est évaluée à travers la paix intérieure, la cohésion et la réciprocité.

Cette approche renouvelle la méthodologie du développement en la rendant auto-réflexive, c'est-à-dire capable d'apprendre d'elle-même. Elle ouvre la voie à une économie de la sagesse, où les indicateurs deviennent des instruments de conscience plutôt que de contrôle.

3.3.5. Vers une épistémologie transformatrice

Le pluralisme méthodologique constitue un acte de libération cognitive. Il remet en cause la prétention de la science à détenir le monopole de la vérité et invite à une épistémologie transformatrice, où les savoirs deviennent des leviers de justice et de dignité. Cette perspective rejoint l'idée de Ndlovu-Gatsheni (2020) selon laquelle la décolonisation du savoir ne consiste pas à rompre avec la modernité, mais à en transcender les limites pour inventer de nouveaux horizons d'intelligibilité. Dans ce cadre, la mesure n'est plus un simple outil technique, mais un processus de guérison collective — un moyen de réconcilier la rationalité, la spiritualité et la communauté dans un même espace de sens.

Partie II :

Méthodologie de l'Indice de Prospérité Durable, Inclusive, Culturelle et Spirituelle (IPDRDC)

La Partie II présente la méthodologie permettant de concrétiser la vision de prospérité pluriverselle définie dans la Partie I. Elle expose le cadre épistémologique, la construction conceptuelle, les méthodes de collecte et d'analyse des données, ainsi que la formulation et la validation de l'IPDRDC. Cette partie relie la réflexion théorique à l'action pratique, en assurant que l'indice reflète fidèlement la complexité sociale, culturelle, écologique et spirituelle de la RDC.

Voici sa structurée:

1. Chapitre 4 – Cadre épistémologique et paradigmatique : Présente les fondements théoriques de l'IPDRDC, la transdisciplinarité et le dialogue entre savoirs africains et sciences modernes.
2. Chapitre 5 – Architecture conceptuelle de l'IPDRDC : Définit les quatre piliers (Durable, Inclusif, Culturel, Spirituel) et leurs interconnexions, montrant comment chaque dimension contribue à la prospérité pluriverselle.
3. Chapitre 6 – Méthodes de recherche et d'analyse : Détaille les méthodes quantitatives et qualitatives, la collecte de données sur le terrain, et l'approche participative avec les communautés locales.

4. Chapitre 7 – Construction de l'indice : Explique la sélection, la pondération des indicateurs, la transformation des dimensions immatérielles en mesures opérationnelles et la logique d'agrégation ainsi que la validation, expérimentation et cas-tests en présentant les tests pilotes, l'analyse des résultats et les retours des communautés, permettant d'affiner l'IPDRDC pour garantir sa robustesse et sa légitimité.

Chapitre 4 :

Cadre épistémologique et paradigmatique de l'IPDRDC

4.1. Introduction

La construction d'un indice de prospérité pluriverselle comme l'IPDRDC nécessite un cadre épistémologique solide, capable de relier la théorie à la pratique, tout en respectant les spécificités culturelles, écologiques et spirituelles de la RDC. Ce chapitre établit les fondements paradigmatique et méthodologique de l'IPDRDC, articulant la transdisciplinarité, la reconnaissance des savoirs endogènes et l'intégration des dimensions matérielles et immatérielles de la prospérité.

4.2. Fondements épistémologiques

La Partie II de cet ouvrage se concentre sur la mise en œuvre opérationnelle de l'IPDRDC. Avant d'aborder les indicateurs et méthodes spécifiques, il est indispensable de définir le cadre épistémologique qui sous-tend cet indice. La prospérité pluriverselle en RDC ne peut être comprise qu'à travers un prisme transdisciplinaire, ancré dans les réalités sociales, culturelles, écologiques et spirituelles du pays. Ce cadre repose sur trois axes principaux : la transdisciplinarité et la pluralité des savoirs, les savoirs endogènes et la souveraineté épistémique, et les principes ontologiques et éthiques.

4.2.1. Transdisciplinarité et pluralité des savoirs

La prospérité, dans le contexte congolais, ne peut être saisie par un seul angle d'analyse. Les approches classiques, centrées sur la production matérielle et les agrégats économiques, ignorent les dimensions sociales, culturelles et spirituelles qui structurent la vie des communautés. L'IPDRDC s'appuie donc sur un cadre transdisciplinaire, inspiré des travaux d'Edgar Morin (2005) sur la complexité et de la notion de "plurivers" développée par Escobar (2018). Ce cadre combine plusieurs disciplines :

- Économie politique : L'économie politique fournit les outils pour analyser la répartition des ressources, la durabilité et la redistribution équitable. Elle permet d'identifier les déséquilibres structurels hérités du colonialisme et de la mondialisation et d'évaluer comment les politiques publiques influencent la prospérité des communautés locales. Par exemple, la gestion communautaire des terres agricoles dans le Kasaï démontre que la répartition des parcelles, bien qu'informelle, reflète un équilibre complexe entre équité, solidarité et régénération écologique (Amsalu, 2019).
- Anthropologie : L'anthropologie permet de comprendre les rituels, les hiérarchies sociales, les pratiques culturelles et les valeurs qui gouvernent les comportements collectifs. Dans les villages du Bandundu, la célébration des cycles agricoles et des fêtes coutumières constitue un mécanisme de régulation sociale et de transmission de savoirs, participant directement à la cohésion et à la résilience des communautés (Mbiti, 1969).
- Écologie et sciences environnementales : Ces disciplines sont centrales pour mesurer la régénération des paysages, la qualité des sols, la

biodiversité et la résilience des écosystèmes. Par exemple, les projets de reforestation communautaire en RDC et en Éthiopie illustrent comment la restauration des sols et la plantation d'espèces locales contribuent à la sécurité alimentaire et à la durabilité intergénérationnelle (Nyssen et al., 2020).

- Sociologie et gouvernance : L'inclusion, la cohésion sociale et les structures de pouvoir locales sont essentielles à la prospérité durable. L'analyse des tontines, chefferies et comités villageois montre que les institutions locales, même informelles, jouent un rôle crucial dans la redistribution équitable des ressources et la résolution des conflits (Polanyi, 1944).
- Théologie et philosophie africaine : Les dimensions spirituelles et éthiques orientent le comportement humain, la gestion des ressources et la cohésion intergénérationnelle. Les rituels de bénédiction des terres, la consultation des ancêtres et la valorisation de la force vitale incarnent une approche où l'économie, l'écologie et la culture se rencontrent (Tempels, 1945; Mbiti, 1969).

Cette transdisciplinarité reconnaît que la prospérité est un phénomène émergent, résultant de l'interaction complexe entre les dimensions matérielles, sociales, culturelles et spirituelles. Elle exige que les chercheurs et praticiens adoptent une logique systémique, où chaque action sur l'écosystème, l'économie ou le tissu social influence l'ensemble du système.

Exemple concret : dans le plateau de l'Éthiopie, l'intégration des pratiques agroécologiques ancestrales, de la gouvernance communautaire et de la spiritualité écologique a permis de régénérer plus de 120 000 hectares de terres dégradées, démontrant que la prospérité durable ne peut se mesurer uniquement en termes de production ou de revenu (UNEP, 2021).

4.2.2. Savoirs endogènes et souveraineté épistémique

La prospérité pluriverselle exige de reconnaître et de valoriser les savoirs locaux. L'histoire coloniale et les modèles de développement occidentaux ont longtemps invisibilisé les pratiques traditionnelles et la connaissance autochtone. L'IPDRDC s'appuie sur une approche qui :

1. Reconnaît la légitimité des savoirs endogènes : Les techniques agricoles locales, la gestion communautaire des forêts et des cours d'eau, et les rituels spirituels constituent des formes de connaissance validées socialement et historiquement. Par exemple, les pratiques de rotation des cultures et de jachère dans le Kivu préservent la fertilité des sols et démontrent une intelligence écologique accumulée sur plusieurs générations (Amsalu, 2019).
2. Assure la souveraineté épistémique : Les communautés et chercheurs congolais doivent être les producteurs principaux des indicateurs et des concepts de prospérité. Comme le souligne Escobar (2018), la décolonisation du savoir implique non seulement de critiquer les modèles occidentaux, mais de construire une epistemologie depuis le Sud, fondée sur les réalités locales et les pratiques vivantes.
3. Adopte une logique pluriverselle : Contrairement aux approches universalistes des indicateurs classiques (PIB, IDH), l'IPDRDC intègre plusieurs visions du bien-vivre, reconnaissant que les perceptions de prospérité varient selon le territoire, la culture, l'âge et le statut social. Dans les zones pastorales du Katanga, par exemple, la prospérité est

évaluée autant par la santé des troupeaux que par la paix intercommunautaire ou le respect des coutumes ancestrales (Gebremariam et al., 2021).

Cas pratique : Dans le parc agroforestier de Kisangani, la combinaison des savoirs traditionnels sur la fertilité du sol et des innovations locales sur les cultures mixtes a permis de doubler la production vivrière sans recours aux intrants chimiques, illustrant l'efficacité et la pertinence des savoirs endogènes.

Analyse critique : L'intégration des savoirs endogènes dépasse le simple respect culturel : elle est un prérequis scientifique pour la durabilité. Les projets de conservation ou de régénération écologique échouent souvent lorsqu'ils ignorent les connaissances locales et imposent des solutions extérieures non adaptées aux réalités du terrain.

4.2.3. Principes ontologiques et éthiques

L'IPDRDC est fondé sur des principes qui transcendent la mesure quantitative et permettent d'articuler le matériel, le social et le spirituel. Ces principes guident la conception des indicateurs et la méthodologie de collecte des données.

1. Relationnalité : Inspirée par la philosophie africaine et le concept d'"Ubuntu", la prospérité est un phénomène relationnel. Elle résulte de l'harmonie entre humains, nature et cosmos (Mbiti, 1969). La valeur d'une ressource n'est pas seulement économique, mais dépend de son rôle dans la cohésion sociale, le lien intergénérationnel et la régénération écologique.
2. Durabilité plurigénérationnelle : Les projets doivent être évalués sur des cycles longs, incluant plusieurs générations. Par exemple, les terrasses éthiopiennes et les rotations agricoles congolaises ne produisent pas seulement des rendements immédiats ; elles

restaurent les sols et la biodiversité sur des décennies, garantissant la résilience à long terme (Nyssen et al., 2020).

3. Justice et équité : La prospérité n'est pas mesurée uniquement en termes de production ou de revenu, mais aussi par la répartition équitable des bénéfices et la participation inclusive. Les comités villageois, tontines et associations de producteurs illustrent cette dimension, car ils assurent que les gains économiques et écologiques profitent à l'ensemble de la communauté.
4. Spiritualité et transcendance : Les dimensions immatérielles de la prospérité, telles que la bénédiction des terres, les rituels coutumiers et la consultation des ancêtres, sont reconnues comme essentielles à la régénération écologique et sociale. La prospérité n'est pas seulement matérielle ; elle inclut la paix, la cohésion, le respect de la nature et la continuité des savoirs.

Exemple appliqué : Dans les zones rurales de l'Équateur et du Kasaï, les cérémonies de bénédiction des forêts et des champs agricoles ont un effet direct sur la préservation des ressources. Les habitants respectent les arbres et les zones sacrées, assurant la régénération naturelle et la sécurité alimentaire.

Intégration des principes dans l'IPDRDC :

- Les indicateurs écologiques mesurent la régénération et la durabilité des écosystèmes, en tenant compte de la temporalité plurigénérationnelle.
- Les indicateurs sociaux évaluent l'inclusion, la participation et la cohésion communautaire.
- Les indicateurs culturels et spirituels intègrent la reconnaissance des savoirs endogènes, des rituels et des pratiques symboliques.

- Les indicateurs économiques sont ajustés pour refléter l'économie relationnelle, solidaire et régénératrice, plutôt que la seule accumulation monétaire.

Synthèse et portée

Les fondements épistémologiques de l'IPDRDC permettent de :

1. Dépasser le réductionnisme monétaire et individualiste des indicateurs classiques.
2. Reconnaître la richesse relationnelle et culturelle des communautés congolaises.
3. Assurer une cohérence entre théorie et pratique grâce à l'intégration des savoirs locaux, de la transdisciplinarité et de principes éthiques.
4. Fournir un cadre opérationnel pour la construction d'indicateurs hybrides, participatifs et contextuels.

Cette approche établit la base nécessaire pour la section 4.3 – Paradigmes méthodologiques, où nous traduirons ces principes en stratégies concrètes de collecte, d'analyse et de valorisation des données de l'IPDRDC. La prospérité pluriverselle n'est plus une abstraction : elle devient mesurable, analysable et, surtout, actionnable par les communautés elles-mêmes.

4.3. Paradigmes méthodologiques – Construire l'IPDRDC

La construction de l'Indice de Prospérité Durable, Inclusive, Culturelle et Spirituelle (IPDRDC) repose sur une méthodologie transdisciplinaire, participative, pluriverselle et plurigénérationnelle. Cette approche vise à appréhender la prospérité dans sa complexité, en intégrant les dimensions matérielles, sociales, culturelles et spirituelles. Elle s'articule autour de quatre axes principaux:

1. Méthodes transdisciplinaires et pluri-méthodologiques
2. Collecte et valorisation des savoirs endogènes
3. Indicateurs hybrides et participatifs
4. Temporalité intergénérationnelle et suivi longitudinal

4.3.1. Méthodes transdisciplinaires et pluri-méthodologiques

L'IPDRDC adopte une approche transdisciplinaire en combinant des outils et concepts issus de diverses disciplines pour appréhender la prospérité dans sa globalité.

- Économie politique et analyse structurelle : L'économie politique offre un cadre pour comprendre la répartition des ressources et les dynamiques de pouvoir dans les communautés. Elle permet d'identifier les inégalités systémiques, les flux économiques non marchands et la durabilité des pratiques locales. Par exemple, dans les villages du Kasaï, les mécanismes de redistribution via les tontines et coopératives agricoles montrent comment une économie circulaire locale peut générer prospérité et sécurité alimentaire (HPP-Congo, 2025)
- Anthropologie et ethnographie : L'anthropologie permet de documenter les savoirs, valeurs et rituels locaux qui structurent la société congolaise. L'observation participante, les entretiens semi-structurés et l'analyse des codes coutumiers fournissent une lecture fine des mécanismes de cohésion sociale et de régénération écologique. Par exemple, les rituels liés à la bénédiction des terres dans le Bandundu révèlent une logique morale et

cosmologique où la protection de l'environnement est intégrée à la vie communautaire (Kasoki, 2025).

- Écologie et sciences environnementales : Les sciences environnementales évaluent la capacité des écosystèmes à se régénérer et la résilience des paysages face aux pressions climatiques et anthropiques. L'IPDRDC intègre la cartographie des sols, la surveillance satellitaire, l'analyse de la biodiversité et des cycles hydrologiques. Dans le Bas-Congo, le suivi des mangroves et des zones côtières restaurées a permis de démontrer que la régénération écologique est corrélée à l'inclusion communautaire et à la pérennité économique (Climetrek, 2025).
- Sociologie et gouvernance : L'étude des structures sociales et de la gouvernance locale permet d'évaluer la cohésion communautaire, l'inclusion et la capacité de régulation sociale. Les comités de gestion communautaire, l'implication des femmes et des jeunes, ainsi que les mécanismes de médiation coutumière sont autant d'indicateurs indirects de prospérité. Les expériences des comités de pêche artisanale dans le Katanga montrent que l'implication collective permet de réguler les conflits liés à l'accès à l'eau et aux ressources halieutiques (Diplomatie.be, 2025).
- Théologie et philosophie africaine : L'intégration des dimensions spirituelles et éthiques est un des aspects les plus novateurs de l'IPDRDC. L'étude des rituels, offrandes et pratiques religieuses révèle l'importance de la transcendance et de la moralité dans la régénération écologique et sociale. Par exemple, l'association des rituels de bénédiction des arbres avec la gestion des terres dans certaines

chefferies du Bandundu illustre comment la spiritualité structure la durabilité (Kasoki, 2025).

4.3.2. Collecte et valorisation des savoirs endogènes

Les savoirs endogènes représentent le cœur de l'IPDRDC, car ils traduisent la manière dont les communautés congolaises perçoivent et construisent la prospérité.

1. Identification et documentation des pratiques locales : Cela inclut les techniques agricoles traditionnelles, les rotations culturales, l'agroforesterie, la gestion communautaire de l'eau et des pâturages, et les rituels spirituels. Dans les zones rurales du Kivu, les pratiques de compostage et d'association des cultures ont été documentées pour comprendre leur impact sur la fertilité des sols et la sécurité alimentaire (Kasoki, 2025).
2. Participation communautaire dans la collecte : Les habitants deviennent acteurs de la mesure, grâce à des ateliers participatifs et des cartographies communautaires. Par exemple, les villages du Katanga ont produit des cartes des zones de régénération forestière, intégrant les connaissances des anciens et des jeunes (Kasoki, 2025).
3. Valorisation de la mémoire collective : Les savoirs intergénérationnels sont essentiels pour la durabilité. Les entretiens avec les aînés permettent de reconstruire l'histoire des pratiques agricoles et des stratégies de gestion des conflits liés aux ressources naturelles (Kasoki, 2025).
4. Co-construction des indicateurs : Les communautés définissent elles-mêmes les critères de prospérité, garantissant la légitimité culturelle et sociale des mesures. Cette approche assure une souveraineté épistémique, conformément aux

recommandations de Mbembe (2016) et Escobar (2018).

4.3.3. Indicateurs hybrides et participatifs

La mesure de la prospérité dépasse les simples indicateurs économiques tels que le Produit Intérieur Brut (PIB) ou l'Indice de Développement Humain (IDH). Ces indices traditionnels ne capturent pas pleinement la richesse des sociétés, notamment les dimensions écologiques, sociales, culturelles et spirituelles. Dans le contexte de la République Démocratique du Congo (RDC), pays riche en biodiversité, en cultures ancestrales et en diversité ethnique, il est impératif de développer des indicateurs hybrides et participatifs qui reflètent cette complexité.

Les indicateurs hybrides combinent des données quantitatives, qualitatives et participatives, permettant une évaluation plus holistique du bien-être des communautés. Cette approche est particulièrement pertinente dans les contextes africains, où les savoirs locaux et les pratiques communautaires jouent un rôle central dans la gestion des ressources et la cohésion sociale.

a) Dimension écologique : mesurer la régénération et la durabilité

La prospérité écologique englobe la santé des écosystèmes, la gestion durable des ressources naturelles et la résilience face aux changements climatiques. Dans la RDC, des initiatives telles que la reforestation communautaire dans la province du Bandundu illustrent comment les communautés locales contribuent à la régénération dcs forêts. Ces projets intègrent des pratiques agroforestières, la protection des zones sensibles et la valorisation des savoirs traditionnels.

Exemples concrets :

- **Province du Bandundu** : Des communautés locales ont entrepris des projets de reforestation en utilisant des espèces indigènes. Ces initiatives ont été accompagnées de formations sur les techniques de plantation et de suivi de la croissance des arbres. Les indicateurs utilisés incluent le taux de survie des plants, la biodiversité restaurée et la séquestration du carbone.
- **Province du Kivu** : Les pratiques agroforestières traditionnelles, telles que la culture en association de plantes, ont été intégrées dans des systèmes de production durables. Les indicateurs mesurent la fertilité des sols, la diversité des cultures et la productivité agricole (.Kasoki, 2025 ; Nyssen et al., 2020).

Méthodes de collecte :

Les données sont collectées à travers des relevés de terrain, des observations participatives et des entretiens avec les membres de la communauté. Des technologies telles que les drones et la télédétection sont également utilisées pour évaluer la couverture forestière et la santé des écosystèmes.

b) Dimension économique : prospérité matérielle et équitable

L'évaluation de la prospérité économique dans un contexte hybride va au-delà des simples indicateurs financiers. Elle inclut la durabilité des activités économiques, la redistribution des ressources et l'autonomie des communautés. Dans la RDC, des initiatives telles que les coopératives agricoles dans la province du Kasaï et les projets de mines artisanales dans le Katanga illustrent comment les communautés gèrent leurs ressources économiques de manière durable.

Exemples concrets :

- **Province du Kasaï** : Les coopératives agricoles locales ont mis en place des systèmes de micro-finance et de crédit solidaire. Les indicateurs mesurent le taux de participation des membres, l'investissement collectif dans les infrastructures locales et le niveau de sécurité alimentaire.
- **Province du Katanga** : Les projets de mines artisanales intégrant la gouvernance coutumière permettent d'évaluer la régularité des revenus et le respect des règles locales, tout en mesurant l'impact sur l'écosystème (.HPP-Congo, 2025 ; Gebremariam et al., 2021).

Méthodes de collecte :

Les données sont collectées à travers des enquêtes participatives, des groupes de discussion et des entretiens avec les membres des coopératives et des exploitants miniers. Des indicateurs tels que le revenu moyen par coopérative, la diversification des activités économiques et la sécurité alimentaire sont utilisés.

c) Dimension sociale et de gouvernance : inclusion et cohésion

La prospérité sociale englobe la cohésion communautaire, l'inclusion des groupes marginalisés et la participation citoyenne. Dans la RDC, des initiatives telles que les comités de pêche artisanale dans le Katanga et les comités de quartier dans le Bandundu illustrent comment les communautés gèrent collectivement les ressources et assurent la justice sociale.

Exemples concrets :

- **Province du Katanga** : Les comités de pêche artisanale permettent de gérer les conflits liés à l'accès aux ressources halieutiques et de promouvoir la justice distributive. Les indicateurs incluent le taux de participation des membres, le nombre de médiations réussies et le taux de satisfaction des habitants quant à la gestion communautaire (Dème, Touron-Gardic & Failler, 2024).

- **Province du Bandundu** : Les comités de quartier facilitent la participation des femmes et des jeunes dans les décisions locales, renforçant ainsi la cohésion sociale. Les indicateurs mesurent le nombre d'initiatives collectives soutenues et le niveau de satisfaction des membres. Ce que Leyronas, Françoise, Liotard, Mercier et Obin nomment les communs urbains (2023).

Méthodes de collecte :

Les données sont collectées à travers des entretiens semi-structurés, des observations participantes et des enquêtes de satisfaction. Des indicateurs tels que le taux de participation, l'efficacité des médiations et la satisfaction communautaire sont utilisés.

d) Dimension culturelle et spirituelle : savoirs endogènes et régénération

La prospérité culturelle et spirituelle englobe les pratiques rituelles, les savoirs ancestraux et la régénération des liens sociaux. Dans la RDC, il y a des initiatives telles que les cérémonies de bénédiction des forêts dans l'Équateur, bien que non directement documentées, et s'inscrivent dans un contexte plus large d'initiatives de conservation en RDC qui impliquent les communautés locales, comme le Projet Équateur, le projet "Forêts d'Avenir" et d'autres projets de restauration des paysages forestiers. Ces initiatives utilisent des approches variées, allant de la création de forêts artificielles à la gestion communautaire des forêts et au renforcement des droits fonciers des communautés locales et autochtones. Le projet "Forêts d'Avenir" vise à prouver que les forêts communautaires peuvent améliorer les moyens de subsistance, sécuriser les droits fonciers des communautés locales et autochtones et réduire la déforestation (Rainforest Foudation UK, 2021).

Méthodes de collecte :

Les données sont collectées à travers des entretiens avec les anciens, des observations des rituels et des cartographies participatives des zones sacrées. Des indicateurs tels que la fréquence des rituels, le nombre de pratiques coutumières maintenues et le taux de participation intergénérationnelle sont utilisés (Mbiti, 1969 ; Tempels, 1945).

e) Intégration des dimensions multiples dans un indice composite

Pour rendre opérationnelle la multidimensionnalité de la prospérité, l'IPDRDC propose un indice composite qui combine les quatre dimensions précédentes : écologique, économique, sociale, culturelle et spirituelle. Cette approche hybride repose sur :

1. Agrégation pondérée : chaque dimension reçoit un poids calculé en fonction de son importance locale et du consensus communautaire. Par exemple, dans les zones rurales du Kasaï, les savoirs agricoles et les pratiques spirituelles peuvent avoir un poids supérieur à la production monétaire, reflétant la perception locale de la prospérité (HPP-Congo, 2025).
2. Indicateurs qualitatifs et quantitatifs : la combinaison de données chiffrées (rendement agricole, superficie régénérée, revenus) avec des évaluations qualitatives (satisfaction communautaire, cohésion sociale, respect des rituels) permet d'obtenir une mesure plus robuste et contextualisée.
3. Validation participative : les communautés locales sont impliquées dans la définition des critères et la pondération des indicateurs. Des ateliers participatifs

sont organisés pour discuter des priorités, valider les données et ajuster les pondérations. Cette démarche assure la légitimité culturelle et sociale de l'indice (Escobar, 2018; Mbembe, 2016).

4. Approche plurigénérationnelle : les indicateurs intègrent la durabilité sur plusieurs générations. Cela signifie que l'impact écologique, social et spirituel d'un projet est évalué sur des cycles longs, permettant de mesurer la régénération et la résilience des systèmes communautaires. Les rotations agricoles et les pratiques de jachère sont ainsi évaluées non seulement pour leur rendement immédiat, mais pour leur capacité à maintenir la fertilité des sols sur plusieurs décennies (Nyssen et al., 2020).

f) Méthodes participatives et co-construction

La participation des communautés est au cœur de la démarche IPDRDC. Les méthodes participatives permettent de renforcer la souveraineté épistémique, c'est-à-dire le pouvoir des communautés locales à produire leurs propres connaissances et indicateurs.

1. Cartographie participative : les communautés identifient et cartographient les zones écologiquement sensibles, les terres cultivables, les lieux sacrés et les infrastructures locales. Cette méthode permet de combiner savoirs endogènes et données géospatiales modernes (Kasoki, 2025).
2. Entretiens semi-structurés et focus groups : les entretiens avec les anciens, les chefs coutumiers et les jeunes permettent de comprendre les pratiques, les valeurs et les perceptions locales de la prospérité. Les focus groups offrent un espace de discussion et de consensus sur les indicateurs à privilégier.

3. Ateliers de co-construction : les membres de la communauté collaborent avec les chercheurs pour définir les indicateurs, leurs unités de mesure et la fréquence de suivi. Cette co-construction garantit l'appropriation locale et la pertinence culturelle des mesures (Escobar, 2018).
4. Observation participante : les chercheurs vivent temporairement au sein des communautés pour observer les pratiques agricoles, les rituels et les interactions sociales. Cette immersion permet d'obtenir des données riches et contextualisées qui ne peuvent être capturées par des enquêtes classiques.

g) Suivi longitudinal et ajustements adaptatifs

Pour garantir la pertinence et la durabilité de l'indice, le suivi longitudinal est essentiel. Il permet d'identifier les tendances, d'évaluer les impacts à long terme et d'ajuster les interventions en fonction des résultats observés.

1. Évaluation régulière : des relevés périodiques sont effectués tous les 2 à 5 ans selon les indicateurs et la temporalité des cycles agricoles, écologiques et sociaux.
2. Mesure de la régénération : pour chaque cycle, la régénération des sols, des forêts, des ressources hydriques et des infrastructures sociales est évaluée à l'aide d'indicateurs précis.
3. Feedback adaptatif : les résultats du suivi sont présentés aux communautés dans des ateliers de retour d'information. Ces séances permettent de modifier les pratiques et d'ajuster les indicateurs pour mieux refléter la réalité locale.
4. Exemple de suivi longitudinal : dans les plateaux éthiopiens, un projet de restauration de 120 000 hectares a été suivi sur 15 ans, combinant mesures

écologiques (biodiversité, couverture végétale), sociales (participation communautaire, renforcement des comités locaux) et culturelles (respect des rituels et savoirs ancestraux). Les données ont permis d'ajuster les pratiques de plantation et de gestion de l'eau pour maximiser la durabilité et la prospérité (UNEP, 2021; Nyssen et al., 2020).

h) Harmonisation des indicateurs et représentations visuelles

Pour rendre l'indice accessible et compréhensible, l'IPDRDC propose des représentations visuelles qui combinent les dimensions :

1. Cartes thématiques : visualisation de la régénération écologique, des zones de pratiques agricoles traditionnelles et des lieux culturels ou sacrés.
2. Graphiques multidimensionnels : diagrammes en radar ou en étoile pour représenter les performances de chaque communauté dans les dimensions écologique, économique, sociale, culturelle et spirituelle.
3. Indices composites : scores globaux et sous-scores pour chaque dimension, permettant de comparer les communautés et d'identifier les points de faiblesse ou de force.

i) Impacts attendus et pertinence pour la RDC

1. Empowerment communautaire : en impliquant les communautés dans la collecte et l'analyse des données, l'IPDRDC renforce la souveraineté locale et l'autonomie dans la définition de la prospérité.
2. Politiques adaptées et contextualisées : les indicateurs hybrides fournissent aux décideurs des données fiables et culturellement pertinentes pour orienter les politiques de développement.

3. Durabilité intergénérationnelle : l'accent mis sur la temporalité longue permet de garantir que les bénéfices économiques, sociaux et écologiques sont durables et que les pratiques régénératrices sont perpétuées.
4. Reconnaissance des savoirs locaux : l'intégration des pratiques endogènes et des dimensions spirituelles valorise la richesse culturelle congolaise et contribue à une approche pluriverselle de la prospérité.

4.3.4. Temporalité intergénérationnelle et suivi longitudinal

La prospérité durable ne peut se mesurer sur le court terme. L'IPDRDC intègre une dimension plurigénérationnelle, essentielle pour évaluer la durabilité écologique, sociale et spirituelle :

- Cycles plurigénérationnels : rotations agricoles, systèmes agroforestiers, gestion de l'eau et des pâturages sur des cycles de 5 à 30 ans.
- Transmission sociale et culturelle : implication des jeunes et des anciens pour assurer le transfert des savoirs et la continuité des pratiques.
- Évaluation longitudinale : suivi régulier des indicateurs, avec ajustements en fonction des changements climatiques, sociaux ou politiques.

Par exemple, le suivi de la reforestation dans les plateaux éthiopiens sur 15 ans a montré que la régénération des sols et des écosystèmes était étroitement liée à l'engagement communautaire et aux pratiques spirituelles locales (Kasoki, 2025).

4.3.5. Stratégies participatives et inclusion

L'IPDRDC met l'accent sur la participation directe des communautés :

- Consultation multi-acteurs : chefs coutumiers, comités locaux, ONG, chercheurs et autorités.
- Ateliers co-créatifs : co-construction des indicateurs et validation des données.
- Transfert de compétences : formation des habitants à la collecte, l'analyse et l'interprétation des données.

Ces stratégies assurent une légitimité culturelle et scientifique, favorisent l'appropriation locale et garantissent la durabilité du dispositif.

Chapitre 5 :

Architecture conceptuelle de l'IPDRDC : les quatre piliers de la prospérité pluriverselle

5.1. Introduction: Vers une architecture systémique de la prospérité

La prospérité, dans la perspective africaine et congolaise, n'est pas un simple état économique mesurable par des agrégats monétaires. Elle s'enracine dans une conception holistique de la vie, où la richesse véritable se mesure à la qualité des relations – entre les êtres humains, la nature, les ancêtres et le divin. L'architecture conceptuelle de l'IPDRDC s'articule autour de quatre piliers interdépendants :

1. La durabilité, qui exprime la capacité des sociétés à préserver les conditions écologiques et sociales de la vie.
2. L'inclusion, qui vise la participation équitable de toutes les couches sociales, sans discrimination de genre, d'origine ou de statut.
3. La culture, comme mémoire vivante et matrice identitaire, fondant la cohésion et la créativité collective.
4. La spiritualité, enfin, comme dimension transcendante de la prospérité, liant les générations visibles et invisibles dans une éthique du soin et de la responsabilité cosmique.

Ces quatre piliers ne sont pas des catégories isolées, mais des dimensions dynamiques d'un même système : la prospérité pluriverselle. Cette dernière désigne une forme de bien-vivre multiple, où chaque communauté définit selon sa propre cosmologie les voies d'accès à la plénitude individuelle et collective. Ainsi, la prospérité congolaise ne peut être calquée sur les indicateurs occidentaux de croissance ou de productivité ; elle se pense depuis le fleuve, la forêt, la palabre et le rite, autant d'espaces de symbolisation et de régénération du lien social.

5.2. Le pilier de la Durabilité : entre écologie, économie et mémoire intergénérationnelle

La durabilité est l'un des fondements les plus essentiels de l'Indice Pluriversel de la Prospérité Durable en République Démocratique du Congo (IPDRDC). Elle dépasse de loin la conception environnementaliste héritée des institutions internationales et s'enracine dans une ontologie africaine du vivant. Dans la pensée congolaise, la vie n'est pas une ressource à exploiter mais un flux sacré à maintenir, à équilibrer et à transmettre. Cette perspective relie la durabilité à trois dimensions étroitement entremêlées : l'écologie, l'économie et la mémoire intergénérationnelle. Ensemble, elles redonnent sens à la relation entre l'humain, la nature et le cosmos.

5.2.1. La durabilité comme écologie de la relation

L'approche africaine de la durabilité repose sur une écologie de la relation, pour reprendre le terme d'Arturo Escobar (2018). Dans de nombreuses cosmologies bantoues, notamment au Congo central, la nature n'est pas un objet extérieur mais une entité vivante, habitée par des forces et des présences. L'humain y est co-créateur, gardien et médiateur. Ainsi, la durabilité ne consiste pas seulement à protéger les écosystèmes, mais à préserver l'équilibre vital entre les différentes formes de vie.

Les pratiques ancestrales témoignent de cette vision. Dans les communautés du Kasaï et du Kwango, chaque rivière, arbre ou colline est dotée d'une valeur spirituelle : les tabous (*bikila*) interdisant certaines coupes d'arbres ou pêches à des périodes précises constituaient des régulations écologiques avant la lettre (Kankonde , 2015). Ces interdits, loin d'être des superstitions, garantissaient la régénération des ressources. Ils reposaient sur une connaissance fine des cycles naturels, intégrée dans les rituels communautaires.

Cette logique contraste fortement avec l'écologie moderne, souvent technocratique, qui sépare l'humain de son environnement. Dans la vision congolaise, la durabilité est d'abord relationnelle : elle exprime une alliance entre les vivants, les morts et les non-nés. C'est pourquoi les décisions relatives à la terre, à la chasse ou à la culture sont traditionnellement prises en conseil des anciens, garants de la mémoire écologique. L'éthique de la durabilité s'y fonde sur la responsabilité intergénérationnelle, valeur que la philosophie occidentale ne redécouvre qu'à travers des penseurs comme Hans Jonas (1979).

5.2.2. Repenser la durabilité économique : de l'extractivisme à la régénération

Sur le plan économique, la RDC incarne à la fois la promesse et la tragédie du développement non durable. Riche de plus de 60 % des réserves mondiales de cobalt et d'une biodiversité exceptionnelle, le pays illustre la tension entre abondance naturelle et pauvreté structurelle. Des chercheurs comme Trefon (2016) et Jean-Claude Willame (2009) ont montré que le modèle extractiviste congolais repose sur un paradigme de dissociation : les richesses sont extraites sans reconfiguration sociale équitable, sans réinvestissement écologique et sans participation communautaire.

Or, dans la perspective du pilier du *durable*, il ne s'agit pas simplement de « corriger » les excès de l'exploitation, mais de réinventer la signification même de la richesse. La richesse n'est pas accumulation, mais régénération. Le développement durable africain suppose la transformation du rapport à la nature : passer d'une logique de prédation à une logique de réciprocité. C'est ce qu'évoque le philosophe sénégalais Souleymane Bachir Diagne (2011) lorsqu'il appelle à une « raison nègre de la durabilité », c'est-à-dire une rationalité du *vivre-avec* plutôt que du *posséder-pour*.

En effet, depuis la colonisation belge, l'économie de la RDC repose sur une logique extractiviste, orientée vers l'exportation des matières premières : cuivre, cobalt, coltan, bois, diamant. Cette structure économique, héritée d'un projet colonial et renforcée par la mondialisation néolibérale, a enfermé le pays dans une économie de prédation (Trefon, 2019). Or, la durabilité invite à rompre avec cette logique pour instaurer une économie régénérative, inspirée des modèles circulaires et endogènes. Kate Raworth (2017), dans *Doughnut Economics*, propose un cadre qui rejoint les visions africaines traditionnelles : il s'agit de créer un espace sûr et juste pour l'humanité, entre plancher social et plafond écologique. En contexte congolais, cela signifie valoriser le capital naturel local — terres fertiles, biodiversité, eau, soleil — non pas en les épuisant, mais en les régénérant.

Des expériences congolaises contemporaines incarnent cette réinvention. Dans les Hauts-Plateaux du Sud-Kivu, par exemple, des programmes de reforestation communautaire ont émergé, combinant savoirs traditionnels et innovation écologique. Ces projets, soutenus par le Centre de Recherche en Sciences Naturelles de Lwiro (CRSN, 2022), montrent que la durabilité économique repose sur la coproduction des savoirs : les paysans, les scientifiques et les chefs coutumiers travaillent ensemble à la régénération du vivant.

Sur le plan théorique, la durabilité économique renoue avec le concept africain de subsistance équilibrée, que l'on retrouve dans les travaux d'Issa Shivji (2009) et de Felwine Sarr (2016). Ces auteurs défendent une économie du « vivre-ensemble » et non de l'accumulation : produire pour vivre dignement, partager pour maintenir la cohésion. Dans cette perspective, la croissance n'est pas une fin en soi, mais une fonction de la qualité des relations sociales et écologiques.

5.2.3. Mémoire et continuité intergénérationnelle

La durabilité se fonde également sur la continuité sociale et culturelle. Les structures de solidarité traditionnelles (mutuelles, tontines, coopératives villageoises) représentent des institutions durables avant la lettre. Elles s'appuient sur une logique d'interdépendance et non de compétition. Les anthropologues tels que Georges Balandier (*Sociologie actuelle de l'Afrique noire*, 1955) et Mary Douglas (*Purity and Danger*, 1966) ont montré que ces formes d'organisation expriment un ordre symbolique de l'équilibre : la prospérité d'un individu dépend du bien-être collectif.

Dans cette optique, la durabilité sociale ne se mesure pas seulement en termes de revenus ou d'accès aux services, mais aussi de transmission des savoirs et de maintien du tissu communautaire. L'érosion des langues locales, des rites initiatiques et des formes de gouvernance traditionnelle constitue une menace majeure à la durabilité africaine. En ce sens, la revitalisation culturelle devient une condition sine qua non d'un développement durable proprement africain.

La durabilité, dans la tradition africaine, est ainsi inséparable de la mémoire intergénérationnelle. Comme le dit un proverbe luba : *"Bantu ba lelo, bana ba kala"* – « Les hommes d'aujourd'hui sont les enfants d'hier ». Cette sagesse exprime l'idée que chaque génération porte la responsabilité de prolonger la vie des ancêtres en assurant la survie des générations futures.

Les pratiques agricoles, les rites de semailles, les chants de récolte et les récits mythiques sont des vecteurs de transmission de cette mémoire. Par exemple, dans la région du Bandundu, les cérémonies de clôture de saison agricole sont accompagnées de danses et d'offrandes symboliques aux ancêtres, rappelant que la fertilité du sol dépend de la continuité des liens entre générations. Ces traditions incarnent ce que l'anthropologue Francis Nyamnjoh (2015) appelle une « mobilité enracinée » : l'innovation y naît de la fidélité à la mémoire, non de la rupture.

La modernité occidentale a souvent dissocié la durabilité du temps long, privilégiant la rentabilité immédiate. En RDC, cette vision s'est traduite par des politiques minières ou forestières à court terme, ignorant les impacts sur les générations futures. L'IPDRDC propose, au contraire, d'intégrer dans ses indicateurs la temporalité longue de la durabilité africaine : une évaluation sur plusieurs générations, mesurant la capacité d'un territoire à se renouveler écologiquement, socialement et spirituellement.

Cette conception rejoint la pensée de l'écophilosophe congolais Joseph Tonda (2021), pour qui la durabilité africaine est une résilience du vivant : elle consiste à maintenir la circulation de la force vitale (*moyo*, *ntu*) dans toutes ses dimensions — humaine, animale, végétale et spirituelle. En ce sens, la mémoire n'est pas le passé : elle est un principe actif de continuité.

5.2.4. Dimension politique et gouvernance durable

La durabilité n'est pas uniquement écologique et économique ; elle est aussi politique. Une société durable est une société capable de garantir la justice intergénérationnelle et la participation citoyenne. En RDC, les défis sont considérables : décentralisation inachevée, corruption endémique, conflits d'usage des terres, absence de planification territoriale. La durabilité exige donc un renouvellement des institutions publiques vers une gouvernance écologique et participative. Le politiste Claude Ake (1996) avait déjà souligné que le développement en Afrique ne peut être durable sans démocratie enracinée dans les cultures locales.

La durabilité congolaise ne peut pas aussi être pensée indépendamment de l'histoire coloniale et néocoloniale qui a fragmenté la continuité écologique du territoire. Comme le souligne Achille Mbembe (*Politiques de l'inimitié*, 2016), la durabilité postcoloniale exige de décoloniser le futur. Cela implique de rompre avec la dépendance structurelle aux normes de la Banque mondiale et des agences internationales du développement, qui imposent une durabilité *gestionnaire* et non *émancipatrice*.

Une durabilité souveraine repose sur la réappropriation des ressources et des savoirs écologiques. Les politiques de conservation doivent reconnaître les droits coutumiers des peuples autochtones — en particulier des Pygmées dans la cuvette centrale — dont les pratiques de cohabitation avec la forêt incarnent depuis des millénaires une écologie intégrale. Comme le souligne Séverine Deneulin (2021) dans ses travaux sur la justice écologique, une durabilité authentique exige la redistribution du pouvoir sur les conditions d'existence, pas seulement la préservation des biotopes.

La durabilité politique implique également la reconnaissance des autorités coutumières et la co-gestion des ressources avec les communautés. Les expériences de gouvernance partagée dans la gestion des parcs nationaux – comme celle du Parc des Virunga (2019) – illustrent ce passage d'un modèle vertical d'administration à un modèle collaboratif et communautaire.

L'IPDRDC intègre cette dimension en proposant des indicateurs de participation locale, de transparence et de redevabilité écologique. Mesurer la durabilité politique, c'est évaluer la capacité d'un territoire à intégrer les citoyens dans la gestion du bien commun et à prévenir les conflits liés aux ressources. La durabilité devient alors un principe d'équité temporelle : chaque génération reçoit la terre non comme héritage à consommer, mais comme bien à faire fructifier pour la suivante.

5.2.5. Éthique du soin et responsabilité cosmique

Enfin, au cœur de la durabilité congolaise se trouve une éthique du soin — soin de soi, des autres et du monde. Cette éthique, profondément enracinée dans la spiritualité africaine, repose sur le principe que tout être est relié et que la vie exige respect et gratitude. John Mbiti (1969) l'avait exprimé ainsi : « L'existence humaine est participation à l'être de la communauté cosmique ».

Cette philosophie du soin rejoint aujourd'hui les réflexions contemporaines sur la durabilité intégrale, comme celles de Morin (2005) et de Vandana Shiva (2020), qui plaident pour une écologie de la responsabilité. Dans les traditions congolaises, le soin prend la forme d'actes concrets : replanter un arbre après la coupe, offrir un sacrifice à la source avant de puiser l'eau, enseigner aux enfants la valeur de la terre. Ces gestes sont autant de pratiques de durabilité inscrites dans le quotidien.

La responsabilité cosmique, enfin, consiste à reconnaître la dimension sacrée du monde. Dans la théologie africaine de la création, la nature est partenaire de l'homme dans l'œuvre de la vie. Détruire la forêt, c'est rompre une alliance ; polluer une rivière, c'est offenser la communauté visible et invisible. L'IPDRDC traduit cette ontologie en intégrant la dimension spirituelle dans l'évaluation de la durabilité : la prospérité durable est indissociable du respect de la vie sous toutes ses formes.

5.2.6 Aspect spirituel

Dans la perspective africaine, le spirituel et le durable ne sont pas dissociés. La nature n'est pas un *objet* à protéger mais un *sujet* à honorer. L'écospiritualité africaine — perceptible dans les cultes des ancêtres, les offrandes aux esprits des rivières ou la sacralisation des arbres — constitue une théologie du durable. Comme l'a souligné le théologien congolais Kä Mana (2013), le durable commence lorsque l'homme reconnaît sa dépendance spirituelle envers le monde qu'il habite.

Cette spiritualité écologique rejoint les réflexions contemporaines de l'écologie intégrale promue par le pape François dans *Laudato Si'* (2015) : la crise environnementale est d'abord une crise du lien. La durabilité ne se réduit donc pas à la neutralité carbone, mais devient un acte de réconciliation cosmique. La RDC, en tant que « poumon du monde », peut redevenir un laboratoire mondial d'une durabilité sacrée, articulant foi, science et justice.

Bref, la durabilité, dans le cadre de l'IPDRDC, n'est donc pas une simple catégorie technique. Elle est la matrice du vivant, l'ossature invisible qui relie toutes les autres dimensions de la prospérité : inclusion, culture et spiritualité. Elle exige un changement de regard : passer de la domination à la cohabitation, de l'exploitation à la régénération, de la croissance à la continuité.

Cette approche marque un dépassement des paradigmes du développement durable formulés par le Nord global pour adopter une durabilité pluriverselle, enracinée dans les réalités africaines. Ainsi redéfinie, la durabilité congolaise s'articule autour de trois axes :

1. L'axe ontologique : restaurer la continuité des relations entre humains, nature et ancêtres.
2. L'axe politique : garantir la souveraineté écologique et la justice intergénérationnelle.
3. L'axe économique : instituer des modèles de production régénératifs, fondés sur la circularité et la redistribution.

Dans cette perspective, l'IPDRDC ne doit pas se contenter d'intégrer la durabilité comme variable environnementale ; il doit l'élever au rang de principe structurant de la civilisation du futur. Le durable n'est pas une catégorie technique mais une éthique du monde, une poétique du lien et une politique du vivant.

5.3 – Le Pilier de l'Inclusif : Justice, Reconnaissance et Renaissance du Commun

L'inclusivité, dans sa dimension africaine, dépasse le simple impératif d'intégration sociale ou économique : elle relève d'une philosophie du *vivre-ensemble* enracinée dans la communauté, la dignité et la pluralité. Dans un monde où la croissance se mesure souvent par l'exclusion, repenser l'inclusivité pour la République Démocratique du Congo (RDC) revient à poser la question du sens même du développement : pour qui, par qui, et avec qui ?

La prospérité inclusive ne vise pas seulement à réduire les inégalités, mais à transformer les structures qui les produisent. Elle est à la fois une justice redistributive, une reconnaissance symbolique et une participation active des divers acteurs sociaux dans la construction du destin collectif.

1° De l'inclusion économique à l'inclusion existentielle

Le discours mondial sur l'inclusion, notamment depuis les Objectifs de Développement Durable (ONU, 2015), s'est souvent focalisé sur la participation économique : accès à l'emploi, à la formation, au financement. Mais dans les sociétés africaines, l'inclusion ne saurait se limiter à une dimension fonctionnelle. Elle touche au *droit d'exister pleinement dans la communauté des vivants*.

Selon Amartya Sen (*Development as Freedom*, 1999), la véritable inclusion repose sur la *capabilité*, c'est-à-dire la capacité réelle de choisir et de mener la vie que l'on a raison de valoriser. Or, dans le contexte congolais, les obstacles à cette capabilité sont multiples : pauvreté structurelle, inégalités de genre, marginalisation des jeunes, exclusion des peuples autochtones, et fractures régionales héritées de la colonisation.

L'inclusivité africaine, dans sa profondeur, consiste donc à rétablir l'équilibre du pouvoir d'être — non seulement en donnant une place, mais en restituant une voix. Comme le souligne le philosophe camerounais Fabien Eboussi Boulaga (*La Crise du Muntu*, 1997), l'exclusion en Afrique est d'abord une crise de reconnaissance : la négation du *muntu*, de la personne comme être de relation.

2° L'inclusivité comme valeur civilisationnelle africaine

Dans les cosmologies africaines, la communauté précède l'individu. Le proverbe bantou « *Umuntu ngumuntu ngabantu* » — « je suis parce que nous sommes » — incarne cette ontologie de la relation. L'inclusivité n'est donc pas un correctif moral à un système injuste, mais une structure originaire du social.

Chez les Luba du Katanga, le concept de *buleme* désigne la dignité partagée qui relie les membres du groupe ; être inclus, c'est participer à la circulation du *vitalisme collectif*. De même, dans les traditions kongo, le *nkisi* (objet de puissance) symbolise la force communautaire capable de rétablir l'équilibre social lorsqu'un individu ou un clan est exclu. Ces représentations traduisent une conception de l'inclusivité comme maintien de la *cohérence du monde*. Cette lecture s'oppose frontalement à la vision néolibérale de l'inclusion comme *ajustement* des marges au centre. L'Afrique rappelle que l'inclusivité n'est pas intégration dans un système dominant, mais co-construction d'un monde commun. C'est une logique de *pluriversalité*, au sens qu'en donne Boaventura de Sousa Santos (*Epistemologies of the South*, 2014) : une coexistence des savoirs, des identités et des manières d'être.

3° L'inclusivité sociale : entre fractures et solidarités

La RDC illustre avec acuité les paradoxes de l'inclusion sociale. D'un côté, la société congolaise demeure profondément solidaire dans ses structures de base : familles étendues, églises communautaires, associations de quartier, coopératives villageoises. De l'autre, elle souffre d'inégalités criantes et d'exclusions multiples, notamment envers les femmes, les jeunes, les populations rurales et les minorités.

Selon l'Indice de Développement Humain (PNUD, 2023), la RDC se situe parmi les pays à plus faible capital humain, mais elle se distingue par un fort *capital social*. Ce paradoxe illustre une tension fondamentale : la capacité d'inclusion sociale ne dépend pas uniquement de la richesse matérielle, mais de la densité des liens. Les travaux de Jean-Pierre Olivier de Sardan (*Anthropologie du développement*, 2005) montrent que les communautés africaines recourent souvent à des réseaux d'entraide informels pour pallier les défaillances de l'État, constituant ainsi un modèle alternatif d'inclusion fondé sur la réciprocité.

Toutefois, ces solidarités sont aujourd'hui fragilisées par la marchandisation de la vie, la corruption et la perte de confiance dans les institutions publiques. Restaurer l'inclusivité sociale suppose donc de reconstruire un *pacte moral* entre l'État et les citoyens, fondé sur la transparence, la responsabilité et la participation.

4° L'inclusivité politique : souveraineté et démocratie participative

L'inclusivité politique constitue le socle de toute prospérité partagée. Elle ne se limite pas au droit de vote, mais à la *capacité d'agir sur le monde commun*. Or, en RDC, la centralisation du pouvoir, la faiblesse des institutions locales et la méfiance entre gouvernants et gouvernés entravent cette inclusion politique.

La démocratie participative, promue notamment par l'Union africaine à travers la Charte africaine de la gouvernance (2007), reste embryonnaire. Pourtant, les traditions africaines précoloniales regorgent de modèles politiques inclusifs : les palabres, les conseils des anciens, ou les assemblées villageoises où les décisions se prenaient par consensus. Comme l'a montré Joseph Ki-Zerbo (*A quand l'Afrique ?*, 2003), l'Afrique a connu la démocratie avant l'Occident, mais sous des formes communautaires.

Repenser l'inclusivité politique en RDC suppose donc une réappropriation de ces traditions délibératives. Les expériences locales, comme les *barza* communautaires du Sud-Kivu ou les forums citoyens de Kisangani, montrent que les populations disposent d'une intelligence politique souvent supérieure à celle des institutions imposées. L'IPDRDC devrait ainsi intégrer des indicateurs de participation citoyenne et de gouvernance inclusive, mesurant non seulement la présence formelle des acteurs, mais leur influence réelle sur les décisions.

5° L'inclusivité économique : redistribution et économie plurielle

Sur le plan économique, l'inclusivité ne peut se réduire à la croissance partagée ; elle implique la refondation du système de production et de redistribution. En RDC, plus de 70 % de la population active opère dans le secteur informel (Banque mondiale, 2022). Cette réalité témoigne d'une économie populaire vivante mais marginalisée, porteuse d'une logique communautaire différente de l'économie capitaliste.

Des chercheurs tels que Serge Latouche (*L'Autre Afrique*, 1998) et Felwine Sarr (*Afrotopia*, 2016) insistent sur la nécessité de reconnaître la valeur de ces économies endogènes, fondées sur la solidarité, la mutualisation et le don. Dans les marchés de Kinshasa, les pratiques de kobeta *libanga* (debrouille) par exemple ou de likelemba traduisent une rationalité inclusive où la richesse circule selon des codes symboliques autant que monétaires.

L'enjeu de la prospérité inclusive est donc de réconcilier ces logiques : intégrer les économies populaires dans un cadre institutionnel qui respecte leur génie propre, tout en redistribuant équitablement les fruits de la croissance. Cela suppose un État capable de soutenir les initiatives locales, de valoriser les coopératives et de promouvoir l'économie circulaire.

6° L'inclusivité culturelle : pluralité et cohabitation des identités

L'inclusivité ne saurait être complète sans une dimension culturelle. Dans un pays aussi diversifié que la RDC — plus de 450 ethnies et langues —, la coexistence pacifique des identités constitue à la fois une richesse et un défi. Les conflits intercommunautaires, souvent alimentés par des manipulations politiques, montrent combien la reconnaissance de la diversité culturelle est centrale pour la stabilité nationale.

Le philosophe malien Amadou Hampâté Bâ rappelait : « En Afrique, un vieillard qui meurt, c'est une bibliothèque qui brûle » — soulignant ainsi que l'exclusion culturelle équivaut à une amputation du savoir collectif. La prospérité inclusive passe donc par la valorisation des langues nationales, des arts oraux, des rites initiatiques et des savoirs endogènes.

L'éducation inclusive, en intégrant ces dimensions culturelles, permettrait de réconcilier l'école avec la vie. Comme l'écrit Catherine Odora Hoppers (2002) dans *Indigenous Knowledge and the Integration of Knowledge Systems*, l'inclusion éducative en Afrique doit reconnaître les intelligences multiples et les savoirs locaux comme des sources légitimes de connaissance.

7° L'inclusivité spirituelle : la dignité de tous dans le monde du vivant

Enfin, l'inclusivité africaine s'étend au-delà du social : elle inclut le spirituel. Dans les visions africaines du monde, chaque être — humain, animal, végétal, minéral — participe à une même trame d'existence. Exclure, c'est rompre cette harmonie.

Dans la théologie africaine de la libération, représentée notamment par Bénézet Bujo (2001), l'inclusion n'est pas seulement la justice humaine mais la réintégration cosmique. La communauté inclut les ancêtres, les esprits et la nature. Ainsi, l'inclusivité spirituelle devient une *écologie de la dignité*, où le bien-être matériel ne saurait être dissocié du bien-être symbolique et moral.

Cette vision peut renouveler profondément la notion occidentale de cohésion sociale, en introduisant une dimension sacrée du vivre-ensemble. Elle invite à penser la prospérité inclusive comme un *état d'âme collectif*, où chacun trouve sa place dans le cercle du vivant.

5.4 – Le Pilier du Culturel : Mémoire, Création et Transmission du Sens

La prospérité culturelle ne se réduit ni à la production artistique ni à la préservation patrimoniale. Elle constitue le cœur symbolique de la prospérité intégrale, la matrice où s'enracinent les valeurs, les imaginaires et les visions du monde qui orientent les sociétés. En Afrique, et particulièrement en République Démocratique du Congo (RDC), la culture ne se situe pas à la périphérie du développement : elle en est l'âme, le souffle vital (*force vitale*, dirait Placide Tempels).

La culture, entendue ici dans son sens le plus profond, est à la fois mémoire, création et transmission. Elle est mémoire, parce qu'elle relie les vivants aux ancêtres et inscrit les individus dans une continuité historique. Elle est création, parce qu'elle engendre du sens, de la beauté et de la cohésion. Elle est transmission, parce qu'elle assure la survie du collectif au-delà des générations. Ce pilier du culturel constitue donc une architecture de la durabilité symbolique — celle qui donne forme à l'être ensemble.

1° Culture et ontologie africaine du vivant

Dans les cosmologies africaines, la culture n'est pas un domaine séparé de la vie quotidienne. Elle est l'expression de la *vitalité* — de la force qui circule entre les humains, la nature et le cosmos. Le philosophe béninois Paulin Hountondji (*Sur la "philosophie africaine"*, 1980) souligne que, loin d'être un folklore, la culture africaine constitue une rationalité, un mode de connaissance et d'interprétation du monde.

Chez les Luba, par exemple, la culture s'incarne dans les symboles du pouvoir, tels que le *lukasa* (planche de mémoire), véritable carte mnésique du peuple, où s'inscrivent les lignées, les alliances et les savoirs initiatiques. De même, les arts Kongo, Lunda, ou Tetela ne se réduisent pas à des objets esthétiques : ils sont des systèmes de pensée et des médiations spirituelles.

Cette conception holistique rompt avec la fragmentation occidentale entre l'économique, le politique et le culturel. Dans la perspective africaine, la culture est la matrice de l'existence. Elle fonde le rapport au travail, à la nature, à la communauté et à la transcendance. Ainsi, la prospérité culturelle se mesure moins par le PIB culturel que par la densité du sens partagé dans la société.

2° La mémoire comme fondement de la prospérité

La mémoire culturelle constitue un capital immatériel essentiel à la prospérité. Elle relie le présent au passé et permet à une société de donner continuité à son devenir. En RDC, cette mémoire est à la fois plurielle et blessée. Plurielle, parce que le pays rassemble une mosaïque de plus de 450 groupes ethniques aux traditions, langues et cosmologies distinctes. Blessée, parce qu'elle a été fragmentée par la colonisation, l'esclavage, les guerres et les politiques d'acculturation.

Achille Mbembe, dans *Critique de la raison nègre* (2013), décrit la colonisation comme une *mise à mort de la mémoire*, c'est-à-dire une tentative de déconnexion du sujet africain de ses propres temporalités. Restaurer la mémoire, c'est donc restaurer la capacité de se projeter.

La prospérité culturelle implique un travail de *réhabilitation mémorielle*. Cela passe par la valorisation des langues nationales (lingala, swahili, kikongo, tshiluba), la réappropriation des récits oraux, la protection des sites sacrés et la sauvegarde des musées communautaires. Des initiatives locales, comme le *Centre d'art Waza* à Lubumbashi ou le *Festival Amani* à Goma, incarnent cette renaissance mémorielle : elles recomposent une identité à partir des blessures du passé.

La mémoire n'est pas nostalgie : elle est matrice d'avenir. Comme le rappelle Ngũgĩ wa Thiong'o (*Decolonising the Mind*, 1986), la libération culturelle commence par la reconquête linguistique et symbolique. En ce sens, la prospérité culturelle de la RDC dépendra de sa capacité à revaloriser ses langues, ses récits et ses visions du monde dans l'éducation et la gouvernance.

3° Création, imagination et économie symbolique

La culture n'est pas seulement transmission : elle est création — invention de formes, de rythmes et d'imaginaires qui donnent souffle à la société. En RDC, l'art a toujours été un instrument de résilience et de résistance. De la rumba congolaise — inscrite au patrimoine immatériel de l'UNESCO (2021) — à la peinture populaire de Kinshasa, la créativité congolaise témoigne d'une puissance de *réinvention permanente* du réel.

Selon l'économiste Jacques Attali (*Bruits*, 1977), la musique précède toujours l'économie : elle annonce les formes sociales à venir. La rumba, en tant que musique de la diaspora et du retour, a incarné cette circulation des corps et des mémoires, liant l'Afrique et les Amériques dans une économie symbolique transatlantique.

La prospérité culturelle doit reconnaître cette *économie de la créativité*, non pas comme secteur de loisir, mais comme moteur d'identité, d'emploi et de diplomatie. L'UNCTAD (2023) a estimé que les industries culturelles africaines pourraient générer plus de 20 millions d'emplois d'ici 2030 si elles étaient structurées et protégées. En RDC, la musique, le cinéma et l'artisanat sont des piliers d'inclusion et de cohésion nationale, mais ils restent sous-financés et marginalisés dans les politiques publiques.

Repenser la prospérité culturelle suppose donc de construire une véritable économie symbolique congolaise, fondée sur la valorisation des savoir-faire, la protection des droits d'auteur, et la diplomatie culturelle. La créativité devient ici un indicateur de vitalité collective, un signal de la capacité d'un peuple à se renouveler sans se renier.

4° Transmission et éducation : la culture comme pédagogie du vivre-ensemble

La transmission culturelle ne se réduit pas à la reproduction des traditions : elle constitue un acte de re-création. En Afrique, l'éducation traditionnelle reposait sur des modes initiatiques et communautaires : l'enfant apprenait en participant à la vie sociale, aux rites et aux récits. Cette pédagogie du *faire ensemble* produisait des citoyens enracinés et responsables.

Or, l'école moderne, héritée de la colonisation, a souvent rompu ce lien entre savoir et vie. Comme l'observe Catherine Odora Hoppers (*Indigenous Knowledge Systems and Learning*, 2002), l'école africaine a désacralisé les savoirs locaux, créant un fossé entre la culture du peuple et la culture enseignée.

La prospérité culturelle en RDC exige donc une refondation éducative : une école qui enseigne la culture comme système vivant de connaissances. Cela suppose :

- l'intégration des langues nationales dans l'enseignement primaire (comme prévu par la réforme éducative de 2014) ;
- la revalorisation des savoirs endogènes (médecine traditionnelle, artisanat, agriculture écologique) ;
- et la création de centres de transmission culturelle intergénérationnelle.

5° Culture, politique et souveraineté symbolique

La culture est un champ de pouvoir. Elle détermine qui parle, qui est entendu, et quelle vision du monde devient dominante. En RDC, la souveraineté politique ne pourra être consolidée sans souveraineté symbolique. Les politiques culturelles doivent être repensées non comme un supplément d'âme, mais comme un pilier stratégique du développement national.

La *Charte de la Renaissance Culturelle Africaine* (Union africaine, 2006) appelle les États à réinvestir la culture comme moteur de transformation. Pourtant, la plupart des gouvernements africains consacrent moins de 1 % de leur budget à la culture. Ce déficit traduit une cécité politique : sans culture, il n'y a pas de nation.

Comme le note Achille Mbembe (2010), la culture africaine contemporaine est un laboratoire de réinvention de la modernité — une modernité plurielle, ouverte, métisse. En RDC, cela suppose de redonner aux artistes, intellectuels et communautés leur rôle de co-créateurs du destin collectif, au même titre que les économistes ou les ingénieurs.

La souveraineté culturelle implique également la décolonisation du regard : reconstituer nos propres critères de beauté, d'excellence, de valeur. Le cinéma congolais, par exemple, émerge comme un espace de narration contre-hégémonique où se recompose l'identité nationale à travers la voix des jeunes réalisateurs. La culture devient alors un instrument de souveraineté, de guérison et de projection.

6° La prospérité culturelle comme écologie du sens

Enfin, la prospérité culturelle est une écologie — une écologie du sens et du lien. Elle repose sur la capacité d'une société à produire du symbolique, c'est-à-dire à relier les expériences individuelles à une vision partagée du monde.

Le penseur congolais Kä Mana (2009) souligne que la crise du Congo est d'abord une crise du sens : perte de la mémoire collective, effritement des valeurs, instrumentalisation de la religion et corruption du langage. Restaurer la prospérité culturelle, c'est donc rétablir le *souffle de la parole vivante* — celle qui inspire confiance, respect et solidarité.

Dans cette perspective, l'IPDRDC intègre la culture non comme variable qualitative, mais comme infrastructure spirituelle du développement. Les indicateurs culturels peuvent inclure :

- la vitalité linguistique (diversité et usage des langues nationales),
- la participation communautaire aux pratiques artistiques,
- la transmission intergénérationnelle des savoirs,
- la protection des patrimoines matériels et immatériels.

Ces mesures traduisent une conception de la culture comme matrice de durabilité : c'est la capacité d'une société à demeurer elle-même tout en se transformant.

5.5 – Le Pilier du Spirituel : Éthique, Transcendance et Cohésion du Vivant

Dans la pensée développementaliste moderne, le spirituel a longtemps été relégué à la sphère du privé, du sacré ou de l'irrationnel. Le paradigme de la modernité occidentale, fondé sur la séparation entre foi et raison, corps et esprit, a réduit la spiritualité à un résidu non mesurable, étranger à la rationalité économique. Or, dans la vision africaine du monde, le spirituel n'est pas une périphérie du réel : il en est le centre, le principe d'harmonisation.

La prospérité véritable, dans le contexte africain et congolais, ne peut être comprise qu'en intégrant cette dimension spirituelle du vivant. Comme le rappelle le théologien congolais Kä Mana, « le développement n'est pas d'abord une question de croissance matérielle, mais une affaire de salut collectif et d'accomplissement du sens » (*Changer la République Démocratique du Congo*, 2009).

Ainsi, le pilier spirituel du cadre conceptuel de la prospérité intégrale ne se limite pas à la religion : il désigne la force éthique, cosmique et transcendantale qui relie les êtres, inspire les institutions et oriente la société vers un horizon de sens et de justice. C'est la matrice invisible de la cohésion, de la paix et de la durabilité.

1° Définir la spiritualité africaine : entre immanence et transcendance

La spiritualité africaine repose sur une ontologie de la relation. Elle conçoit le monde comme un réseau de forces en interaction — humaines, naturelles et divines — où l'harmonie résulte de l'équilibre entre les plans visibles et invisibles. Selon le philosophe béninois Stanislas Adotevi, la spiritualité africaine « n'est pas une fuite du monde, mais une respiration du monde dans l'homme » (*Négritude et Négrologues*, 1972).

Placide Tempels, dans *La Philosophie bantoue* (1945), identifiait le concept central de *force vitale* comme la catégorie métaphysique de base : chaque être possède une force, et toute action vise à accroître ou harmoniser cette force. Ainsi, la spiritualité n'est pas seulement religieuse : elle est énergétique et relationnelle, un art de maintenir la cohérence du vivant.

Cette conception s'oppose à la vision dualiste héritée de la modernité cartésienne. Dans la cosmologie bantoue, l'esprit et la matière ne sont pas séparés, mais interdépendants. L'homme n'est pas maître de la nature : il en est un médiateur. Le spirituel devient alors un principe d'équilibre, garant de la justice cosmique (*maât*) et de la cohésion sociale.

En RDC, cette vision se traduit par des pratiques quotidiennes : les rites de bénédiction, les invocations des ancêtres, les cérémonies de réconciliation communautaire ou les fêtes d'initiation. Toutes expriment cette conviction que le spirituel fonde le social.

2° Le spirituel comme fondement éthique du développement

La crise congolaise n'est pas uniquement économique ou politique une logique de communion, d'une économie de la rareté à une économie du don, d'un pouvoir dominateur à une puissance relationnelle.

3° Transcendance et pouvoir : vers une théologie politique africaine

La spiritualité congolaise n'est pas une simple intériorité mystique : elle est aussi une grammaire du pouvoir. Dans les royaumes précoloniaux (Kongo, Luba, Lunda, Kuba), le chef n'était pas seulement un administrateur, mais un médiateur entre le visible et l'invisible. Sa légitimité reposait sur sa capacité à incarner l'équilibre cosmique.

Selon le politologue Elikia M'Bokolo (*Afrique noire : Histoire et civilisations*, 1992), cette sacralité du pouvoir constituait un système de régulation : le chef injuste perdait sa force vitale et donc sa légitimité. Cette conception, profondément spirituelle, rappelle que le pouvoir politique en Afrique est d'abord un mandat spirituel — une responsabilité envers la vie.

Or, la colonisation et la modernité ont désacralisé le pouvoir, en le réduisant à la domination et à l'intérêt. La spiritualité du pouvoir a été remplacée par une logique d'extraction et de clientélisme. Restaurer le pilier spirituel, c'est donc re-sacraliser la politique, non en la théocratisant, mais en lui restituant une dimension éthique et transcendante.

Des auteurs comme Kä Mana et Fabien Eboussi-Boulaga (*La Crise du Muntu*, 1977) appellent à une « théologie politique africaine » fondée sur la dignité, la justice et la vie communautaire. Cela implique une redéfinition du leadership : non plus la domination, mais le service ; non plus la conquête, mais une alliance ; non plus le pouvoir-sur, mais le pouvoir-avec.

4° Religion, pluralisme et spiritualité pluriverselle

La RDC est un pays spirituellement pluriel : le christianisme (protestant, catholique, kimbanguiste), l'islam, les religions traditionnelles et les nouveaux mouvements prophétiques coexistent dans un même espace symbolique. Cette pluralité est à la fois une richesse et une tension.

Le célèbre père jésuite et historien Léon de Saint Moulin dans *La société congolaise face à son avenir* (2005) souligne que les Églises constituent les institutions les plus stables du pays : elles suppléent souvent l'État dans les domaines de l'éducation, de la santé et de la cohésion sociale. Cependant, cette puissance spirituelle peut devenir une force de division si elle se laisse instrumentaliser politiquement.

La prospérité spirituelle exige donc une spiritualité du dialogue, où les différentes traditions collaborent pour le bien commun. Le kimbanguisme, né au Congo en 1921 sous l'impulsion de Simon Kimbangu, en offre un modèle : il a intégré les valeurs chrétiennes et africaines dans une théologie de la libération et de la dignité noire.

Cette *pluriversalité spirituelle* rejoint l'appel de Souleymane Bachir Diagne (*L'encre des savants*, 2013) à penser la spiritualité comme espace de rencontre et non d'exclusion. L'Afrique, terre de multiples croyances, peut devenir le laboratoire d'une nouvelle écologie spirituelle mondiale, fondée sur la reconnaissance du sacré en chaque forme de vie.

5° Le spirituel et l'écologie du vivant

La crise écologique contemporaine est aussi une crise spirituelle : elle résulte de la rupture du lien sacré entre l'homme et la nature. Dans la cosmogonie africaine, la terre n'est pas un objet à exploiter, mais une mère à respecter. Le *nkisi*, le *fetiche* ou l'*arbre à palabres* symbolisent cette alliance entre humain et cosmos.

Le pape François, dans *Laudato Si'* (2015), parle d'« écologie intégrale » : la sauvegarde de la maison commune implique une conversion spirituelle. Les traditions africaines l'avaient pressenti depuis des siècles : vivre, c'est cohabiter, et prospérer, c'est préserver la continuité du vivant.

Le pilier spirituel du développement congolais inclut donc une dimension éco-spirituelle : re-sacraliser la nature, restaurer les liens communautaires et cultiver une gratitude cosmique. Comme l'écrit le philosophe camerounais Fabien Eboussi-Boulaga, « la nature n'est pas ce que l'on possède, mais ce à quoi l'on appartient » (*Christianisme sans fétiche*, 1981).

Cette écospiritualité pourrait inspirer des politiques publiques nouvelles : rituels communautaires de reboisement, sanctuarisation des forêts sacrées, intégration de la spiritualité écologique dans l'éducation, ou encore dialogue entre Églises et autorités coutumières pour la protection du vivant.

6° Le spirituel comme puissance de résilience et de réconciliation

Dans un pays marqué par les guerres, les déplacements et les blessures de la mémoire, la spiritualité constitue une énergie de guérison collective. Les pratiques de pardon, de prière, de chant ou de commémoration jouent un rôle essentiel dans la reconstruction psychique et sociale.

Le philosophe congolais Valentin Mudimbe (*The Invention of Africa*, 1988) rappelle que la spiritualité africaine est aussi une *science de la réparation* : elle recompose l'ordre symbolique après la rupture. Les cérémonies de purification, les cultes de réconciliation et les processions religieuses collectives servent à restaurer la *maât*, c'est-à-dire l'équilibre cosmique.

Dans les régions de l'Est du Congo, plusieurs ONG et communautés utilisent des approches spirituelles du trauma : prière collective, danse, récit communautaire. Ces pratiques, souvent inspirées des traditions ancestrales, facilitent une réintégration du corps et de l'esprit.

Ainsi, la prospérité spirituelle n'est pas seulement transcendance : elle est puissance de guérison et de recommencement, une alchimie intérieure capable de transformer la souffrance en sagesse.

7° Vers un indice de prospérité spirituelle

Si la prospérité culturelle et économique peut se mesurer par des indicateurs matériels, la prospérité spirituelle exige d'autres métriques — qualitatives, relationnelles et symboliques. L'Indice de Prospérité Durable (IPDRDC) pourrait intégrer :

- la confiance sociale et la cohésion communautaire ;
- la perception du sens de la vie et de l'espérance collective ;
- la qualité éthique du leadership ;
- la vitalité interreligieuse et la tolérance ;
- la préservation des lieux sacrés et pratiques spirituelles.

Ces critères ne relèvent pas du mysticisme, mais de la sociologie du bien-être et de la psychologie communautaire. Ils mesurent la capacité d'une société à vivre en paix avec elle-même, avec les autres et avec la nature.

Dans cette perspective, la spiritualité n'est pas un supplément d'âme, mais le cœur battant de la prospérité intégrale.

Pour clore ce point, réintégrer donc le spirituel dans le cadre conceptuel de la prospérité congolaise revient à réenchanter le développement. Il ne s'agit plus seulement de produire et consommer, mais de donner sens, de guérir et de relier.

Le spirituel, dans sa dimension africaine, est à la fois cosmologie, éthique et praxis : il fonde une vision du monde où l'humain n'est pas isolé, mais situé dans un tissu d'interdépendances. La RDC, riche de sa diversité religieuse et mystique, peut devenir un laboratoire de cette prosperitas sacra, une prospérité qui conjugue le visible et l'invisible, l'économie et l'âme, la matière et l'esprit.

L'Afrique renaîtra le jour où elle comprendra que le développement sans spiritualité est une croissance sans âme.

Conclusion

La présente architecture conceptuelle de **l'**Indice de Prospérité Durable, Inclusive, Culturelle et Spirituelle (IPDRDC) marque une rupture épistémologique majeure dans la manière de concevoir le développement et le bien-être collectif en Afrique, et particulièrement en République Démocratique du Congo. Elle propose une refondation complète du sens de la richesse, non plus réduite à l'accumulation matérielle, mais envisagée comme un état d'équilibre pluriel entre les sphères du matériel, du social, du culturel et du spirituel.

Chaque pilier – Durabilité, Inclusivité, Culture et Spiritualité – a été exploré dans sa densité conceptuelle, anthropologique et éthique. Ensemble, ils forment une matrice holistique capable de traduire la complexité congolaise dans des indicateurs mesurables sans trahir sa profondeur humaine.

- Le pilier durable a montré que la prospérité ne peut exister sans la préservation des équilibres écologiques et intergénérationnels. Il inscrit la RDC dans une écologie de la continuité, où l'économie doit servir la vie, non la détruire.

- Le pilier inclusif a révélé l'importance d'un développement partagé, participatif et équitable, qui donne voix et pouvoir aux communautés marginalisées, aux femmes, aux jeunes et aux périphéries.
- Le pilier culturel a démontré que les imaginaires, les langues, les arts et les pratiques symboliques constituent le socle invisible de la cohésion et de la créativité sociale. La culture devient ici économie de sens et moteur de renaissance collective.
- Enfin, le pilier spirituel, cœur battant de l'édifice, a réintroduit la transcendance, l'éthique et le sacré au centre de la prospérité. Il rappelle que la dignité, la justice et la communion avec le vivant sont les véritables indicateurs du progrès humain.

En réunissant ces quatre dimensions, l'IPDRDC dépasse le paradigme linéaire du développement pour instaurer une vision circulaire et relationnelle de la prospérité. Loin des modèles importés, il s'enracine dans les savoirs endogènes, les cosmologies africaines et la mémoire des peuples. Il articule les apports des sciences sociales, de la philosophie, de la théologie et de l'économie politique dans un dialogue épistémique fécond, propre à fonder une nouvelle souveraineté intellectuelle africaine.

Ainsi conçue, la prospérité durable, inclusive, culturelle et spirituelle devient non seulement un objectif, mais une éthique de la vie – un contrat moral entre les générations, les humains et la nature. Elle inaugure une manière inédite de mesurer le bien-vivre, non par le PIB ou l'IDH, mais par la qualité du lien, la justice du partage et la plénitude du sens.

Chapitre 6 :

Méthodes de recherche et d'analyse

6.1 Introduction méthodologique générale

La construction de l'Indice de Prospérité Durable, Inclusive, Culturelle et Spirituelle de la RDC (IPDRDC) exige une réflexion méthodologique profonde, capable de rendre intelligible la complexité du développement africain tout en respectant les dimensions matérielles, sociales, culturelles et spirituelles de la vie communautaire. La méthodologie n'est pas seulement un outil technique : elle est le vecteur d'une épistémologie renouvelée qui articule savoirs scientifiques et savoirs endogènes, modernité et tradition, universel et pluriversel. Dans cette perspective, la recherche se situe à la croisée de plusieurs paradigmes : la complexité systémique, la transdisciplinarité, la pensée décoloniale et l'afrocentricité, qui constituent autant de leviers pour comprendre les dynamiques de prospérité dans le contexte congolais.

L'approche méthodologique adoptée repose sur la reconnaissance que la prospérité ne peut se réduire à la seule dimension économique. Elle implique des interactions entre les ressources naturelles, les structures sociales, les pratiques culturelles, les normes éthiques et les croyances spirituelles. Ainsi, l'IPDRDC articule des indicateurs hybrides, alliant données quantitatives et qualitatives, mais également des savoirs endogènes transmis oralement ou par les pratiques communautaires. Cette posture méthodologique s'inscrit dans le prolongement de travaux récents sur la complexité appliquée au développement durable (Morin, 2005 ;

Ostrom, 2009), ainsi que des réflexions postcoloniales et décoloniales sur la souveraineté épistémique (Mbembe, 2016 ; Escobar, 2018).

Le choix de la RDC comme terrain d'étude n'est pas anodin. Le pays, immense par sa superficie, riche par sa biodiversité, sa diversité culturelle et sa population plurielle, illustre de manière paradigmatique les défis et potentialités de la prospérité pluriverselle. La richesse du sous-sol, les structures communautaires ancestrales, la vitalité des religions locales et la complexité des systèmes politiques et économiques offrent un laboratoire naturel pour expérimenter une approche multidimensionnelle et contextuelle de la prospérité. Les disparités régionales, entre le Katanga, le Kasaï, le Bandundu et le Kivu, nécessitent une méthodologie flexible et adaptative, capable de saisir la diversité des expériences et de produire des indicateurs à la fois comparables et enracinés dans les réalités locales.

La méthodologie se fonde sur une logique transdisciplinaire, où l'économie politique, l'anthropologie, la sociologie, l'écologie, la philosophie et la théologie africaine interagissent pour produire un savoir holistique. Chaque discipline apporte une grille de lecture spécifique : l'économie politique permet de comprendre la répartition des ressources et les mécanismes d'inégalités structurelles (Amsalu, 2019), l'anthropologie et la sociologie décrivent les pratiques collectives, les rites et les normes de coopération (Mbiti, 1969 ; Tempels, 1945), l'écologie et les sciences environnementales évaluent la durabilité et la régénération des écosystèmes (Nyssen et al., 2020), tandis que la philosophie et la théologie africaine offrent un cadre éthique et spirituel, éclairant la valeur sociale et symbolique de la prospérité.

Cette intégration méthodologique s'accompagne d'une approche participative, plaçant les communautés au centre de la production de connaissance. La collecte de données ne se limite pas à des instruments externes : elle inclut la documentation des savoirs endogènes, des pratiques agricoles, des mécanismes coutumiers de redistribution et des rituels spirituels. La participation des acteurs locaux garantit la légitimité culturelle, l'appropriation et la durabilité des mesures, tout en favorisant la décolonisation des méthodes de recherche, conformément aux recommandations de Ngũgĩ wa Thiong'o (1986) et Escobar (2018).

L'IPDRDC s'inscrit également dans une perspective plurigénérationnelle, essentielle pour évaluer la durabilité. Les données sont collectées et analysées sur des cycles longs, permettant d'appréhender les effets des pratiques agricoles, de la gouvernance communautaire et des interventions environnementales sur plusieurs générations. Cette dimension temporelle permet d'éviter le biais des évaluations à court terme, qui privilégient la croissance immédiate au détriment de la régénération écologique et sociale.

Enfin, la méthodologie est guidée par une dimension réflexive et critique, propre à la recherche afrocentrée et décoloniale. Le chercheur n'est pas un observateur extérieur, mais un acteur engagé dans la co-construction du savoir. La réflexivité implique une prise en compte des biais cognitifs, culturels et institutionnels, et une attention constante aux rapports de pouvoir dans la production de la connaissance. Elle permet d'articuler rigueur scientifique et sensibilité aux dynamiques locales, assurant que l'IPDRDC ne se limite pas à un exercice académique, mais devienne un instrument de transformation sociale et culturelle.

En résumé, l'introduction méthodologique générale définit un cadre épistémologique et pragmatique qui lie théorie et pratique, global et local, matériel et spirituel. Elle établit les principes directeurs de la recherche : transdisciplinarité, participation, plurigénérationnalité, réflexivité et souveraineté épistémique. Ce cadre sera décliné, dans les sections suivantes, en un design méthodologique détaillé, des instruments de collecte adaptés, des méthodes d'analyse sophistiquées et des protocoles de validation rigoureux, permettant de produire un Indice de Prospérité Durable, Inclusive, Culturelle et Spirituelle à la fois robuste, contextuel et actionnable par les communautés congolaises.

6.2 Paradigme et posture de recherche

L'élaboration de l'Indice de Prospérité Durable, Inclusive, Culturelle et Spirituelle de la RDC (IPDRDC) ne peut être comprise sans un ancrage paradigmatique solide, capable de transcender les approches conventionnelles de la mesure de la prospérité et de la durabilité. Le paradigme adopté constitue le socle épistémologique et méthodologique de l'ensemble de l'étude, orientant non seulement le choix des méthodes, mais aussi la posture éthique, cognitive et relationnelle du chercheur. Il s'agit de dépasser les cadres strictement positivistes, économicistes ou technocratiques, afin d'embrasser la complexité des phénomènes socio-environnementaux, culturels et spirituels propres à la réalité congolaise.

Le paradigme central de l'IPDRDC est celui de la complexité transdisciplinaire. Inspirée des travaux fondateurs d'Edgar Morin (2005), la complexité n'est pas un simple concept théorique, mais une méthode de pensée qui articule interdépendance, émergence et rétroaction. La prospérité, dans ce cadre, n'est pas un attribut linéaire mesurable par un indicateur unique tel que le PIB ou l'IDH, mais un phénomène émergent résultant des interactions entre ressources naturelles, structures sociales, pratiques culturelles et normes spirituelles. Cette vision permet de dépasser le réductionnisme des approches classiques et de capturer la richesse pluriverselle des communautés congolaises, où la valeur économique est toujours intimement liée à la cohésion sociale, à l'équité intergénérationnelle et à la régénération écologique.

L'IPDRDC adopte également une posture décoloniale et afrocentrée, reconnaissant que les modèles occidentaux de développement et de mesure de la prospérité ont historiquement marginalisé les savoirs endogènes et invisibilisé les logiques locales de bien-vivre. Cette posture ne se limite pas à une critique académique : elle engage le chercheur dans une relation éthique avec les communautés, où le savoir produit est co-construit et légitimé localement. Comme le rappelle Achille Mbembe (2016), la souveraineté épistémique n'est pas seulement un principe théorique, mais une pratique politique et culturelle : elle exige que les populations soient à la fois sujettes et objets de la production de connaissance. Ainsi, chaque indicateur de l'IPDRDC est discuté, adapté et validé par les acteurs locaux, garantissant que l'outil reflète une vision de la prospérité enracinée dans la culture, l'histoire et l'écologie congolaise.

La posture adoptée intègre également un approche holistique et relationnelle, empruntant à la philosophie africaine et à la théologie autochtone. Inspirée des notions d'Ubuntu et de force vitale (Mbiti, 1969 ; Tempels, 1945), cette perspective considère que la prospérité résulte de la qualité des relations entre individus, communautés, écosystèmes et dimensions spirituelles. Elle met en lumière la primauté des liens et des responsabilités intergénérationnelles, en opposition à la logique individualiste et monétaire dominante dans les paradigmes occidentaux. La méthodologie qui en découle privilégie donc l'observation des interactions, des rituels, des pratiques communautaires et des dynamiques écologiques plutôt que la simple collecte de données économiques abstraites.

Le paradigme méthodologique de l'IPDRDC se caractérise par une intégration de plusieurs logiques épistémiques :

1. Logique quantitative : l'utilisation de mesures objectives telles que la régénération écologique, la production durable ou les indicateurs de participation sociale. Ces données, récoltées via enquêtes, relevés et systèmes de suivi environnemental, permettent d'établir des comparaisons et des tendances dans le temps, tout en conservant la contextualisation locale.
2. Logique qualitative : l'analyse des récits, des pratiques coutumières, des rituels et des témoignages des communautés permet d'appréhender la signification profonde de la prospérité pour les acteurs eux-mêmes. Cette approche anthropologique et sociologique enrichit les mesures quantitatives et garantit une interprétation fidèle des réalités locales (Geertz, 1973).
3. Logique participative et co-constructive : la posture de recherche implique les communautés dès la conception de l'outil jusqu'à la validation des résultats. Les ateliers participatifs, les cartographies communautaires et les protocoles de co-analyse permettent de renforcer la légitimité sociale de l'IPDRDC et d'ancrer les indicateurs dans la réalité vécue des populations.

En outre, la posture de recherche intègre un engagement éthique profond, où le respect des traditions, des normes communautaires et des droits des individus constitue un principe central. Chaque collecte de donnée, chaque entretien et chaque observation est conduite dans une logique de consentement éclairé et de reconnaissance de la valeur intrinsèque des savoirs locaux. Cette approche éthique est complémentaire de la rigueur scientifique et constitue une condition sine qua non pour produire un indice à la fois fiable et légitime.

Enfin, l'IPDRDC s'inscrit dans une perspective systémique et plurigénérationnelle, où la temporalité est une dimension fondamentale. La mesure de la prospérité ne se limite pas à l'instantané ; elle se projette sur plusieurs cycles générationnels, permettant d'évaluer la durabilité écologique, sociale et spirituelle des pratiques observées. Cette approche temporelle permet de combiner préservation du patrimoine culturel, régénération des écosystèmes et équité sociale, offrant ainsi une vision intégrée de la prospérité durable (Nyssen et al., 2020).

En conclusion, le paradigme et la posture de recherche de l'IPDRDC constituent un cadre épistémique novateur, à la croisée de la complexité, de la décolonisation des savoirs et de l'afrocentricité. Ils permettent de transformer la mesure de la prospérité en un outil d'action et de régénération, tout en respectant la richesse culturelle, écologique et spirituelle des communautés congolaises. L'approche définie ici sera déclinée dans les sections suivantes à travers des méthodes concrètes de collecte, d'analyse et de validation des données, assurant que l'IPDRDC reste à la fois robuste, inclusif et profondément enraciné dans la réalité africaine.

6.3. Design et instruments de collecte des données

6.3.1. Logique abductive et triangulation des approches

Le design méthodologique adopté pour la construction de l'Indice de Prospérité Durable, Inclusive, Culturelle et Spirituelle de la RDC (IPDRDC) repose sur une logique abductive, fondée sur l'articulation dynamique entre induction, déduction et intuition empirique. Contrairement à l'approche purement hypothético-déductive du positivisme classique, la logique abductive permet de faire émerger les hypothèses à partir du terrain, des récits communautaires et des interactions sociales observées (Timmermans & Tavory, 2012). Elle constitue une méthode de découverte, particulièrement adaptée aux contextes complexes où les régularités empiriques ne sont pas immédiatement apparentes, comme c'est le cas dans les sociétés africaines pluriverselles où les systèmes symboliques, économiques et spirituels s'entremêlent.

Dans le cas de l'IPDRDC, cette approche abductive se manifeste par un va-et-vient constant entre théorie et empirisme, permettant au chercheur de revisiter ses catégories conceptuelles à mesure que les données se déploient. Par exemple, la notion de "prospérité spirituelle" a évolué au fil des entretiens avec les chefs coutumiers et les responsables religieux, passant d'une conception métaphysique abstraite à une dimension vécue intégrant la paix intérieure, la bénédiction communautaire et la cohésion intergénérationnelle.

Afin d'assurer la robustesse de cette approche, la recherche s'appuie sur une triangulation des méthodes (Denzin, 1978 ; Flick, 2018) articulant trois niveaux :

1. Triangulation des données : utilisation de sources diverses (statistiques nationales, récits oraux,

archives coloniales, études anthropologiques, observations directes).

2. Triangulation des chercheurs : implication d'équipes pluridisciplinaires (sociologues, économistes, anthropologues, écologues, théologiens).
3. Triangulation des méthodes : combinaison d'approches quantitatives, qualitatives et herméneutiques, afin d'éviter les biais liés à une seule épistémologie.

Cette pluralité méthodologique garantit la validité écologique de l'indice, c'est-à-dire sa capacité à représenter fidèlement la réalité complexe et située des communautés congolaises.

6.3.2. Intégration des méthodes qualitatives, quantitatives et herméneutiques

a) Les méthodes qualitatives

Les méthodes qualitatives constituent la colonne vertébrale de la recherche, car elles permettent d'accéder à la signification vécue de la prospérité dans les communautés. Inspirée de l'anthropologie interprétative de Clifford Geertz (1973) et de la sociologie compréhensive de Max Weber, cette approche s'appuie sur des entretiens semi-directifs, des groupes de discussion (focus groups), des observations participantes, et des récits de vie.

Ces instruments permettent d'explorer des dimensions immatérielles que les statistiques ne peuvent saisir : la notion de bénédiction, la perception du bien-vivre, le rôle des ancêtres dans la prospérité familiale, ou encore la symbolique des pratiques agricoles communautaires. Par exemple, lors des enquêtes menées dans la région du Kasaï, plusieurs femmes maraîchères ont exprimé que la prospérité ne se mesure pas seulement à la récolte, mais aussi à la paix du foyer et à la reconnaissance sociale obtenue au marché local. Ces récits illustrent la richesse symbolique et relationnelle du concept de prospérité, au-delà de sa dimension économique (Kasongo, 2019 ; Nzegwu, 2010).

b) Les méthodes quantitatives

L'approche quantitative vient en complément stratégique afin de conférer une validité statistique et une comparabilité interrégionale à l'IPDRDC. Des indicateurs mesurables sont définis pour chacune des quatre dimensions du modèle : durable, inclusif, culturel et spirituel. Ces indicateurs incluent, entre autres :

- le taux de régénération écologique (via images satellites et relevés FAO, 2023),
- le niveau de participation communautaire dans la gestion locale,
- les indices de diversité culturelle (langues, pratiques artistiques, rites),
- et des variables liées à la santé spirituelle et au bien-être perçu.

Ces données quantitatives proviennent de sources mixtes : enquêtes nationales (INS, 2022), bases de données de la Banque mondiale, relevés de terrain, et enquêtes spécifiques menées auprès de 12 territoires pilotes. L'analyse statistique mobilise des outils de pondération multicritère (Saaty, 2008) et des méthodes de corrélation factorielle afin d'assurer la cohérence interne des composantes de l'indice.

c) L'approche herméneutique

La dimension herméneutique (Ricoeur, 1986 ; Gadamer, 1990) joue un rôle transversal. Elle consiste à interpréter les récits et symboles recueillis sur le terrain à la lumière des traditions culturelles congolaises et africaines. Cette approche reconnaît que les discours des acteurs ne sont pas de simples données, mais des expressions de mondes de sens, inscrits dans des cosmologies particulières. Par exemple, les notions de “terre-mère”, de “ bénédiction ancestrale ” ou de “don vital” sont interprétées comme des marqueurs de la prospérité spirituelle, traduisant une ontologie relationnelle du monde (Tshibanda, 2021 ; Wiredu, 1998).

6.3.3. Choix des terrains, sources et corpus

a) Sélection des terrains

La recherche a sélectionné des terrains représentatifs de la diversité congolaise, à la fois écologique, culturelle et socio-économique. Cinq grandes zones ont été retenues:

1. Le Kongo Central, pour ses pratiques agricoles communautaires et ses chefferies traditionnelles fortement ancrées.
2. Le Kasaï, pour ses économies informelles et ses traditions spirituelles féminines.
3. Le Katanga, pour ses dynamiques minières et ses tensions entre prospérité matérielle et dégradation écologique.
4. L'Équateur, pour son modèle de coexistence entre peuples autochtones et forêts tropicales.
5. Le Nord-Kivu, pour son potentiel de résilience communautaire dans un contexte post-conflit.

Ce choix répond à une logique d'échantillonnage théorique (Glaser & Strauss, 1967), visant à représenter la pluralité des contextes sans rechercher la représentativité statistique stricte. Chaque terrain fonctionne comme un laboratoire de signification, révélant une facette de la prospérité pluriverselle.

b) Sources et corpus de données

Le corpus comprend :

- Documents institutionnels : politiques nationales de développement, rapports ONU-Habitat, ODD, plans locaux de gouvernance.

- Archives historiques et coloniales : sources du Musée Royal de l'Afrique Centrale et des Archives Nationales du Congo, utiles pour retracer les continuités et ruptures dans la conception de la prospérité.
- Données orales : entretiens avec 120 acteurs (leaders communautaires, chefs coutumiers, femmes entrepreneures, jeunes, responsables religieux).
- Observations directes : participation à des cérémonies coutumières, marchés, travaux communautaires.

L'analyse s'effectue selon une logique herméneutique-constructiviste, où chaque donnée est replacée dans son contexte social et symbolique, en dialogue constant avec la littérature scientifique.

6.3.4. Validité, fiabilité et éthique de la recherche

L'un des défis majeurs de l'IPDRDC est d'assurer une validité interne et externe sans trahir la complexité culturelle des phénomènes. La fiabilité est renforcée par la triangulation, la vérification croisée des sources, et la relecture communautaire des analyses, afin de garantir que les interprétations correspondent bien aux expériences locales.

Sur le plan éthique, la recherche s'appuie sur les principes de consentement libre et éclairé, de confidentialité, et de réciprocité. Le savoir recueilli est considéré comme un bien commun, partagé avec les communautés à travers des restitutions locales. Cette démarche s'inspire des recommandations du *Charter for African Research Ethics* (CODESRIA, 2019) et des travaux de Chilisa (2012) sur les méthodologies indigènes africaines.

Ainsi conçu, le design méthodologique de l'IPDRDC constitue une synthèse originale entre rigueur scientifique et reconnaissance des savoirs endogènes. Il opère un changement de paradigme : la recherche n'est plus un exercice d'observation distante, mais un processus dialogique, ancré dans la co-création de sens. En intégrant les méthodes qualitatives, quantitatives et herméneutiques, le dispositif proposé permet de mesurer la prospérité dans toutes ses dimensions – matérielles, relationnelles, symboliques et spirituelles – et d'ouvrir la voie à une redéfinition mondiale des indicateurs de bien-vivre à partir du Sud global.

6.4. Design et instruments de collecte de données

6.4.1. De la donnée au sens — une épistémologie de la collecte

La conception d'un dispositif de collecte de données dans le cadre du développement de l'Indice de la Prospérité Durable et Régénératrice du Congo (IPDRDC) repose sur une double exigence : scientifique et culturelle. Scientifique, car il s'agit d'assurer la validité, la fiabilité et la reproductibilité des résultats ; culturelle, car la donnée, loin d'être neutre, porte les empreintes du monde social qui la produit et la signifie (Desrosières, 2010). Dans une perspective africaine, la collecte des données n'est pas seulement un acte technique, mais aussi un acte relationnel, enraciné dans les cosmologies de la relationalité, du dialogue et du consensus (Mbiti, 1990 ; Hountondji, 2009).

Ainsi, la collecte pour l'IPDRDC n'est pas un simple processus de quantification, mais un rituel d'intelligibilité du réel : comprendre comment les communautés congolaises définissent, incarnent et mesurent la prospérité selon leurs propres cadres symboliques et pratiques de vie.

6.4.2. Architecture générale du design de recherche

Le design adopté combine une logique abductive (Peirce, 1931–1958 ; Paavola, 2004) et une triangulation méthodologique intégrale (Denzin, 2012 ; Flick, 2018). Cette orientation hybride permet d'articuler théorie et expérience, quantification et interprétation, universel et local, pour donner naissance à un dispositif qui capte la complexité de la prospérité dans le contexte congolais.

Le design est structuré autour de trois axes :

1. Axe empirique, centré sur la collecte multisectorielle de données économiques, sociales, environnementales et culturelles ;
2. Axe participatif, mobilisant les savoirs communautaires à travers des ateliers délibératifs et des enquêtes narratives ;
3. Axe herméneutique, visant à interpréter la signification des indicateurs dans le cadre des cosmologies africaines du bien-vivre.

Le schéma général articule ainsi des données primaires (enquêtes, observations, entretiens) et secondaires (archives, statistiques, rapports institutionnels), dans un mouvement de va-et-vient entre induction, déduction et abduction, garantissant la cohérence globale du système d'indicateurs.

6.4.3. Instruments de collecte : articulation entre rigueur et sensibilité contextuelle

Les instruments de collecte pour l'IPDRDC ont été conçus selon le principe de complémentarité épistémique : chaque outil répond à un type spécifique de donnée et à une modalité particulière de savoir.

a) Enquêtes quantitatives structurées

Les enquêtes quantitatives visent à mesurer les dimensions tangibles de la prospérité (revenus, emploi, accès aux services, consommation énergétique, participation citoyenne). Les instruments s'inspirent des standards de l'UNDP (Human Development Index, 2022) et de la Commission économique pour l'Afrique (CEA, 2021), tout en intégrant des indicateurs endogènes comme :

- la fréquence des solidarités communautaires (entraide, tontines, dons rituels) ;
- la stabilité spirituelle et émotionnelle ;
- la connexion à la nature et aux ancêtres ;
- la perception du bien-vivre collectif.

Le questionnaire est structuré en six modules :

1. caractéristiques socio-économiques ;
2. infrastructures et environnement ;
3. gouvernance locale ;
4. cohésion sociale ;
5. spiritualité et valeurs culturelles ;
6. perception de la prospérité.

Chaque item est noté selon une échelle de Likert à cinq niveaux, permettant une quantification nuancée des perceptions tout en maintenant une sensibilité au langage local (Mouanda-Mouanda, 2020). Les questionnaires sont traduits en lingala, swahili, tshiluba et kikongo, puis validés par un comité de traduction participative pour éviter la perte de sens symbolique (Touré, 2017).

b) Entretiens semi-directifs et récits oraux

Les entretiens visent à capter les représentations subjectives, narratives et spirituelles de la prospérité. L'approche semi-directive offre la flexibilité nécessaire pour explorer les significations profondes, souvent implicites, de notions telles que *bomoyi malamu* (bien-vivre), *mpongo* (abondance), ou *bosembo* (équité).

Chaque entretien dure entre 60 et 120 minutes et suit une grille thématique couvrant les dimensions économiques, spirituelles, sociales et environnementales. Les informateurs-clés incluent :

- des chefs coutumiers et autorités religieuses ;
- des responsables communautaires et entrepreneurs locaux ;
- des femmes leaders et jeunes innovateurs ;
- des praticiens du développement et universitaires.

Les récits oraux (contes, proverbes, mythes) sont enregistrés comme données symboliques, car ils contiennent des modèles implicites de prospérité et de justice sociale. Cette approche s'inscrit dans la lignée de la socio-anthropologie narrative africaine (Niane, 1982 ; Ki-Zerbo, 1998 ; Mudimbe, 1988).

c) Observation participante

L'observation participante complète les enquêtes et entretiens en permettant de saisir la praxis sociale de la prospérité : comment les individus vivent, échangent, célèbrent ou matérialisent le bien-vivre. Elle est particulièrement cruciale dans les contextes communautaires et rituels où la parole explicite est remplacée par des gestes, symboles et rythmes collectifs. Le chercheur devient ainsi un observateur impliqué, suivant la démarche de l'anthropologie réflexive (Bourdieu, 1993 ; Marcus, 1998). Les observations sont consignées dans des carnets ethnographiques avec des codes analytiques, facilitant la triangulation avec les données verbales et statistiques.

d) Ateliers participatifs et cercles de dialogue

Inspirés des traditions africaines du *palabre* (Bidima, 1997), ces ateliers créent un espace de co-construction des indicateurs. Les participants discutent des valeurs qui définissent pour eux la prospérité : solidarité, harmonie cosmique, équilibre environnemental, santé spirituelle, etc.
Ces forums servent à valider la pertinence culturelle des indicateurs, tout en offrant une méthodologie de validation collective (Chambers, 2008 ; Cornwall & Jewkes, 1995).

Chaque atelier fait l'objet d'une transcription, puis d'une analyse thématique assistée par NVivo.

e) Sources documentaires et archives

Les archives coloniales et postcoloniales, les rapports de développement, les plans stratégiques nationaux (PNSD, RDC 2021–2025), ainsi que les bases de données statistiques (INS, Banque mondiale, PNUD) constituent le socle documentaire. Ces matériaux permettent d'ancrer l'IPDRDC dans une continuité historique tout en dégageant les discontinuités entre modèles imposés et aspirations locales. Une attention particulière est portée à la sémantique des données : comment les indicateurs existants traduisent ou trahissent les réalités vécues (Escobar, 2018 ; Ndlovu-Gatsheni, 2020).

6.4.4. Validation, fiabilité et triangulation

La rigueur scientifique repose sur une triangulation multiple (Denzin, 2012) :

- Triangulation des sources : combiner données officielles, communautaires et ethnographiques ;
- Triangulation des méthodes : croiser questionnaires, entretiens, observations et archives ;
- Triangulation des analystes : impliquer des chercheurs locaux et internationaux pour éviter les biais interprétatifs.

La fiabilité est assurée par des tests de cohérence interne (α de Cronbach $> 0,80$) pour les modules quantitatifs, tandis que la validité culturelle repose sur la confrontation systématique entre les indicateurs et les référents symboliques issus des ateliers participatifs. Cette hybridation méthodologique répond à la double exigence de scientificité et de pertinence culturelle, fondement du paradigme de la connaissance pluriverselle (de Sousa Santos, 2014).

6.4.5. Éthique, réflexivité et souveraineté des données

La collecte de données en contexte africain engage des enjeux éthiques cruciaux. L'IPDRDC s'appuie sur un protocole éthique communautaire, garantissant le consentement éclairé, la confidentialité, et surtout la propriété collective des données. Inspiré des principes de la data sovereignty (Kukutai & Taylor, 2016), ce modèle stipule que les communautés participantes sont copropriétaires des informations collectées. Le chercheur adopte une posture réflexive, conscient que la neutralité absolue n'existe pas, et que toute interprétation est située (Haraway, 1988). Cette réflexivité s'inscrit dans la démarche décoloniale du projet, qui refuse la logique extractiviste de la recherche pour instaurer un échange équitable de savoirs et de sens.

Le design et les instruments de collecte de l'IPDRDC incarnent une révolution méthodologique. Loin de se limiter à une compilation d'indicateurs, ils traduisent une vision de la donnée comme entité vivante, relationnelle et spirituelle, porteuse d'un sens collectif. La donnée devient ici un médiateur entre mondes : entre le visible et l'invisible, le mesurable et le ressenti, l'économique et le cosmique.

En ce sens, la méthodologie de collecte dépasse la rationalité positiviste pour rejoindre une ontologie de la relation — celle où la prospérité n'est pas un stock de biens, mais une harmonie en mouvement, un équilibre vivant entre les êtres, les lieux et les esprits.

6.5. Validation et analyse des données

6.5.1. La vérité des données dans un monde pluriel

L'analyse et la validation des données ne constituent pas une simple phase technique de la recherche, mais le cœur même de la construction de la vérité scientifique.

Dans le cadre de l'Indice de la Prospérité Durable et Régénératrice du Congo (IPDRDC), cette vérité ne peut être conçue dans le sens positiviste de l'univocité, mais dans celui de la plurivocité, où chaque donnée est porteuse d'un fragment de monde, d'une voix et d'une mémoire.

L'enjeu de la validation, ici, est double :

- scientifique, car il s'agit d'assurer la robustesse et la fiabilité de l'indice ;
- civilisationnel, car valider une donnée, c'est reconnaître la légitimité d'un savoir, d'une expérience, d'une cosmologie.

Ainsi, la validation dans l'IPDRDC dépasse le cadre méthodologique pour devenir une épistémologie de la reconnaissance, conforme à l'appel de Boaventura de Sousa Santos (2014) pour une *écologie des savoirs*. Elle engage une décolonisation profonde des critères de véracité, en affirmant que la prospérité d'une communauté ne se mesure pas uniquement par le PIB ou les taux d'alphabétisation, mais aussi par la qualité du lien, la régénération du vivant et la paix intérieure (Ndlovu-Gatsheni, 2020 ; Escobar, 2018).

6.5.2. Validation méthodologique : entre rigueur statistique et pertinence culturelle

La validation de l'IPDRDC repose sur trois niveaux complémentaires :

1. la validation interne, garantissant la cohérence interne des indicateurs et des dimensions ;
2. la validation externe, assurant la comparabilité avec d'autres indices et cadres internationaux ;
3. la validation participative, confirmant la légitimité culturelle et sociale des mesures adoptées.

a) Validation interne : cohérence, fiabilité et sens

La validation interne repose sur des méthodes statistiques classiques combinées à des approches qualitatives d'interprétation sémantique.

L'analyse de la cohérence des indicateurs quantitatifs est réalisée à l'aide de l'Alpha de Cronbach ($\alpha \geq 0,8$) et de l'analyse factorielle exploratoire (AFE), permettant d'évaluer la structure latente des variables (Hair et al., 2020). Ces techniques garantissent la stabilité et la fiabilité des échelles utilisées pour mesurer la prospérité dans ses différentes dimensions : durable, inclusive, culturelle et spirituelle.

Cependant, dans une approche africaine, la cohérence ne peut être seulement mathématique. Elle doit être ontologique : un indicateur ne vaut que s'il est cohérent avec la manière dont les communautés perçoivent leur monde. C'est pourquoi chaque variable statistique est soumise à une validation symbolique lors des ateliers communautaires. Par exemple, la notion de *satisfaction de vie* est confrontée à celle de *bomoyi malamu*, qui inclut les dimensions spirituelles, familiales et ancestrales absentes des définitions occidentales classiques.

b) Validation externe : convergence et comparabilité

La validation externe consiste à situer l'IPDRDC dans le paysage international des indices de développement, sans perdre sa spécificité africaine. Les comparaisons sont effectuées avec :

- le Human Development Index (HDI) du PNUD (UNDP, 2022) ;
- le Multidimensional Poverty Index (MPI) (Alkire & Foster, 2011) ;
- l'African Prosperity Index (Legatum Institute, 2023) ;

- et le Gross National Happiness Index du Bhoutan (Ura et al., 2012).

Toutefois, ces comparaisons ne visent pas à calquer l'IPDRDC sur des modèles extérieurs, mais à dialoguer avec eux, dans une logique de pluriversalité méthodologique. La validation externe devient ainsi une confrontation épistémologique : l'Afrique ne se mesure pas à l'aune de l'Occident, mais propose une autre métrique du monde, ancrée dans la durabilité relationnelle et la spiritualité régénératrice.

c) Validation participative : légitimité et co-construction

La validation participative est l'un des piliers fondateurs de l'IPDRDC. Inspirée des approches de recherche-action participative (Chambers, 2008 ; Cornwall & Jewkes, 1995), elle repose sur des forums communautaires où les résultats préliminaires sont discutés, critiqués et réinterprétés collectivement. Ces sessions permettent d'éviter le biais du chercheur exogène et de replacer la communauté comme sujet de la validation.

Cette dimension démocratique de la connaissance répond à la vision africaine du *palabre* (Bidima, 1997), où la vérité se construit dans le dialogue, la circularité et la reconnaissance mutuelle.

6.5.3. Méthodes d'analyse : triangulation, herméneutique et modélisation

L'analyse des données dans le cadre de l'IPDRDC suit une logique pluriméthodologique, combinant approches quantitatives, qualitatives et herméneutiques, dans une triangulation dynamique (Denzin, 2012).

a) Analyse quantitative : vers une modélisation systémique de la prospérité

Les données quantitatives sont analysées à l'aide d'outils statistiques modernes (SPSS, R, Stata), mobilisant les analyses factorielles, les régressions multiples, et les modèles structurels par équations (SEM) (Kline, 2016). Ces modèles visent à identifier les interactions entre les différentes dimensions de la prospérité — par exemple, comment la cohésion sociale influence la durabilité environnementale, ou comment la spiritualité renforce la résilience économique.

Un aspect novateur réside dans l'usage de la modélisation systémique (Checkland, 1999), qui intègre les rétroactions et boucles causales entre variables. Ainsi, la prospérité n'est pas appréhendée comme un résultat linéaire, mais comme un système vivant, autorégulé et interdépendant.

Ce paradigme systémique s'inspire des théories de la complexité (Morin, 2005 ; Capra, 1996), qui postulent que les phénomènes sociaux sont émergents et non réductibles à leurs composants isolés.

b) Analyse qualitative : l'épaisseur du sens

Les données qualitatives (entretiens, récits oraux, ateliers participatifs) sont soumises à une analyse thématique et herméneutique selon la méthode de Braun & Clarke (2006). Chaque verbatim est codé et classé selon des catégories émergentes liées aux quatre piliers de l'IPDRDC : durable, inclusif, culturel et spirituel. L'analyse herméneutique cherche à déplier les couches de signification contenues dans le langage : la parole, le silence, les symboles. Dans la culture congolaise, un mot, un chant ou un geste peuvent véhiculer des significations multiples qui échappent à la simple traduction.

L'usage de logiciels comme NVivo et Atlas.ti facilite la triangulation entre les niveaux micro (individuels), méso (communautaires) et macro (nationaux). Mais l'analyse reste avant tout un acte d'écoute, conforme à la philosophie africaine de la connaissance comme co-expérience (Towa, 1971).

c) Analyse herméneutique et symbolique

La spécificité de l'IPDRDC est d'intégrer une analyse symbolique des données culturelles et spirituelles. Les récits, proverbes et mythes recueillis sont interprétés à la lumière des cadres de la socio-anthropologie africaine (Mbiti, 1990 ; Mudimbe, 1988) et de la phénoménologie du sacré (Eliade, 1957).

L'objectif est de traduire les contenus immatériels en dimensions intelligibles de prospérité : par exemple, le proverbe luba *"Mukanda wa muntu usomwa na bantu"* ("la richesse d'un homme se lit dans la communauté") devient un indicateur symbolique de cohésion et de capital social.

Cette dimension herméneutique permet de réconcilier la mesure et la signification, ouvrant la voie à une *science des valeurs vécues*, à la fois qualitative et mesurable.

6.5.4. Validation croisée et intersubjectivité scientifique

L'une des innovations méthodologiques majeures du projet IPDRDC est la mise en œuvre d'une validation croisée intersubjective. Plutôt que de considérer les chercheurs comme détenteurs exclusifs de la vérité, cette approche engage un dialogue entre chercheurs, praticiens et porteurs de savoirs locaux, conformément au paradigme de la recherche transdisciplinaire (Nicolescu, 2002).

Chaque résultat est donc soumis à un triple filtre :

1. la validité scientifique, assurée par les pairs universitaires ;

2. la validité contextuelle, vérifiée par les acteurs locaux ;
3. la validité éthique et spirituelle, discutée avec les gardiens de savoirs traditionnels et religieux.

Ce processus garantit que la connaissance produite est collective, plurielle et ancrée dans la réalité vécue. Il s'oppose à l'objectivisme occidental pour promouvoir une intersubjectivité dialogique, où la vérité émerge de la rencontre des perspectives (Habermas, 1987).

6.5.5. Interprétation des résultats et validation régénératrice

L'analyse et la validation ne se concluent pas sur un tableau de scores, mais sur une mise en récit du sens de la prospérité.
Les résultats quantitatifs sont interprétés à la lumière des significations qualitatives, selon une logique abductive (Peirce, 1931–1958 ; Paavola, 2004). Cette démarche permet de formuler des hypothèses explicatives émergentes : par exemple, le lien entre pratiques spirituelles et durabilité écologique peut être modélisé comme un facteur régénératif de prospérité.

La validation régénératrice désigne ici une validation vivante et évolutive : les données, les indicateurs et les interprétations sont revisités périodiquement par les communautés et les chercheurs. L'IPDRDC devient ainsi un organisme vivant, un système d'intelligence collective en adaptation permanente, à la manière d'un écosystème (Capra & Luisi, 2014).

La validation et l'analyse des données dans le cadre de l'IPDRDC incarnent une rupture épistémologique majeure.
Elles redéfinissent ce que signifie "prouver" dans un monde pluriel : prouver, c'est faire sens ensemble. La donnée n'est plus un artefact neutre, mais une trace

vivante de la rencontre entre rationalité, culture et spiritualité.
Ainsi, la méthode analytique devient une éthique du lien, un acte de soin porté au monde.

En plaçant la triangulation, la réflexivité et la participation au cœur du processus, le projet IPDRDC fonde une nouvelle tradition méthodologique africaine : celle de la recherche régénératrice, où la connaissance ne s'extrait pas du terrain, mais germe depuis la terre même du vécu.

La validation devient alors un acte de guérison cognitive : réparer les fractures entre savoirs, reconnecter les mondes, et redonner au Congo — et à l'Afrique — la souveraineté de ses propres mesures du bien-vivre.

6.6 Limites, éthique et réflexivité

6.6.1 Limites méthodologiques et épistémiques

Toute entreprise de recherche, aussi ambitieuse soit-elle, s'inscrit dans un horizon de finitude. La conception de l'Indice de Prospérité Durable, Inclusive, Culturelle et Spirituelle de la RDC (IPDRDC) ne prétend nullement épuiser la complexité du réel. Elle s'enracine dans une tension féconde entre l'idéal d'universalité et la singularité des contextes, entre l'aspiration à la rigueur scientifique et la reconnaissance de l'incommensurable. La première limite méthodologique réside dans la nature holistique du projet lui-même : chercher à mesurer la prospérité dans sa dimension matérielle, écologique, culturelle et spirituelle implique d'articuler des registres hétérogènes de savoir, souvent irréductibles les uns aux autres.

La recherche s'est heurtée à la fragmentation des sources de données, à la variabilité des échelles d'observation et à la subjectivité inhérente aux récits oraux et spirituels. L'intégration de ces données plurielles requiert une posture interprétative souple, consciente de ses propres biais. Comme l'indique Clifford Geertz (1973), toute description culturelle est nécessairement « épaisse », située et inachevée. De même, la mesure de la prospérité dans un contexte pluriel comme celui du Congo ne peut être qu'une cartographie partielle de l'expérience collective, jamais une clôture du sens.

Sur le plan épistémologique, la limite principale concerne le dialogue entre les rationalités. La rencontre entre la pensée scientifique moderne – héritée du rationalisme occidental – et les cosmologies africaines fondées sur la relationalité et la sacralité du vivant crée un espace d'hybridation mais aussi de friction. Cette tension, décrite par Boaventura de Sousa Santos (2014) comme une « écologie des savoirs », révèle les zones d'ombre d'une science encore trop centrée sur des paradigmes d'objectivité universelle. Le projet de l'IPDRDC s'efforce de dépasser ces apories, sans toutefois les effacer : il reconnaît que tout cadre d'analyse est situé, que toute méthode est un miroir partiel de la réalité, et que l'invisible, le symbolique et le sacré échappent souvent à la quantification.

Enfin, la limite temporelle est inhérente à toute démarche de mesure : la prospérité, en tant que phénomène dynamique, évolue au rythme des cycles sociaux, écologiques et spirituels. Ainsi, les données recueillies ne capturent qu'un instant du mouvement historique d'une société en devenir. L'IPDRDC, plutôt qu'un instrument figé, se veut un processus évolutif, adaptable aux mutations futures, conscient de ses propres incomplétudes (Morin, 2005).

6.6.2 Considérations éthiques et respect des communautés

L'éthique occupe, dans ce dispositif, une position fondatrice. Elle n'est pas un appendice de la méthode, mais son cœur battant. Dans le contexte congolais, où la recherche a souvent été marquée par des logiques extractives et asymétriques, la construction d'un indice de prospérité ne peut se concevoir sans une éthique de la réciprocité, du respect et de la co-appartenance. L'approche méthodologique s'est donc inspirée des principes d'éthique décoloniale (Tuck & Yang, 2012) et d'éthique communautaire africaine, fondée sur la valeur d'Ubuntu – *« je suis parce que nous sommes »*.

Le chercheur, loin d'être un observateur distant, est un hôte dans le monde des autres. Chaque donnée recueillie, chaque récit partagé, chaque observation réalisée engage une responsabilité mutuelle. L'accès aux savoirs spirituels et coutumiers, souvent transmis dans la confidence, nécessite des rituels de reconnaissance, des permissions communautaires et un dialogue continu avec les détenteurs de ces connaissances. L'éthique ne se réduit donc pas au consentement formel, mais s'incarne dans un pacte de confiance et de réciprocité symbolique.

La démarche a également intégré une écologie du soin (*ethics of care*), telle que formulée par Carol Gilligan (1982) et Joan Tronto (1993), adaptée ici à un cadre africain. Il s'agit de reconnaître la vulnérabilité partagée entre le chercheur et les communautés, et de concevoir la recherche non comme une extraction d'informations, mais comme un acte de guérison, de transmission et de réparation. Ce principe prend une dimension particulière dans un pays marqué par des décennies de violences, d'injustices et de déséquilibres structurels.

De plus, la recherche s'est dotée de mécanismes de protection éthique : anonymisation des témoignages sensibles, validation communautaire des interprétations, restitution publique des résultats. Ces dispositifs visent à garantir que les fruits de la recherche profitent d'abord aux communautés concernées, conformément au principe de justice cognitive et sociale (Santos, 2018). L'IPDRDC n'a pas vocation à être un outil d'évaluation technocratique, mais un instrument d'émancipation, conçu dans le respect des héritages culturels et des aspirations spirituelles des peuples.

6.6.3 Réflexivité du chercheur et positionnement identitaire

La réflexivité constitue un pilier central de la méthodologie transépistémique adoptée. Elle consiste à reconnaître que toute production de savoir est située, marquée par les trajectoires, les croyances et les appartenances de celui ou celle qui la produit. Dans le cadre de l'IPDRDC, la posture réflexive invite à penser la recherche comme un chemin intérieur autant qu'extérieur. Le chercheur n'est pas un spectateur neutre, mais un être inscrit dans le tissu du monde qu'il étudie.

Cette prise de conscience rejoint la critique formulée par Sandra Harding (1991) sur la nécessité d'une « objectivité forte » — une objectivité qui assume les positions sociales, culturelles et spirituelles du chercheur au lieu de les dissimuler. Dans le contexte congolais, marqué par la diversité linguistique, ethnique et religieuse, la réflexivité est un exercice de navigation entre mondes. Elle exige d'habiter simultanément plusieurs horizons de sens : le langage scientifique, le récit oral, la symbolique rituelle et la mémoire collective.

Le positionnement identitaire du chercheur, loin d'être un obstacle, devient une ressource herméneutique. Il permet de comprendre de l'intérieur les logiques de sens et d'action des communautés étudiées. Toutefois, cette proximité doit être constamment équilibrée par un travail de distanciation critique, afin d'éviter les écueils du culturalisme ou du subjectivisme. La réflexivité, dans ce cadre, s'apparente à un art d'équilibre entre implication et retrait, empathie et discernement.

Enfin, la dimension spirituelle du positionnement mérite d'être soulignée. Dans une recherche où la prospérité est envisagée comme une harmonie du visible et de l'invisible, la posture du chercheur s'apparente à celle d'un médiateur entre les dimensions matérielles et symboliques du réel. Comme le note Jean-Godefroy Bidima (1997), penser en Afrique implique de « philosopher dans la chair du monde », c'est-à-dire d'assumer la corporéité, la mémoire et la transcendance comme parties intégrantes du processus cognitif.

Ainsi, la réflexivité devient un acte d'humilité : reconnaître que le savoir produit est une offrande au vivant, et non une conquête sur lui. Le chercheur se fait alors témoin d'un dialogue entre les mondes, conscient que toute connaissance véritable est relationnelle, située et inachevée.

Chapitre 7 :

Construction de l'Indice de Prospérité Durable, Inclusive, Culturelle et Spirituelle de la RDC (IPDRDC)

La construction de l'Indice de Prospérité Durable, Inclusive, Culturelle et Spirituelle de la RDC (IPDRDC) constitue le cœur opérationnel de la Partie II de cet ouvrage. Elle vise à transformer les fondements conceptuels et paradigmiques établis dans les chapitres précédents en un instrument de mesure concret, robuste et contextualisé. La complexité du phénomène étudié impose une démarche rigoureuse et systémique, qui combine la sélection d'indicateurs, la pondération, la transformation des dimensions immatérielles en mesures opérationnelles, la logique d'agrégation, ainsi que des tests pilotes et des validations communautaires. Chaque étape est pensée pour refléter la richesse pluriverselle des réalités congolaises, en intégrant les dimensions écologiques, sociales, culturelles et spirituelles de la prospérité.

7.1 Sélection des indicateurs

La sélection des indicateurs constitue la première étape opérationnelle dans la construction de l'Indice de Prospérité Durable, Inclusive, Culturelle et Spirituelle de la RDC (IPDRDC). Cette étape ne se limite pas à un choix technique : elle engage une réflexion profonde sur ce que signifie réellement la prospérité dans le contexte congolais, en conciliant les exigences scientifiques avec la complexité des réalités locales. En effet, la prospérité ne peut être réduite à des données économiques ou matérielles, elle se manifeste aussi dans la cohésion sociale, la vitalité culturelle, la régénération écologique et la spiritualité des communautés. Ainsi, chaque indicateur retenu est un compromis raisonné entre pertinence empirique, validité théorique et reconnaissance endogène.

L'approche adoptée pour la sélection des indicateurs repose sur une logique transdisciplinaire et participative. Sur le plan théorique, les indicateurs sont identifiés à partir d'une revue exhaustive des littératures sur la durabilité, l'inclusion sociale, la culture et la spiritualité, intégrant les travaux de Morin (2005) sur la complexité, de Geertz (1973) sur l'anthropologie interprétative, et de Mbembe (2016) sur la souveraineté épistémique. Cette démarche académique est ensuite enrichie par une analyse contextuelle des pratiques locales, où les savoirs autochtones, les rituels, les systèmes de gouvernance communautaire et les modes d'organisation sociale sont pris en compte. Par exemple, la gestion communautaire des forêts, la transmission orale des connaissances et la participation aux cérémonies traditionnelles sont autant de pratiques qui deviennent des indicateurs opérationnels pour mesurer le pilier culturel et spirituel de l'IPDRDC.

Un autre principe fondamental de sélection est l'inclusivité sociale. Les indicateurs doivent refléter la diversité des expériences et des acteurs : femmes, jeunes, personnes âgées, minorités ethniques et groupes marginalisés. La méthodologie adoptée combine des ateliers participatifs, des cartographies sociales et des entretiens approfondis, permettant d'identifier les dimensions de la prospérité les plus valorisées par les communautés elles-mêmes. Cette approche garantit que l'IPDRDC n'impose pas des critères externes mais se construit à partir de la réalité vécue, assurant ainsi la légitimité sociale et culturelle de l'outil (Escobar, 2018 ; Santos, 2014).

En parallèle, la sélection des indicateurs s'appuie sur des critères de validité scientifique et opérationnelle. Chaque indicateur doit être mesurable, reproductible et comparable. Pour les dimensions économiques et environnementales, cela implique l'utilisation de données quantitatives fiables, telles que la productivité agricole, l'accès à l'eau potable, la diversité des cultures, ou la régénération des sols. Pour les dimensions sociales, culturelles et spirituelles, les indicateurs sont souvent qualitatifs mais codifiables, tels que la participation aux assemblées communautaires, la fréquence des rituels, ou le respect des règles coutumières. Ces indicateurs qualitatifs sont transformés en échelles et indices composés, permettant leur intégration dans un calcul agrégé tout en préservant leur sens profond (Geertz, 1973 ; Mbiti, 1969).

L'approche adoptée privilégie également la représentation holistique. La prospérité est envisagée comme un phénomène émergent issu de l'interaction entre les piliers durable, inclusif, culturel et spirituel. Cette interconnexion guide la sélection des indicateurs : un indicateur économique ou écologique est retenu non seulement pour sa pertinence intrinsèque, mais aussi pour sa capacité à renforcer ou à révéler les dimensions sociales et culturelles associées. Par exemple, la préservation des forêts communautaires ne se limite pas à un bénéfice environnemental ; elle est également un vecteur de cohésion sociale, de respect des traditions et de régénération spirituelle.

Enfin, la sélection des indicateurs est dynamique et évolutive. Les tests pilotes et les retours communautaires sont intégrés dès cette phase pour ajuster les indicateurs, corriger les biais et éliminer ceux qui s'avèrent peu pertinents ou difficiles à mesurer. Cette démarche itérative assure que l'IPDRDC reste un instrument vivant, capable de s'adapter aux mutations socio-économiques et culturelles, et reflète une vision régénérative et durable de la prospérité en RDC.

En somme, la sélection des indicateurs de l'IPDRDC repose sur un équilibre subtil entre rigueur scientifique, pertinence locale, inclusivité sociale et intégrité culturelle. Elle traduit une volonté de dépasser les approches réductionnistes et de produire un outil de mesure capable de rendre compte de la richesse pluriverselle des communautés congolaises. Chaque indicateur sélectionné est à la fois un objet de mesure et un vecteur de reconnaissance des savoirs et pratiques locaux, garantissant que l'IPDRDC est à la fois fiable, légitime et profondément enraciné dans la réalité africaine.

7.2 Pondération des indicateurs

La pondération des indicateurs constitue une étape cruciale dans la construction de l'Indice de Prospérité Durable, Inclusive, Culturelle et Spirituelle de la RDC (IPDRDC). Elle permet de traduire la complexité et la multidimensionnalité de la prospérité en une structure opérationnelle où chaque dimension et chaque indicateur reflète son importance relative dans le système global. La pondération ne se réduit pas à une manipulation statistique : elle est profondément conceptuelle, méthodologique et éthique, car elle exprime une vision hiérarchisée de ce qui constitue la prospérité dans le contexte congolais, où les dimensions matérielles, sociales, culturelles et spirituelles interagissent de manière dynamique et interdépendante.

La première considération dans la pondération des indicateurs est la pertinence socioculturelle et contextuelle. Dans le paradigme pluriversel adopté, il ne s'agit pas de privilégier les indicateurs économiques ou quantitatifs au détriment des dimensions sociales, culturelles ou spirituelles, comme c'est souvent le cas dans les indices classiques (PIB, IDH). Chaque indicateur est évalué selon sa capacité à traduire fidèlement la perception locale de la prospérité et à renforcer la cohésion sociale et culturelle. Par exemple, la participation aux assemblées communautaires, les pratiques de gestion des ressources naturelles ou la régénération des sols, bien que qualitatives, reçoivent une pondération significative car elles traduisent la durabilité sociale et écologique, valeurs centrales dans la société congolaise (Escobar, 2018 ; Mbiti, 1969).

Pour garantir cette pertinence, la pondération repose sur une approche participative et délibérative. Les communautés locales, chefs coutumiers, organisations paysannes et acteurs institutionnels sont invités à évaluer l'importance relative des indicateurs par des ateliers, des discussions collectives et des sondages qualitatifs. Cette approche s'inspire des méthodes de co-construction des connaissances décrites par Santos (2014) et Mbembe (2016), qui insistent sur la nécessité de reconnaître l'autorité épistémique des acteurs locaux. Chaque indicateur reçoit ainsi une pondération initiale qui reflète une négociation entre les expertises scientifiques et la perception endogène de la valeur des pratiques, garantissant que l'IPDRDC est à la fois légitime et socialement ancré.

Sur le plan méthodologique, la pondération combine des techniques quantitatives et qualitatives. Les méthodes classiques, telles que l'Analyse par Composantes Principales (ACP) ou les méthodes de pondération multicritères (Saaty, 2008), sont adaptées au contexte pluriversel pour intégrer les données quantitatives (rendement agricole, superficie régénérée, revenus des coopératives) et les données qualitatives codifiées (fréquence des rituels, participation sociale, respect des normes coutumières). Ces techniques permettent de traduire les préférences des communautés en coefficients numériques tout en conservant la signification culturelle et éthique des indicateurs. Par exemple, dans la pondération des indicateurs spirituels, les rituels liés à la bénédiction des terres et à la régénération écologique peuvent se voir attribuer un poids équivalent à certaines pratiques économiques, illustrant l'approche intégrative de la prospérité.

Une dimension essentielle de la pondération est l'interdépendance des indicateurs. La prospérité pluriverselle est un phénomène émergent et systémique : la valeur d'un indicateur dépend de son interaction avec les autres. Par exemple, la réussite d'un projet de reforestation communautaire dépend à la fois de l'engagement social, de la participation des femmes, de la gestion coutumière des terres et des rituels spirituels associés. Les pondérations sont donc ajustées pour tenir compte de ces interactions, afin d'éviter que des indicateurs isolés ne soient surpondérés ou sous-estimés. Cette approche est cohérente avec la pensée complexe de Morin (2005) et les perspectives écosystémiques de Nyssen et al. (2020), qui soulignent que le sens des variables ne peut être compris que dans leur réseau de relations.

La pondération des indicateurs intègre également une dimension temporelle et plurigénérationnelle. Certains indicateurs, tels que la régénération des sols ou la transmission des savoirs traditionnels, ont des effets qui se déploient sur plusieurs cycles agricoles ou générations. Leur pondération doit refléter cette importance stratégique pour la durabilité de la prospérité. Dans ce cadre, des coefficients différenciés sont attribués selon la durée et la profondeur de l'impact des pratiques, permettant d'inclure la temporalité intergénérationnelle dans l'évaluation globale de l'IPDRDC.

Enfin, la pondération est un processus itératif et adaptatif. Les tests pilotes, les retours des communautés et les analyses de robustesse statistique permettent de réviser les pondérations initiales, d'ajuster les déséquilibres et de renforcer la cohérence entre indicateurs. Cette approche garantit que l'indice reste un instrument vivant, capable de s'adapter aux transformations socio-économiques, culturelles et environnementales de la RDC, tout en restant fidèle à sa vocation pluriverselle et régénérative.

En résumé, la pondération des indicateurs de l'IPDRDC traduit une vision sophistiquée de la prospérité : elle combine pertinence locale, rigueur scientifique, interconnexion systémique, temporalité plurigénérationnelle et légitimité sociale. Ce processus assure que chaque indicateur, qu'il soit économique, social, culturel ou spirituel, contribue de manière équilibrée à la mesure globale de la prospérité, permettant ainsi à l'IPDRDC de devenir un outil fiable, inclusif et profondément enraciné dans la réalité congolaise et africaine.

7.3 Transformation des dimensions immatérielles en mesures opérationnelles

L'un des défis majeurs de l'Indice de Prospérité Durable, Inclusive, Culturelle et Spirituelle de la RDC (IPDRDC) réside dans la traduction des dimensions immatérielles de la prospérité — sociales, culturelles et spirituelles — en mesures opérationnelles, fiables et comparables. Contrairement aux indicateurs purement économiques, ces dimensions intègrent des aspects qualitatifs, symboliques et relationnels, souvent invisibles aux outils classiques de mesure, mais essentiels pour saisir la réalité pluriverselle de la prospérité congolaise. La transformation des concepts immatériels en données mesurables nécessite une démarche méthodologique rigoureuse, intégrative et éthique, qui articule anthropologie, sociologie, écologie, histoire et théologie.

La première étape consiste à identifier et délimiter les dimensions immatérielles pertinentes, en fonction des pratiques locales et des valeurs communautaires. Dans le contexte congolais, ces dimensions comprennent notamment : la cohésion sociale, l'inclusion intergénérationnelle et de genre, la participation aux institutions communautaires, la régénération écologique, les rituels spirituels, la transmission des savoirs traditionnels et la valorisation de la mémoire collective. Ces dimensions sont hiérarchisées et priorisées en collaboration avec les communautés, afin de garantir leur pertinence et leur légitimité (Escobar, 2018 ; Mbembe, 2016).

La quantification des pratiques sociales repose sur des indicateurs proxy, c'est-à-dire des mesures indirectes qui traduisent des phénomènes qualitatifs. Par exemple, la cohésion sociale peut être évaluée par le taux de participation aux assemblées communautaires, la fréquence et la qualité des médiations coutumières, ou encore le nombre d'initiatives collectives mises en œuvre. L'inclusion des femmes et des jeunes peut être mesurée par la proportion de participation aux projets locaux ou aux comités de gestion des ressources naturelles (Polanyi, 1944 ; Amsalu, 2019). Ces indicateurs, bien que quantifiés, gardent leur sens profond lorsqu'ils sont interprétés dans le contexte local et complétés par des données qualitatives issues d'observations et d'entretiens.

La dimension culturelle est traduite en indicateurs opérationnels à travers la documentation et la codification des rituels, festivals, pratiques coutumières et autres manifestations symboliques. Les anthropologues et sociologues proposent ici une double approche : d'une part, l'enregistrement et l'analyse des occurrences et de la fréquence des pratiques ; d'autre part, l'évaluation de leur rôle dans la transmission des savoirs, la régénération sociale et la préservation de l'environnement (Geertz, 1973 ; Mbiti, 1969). Par exemple, le nombre de cérémonies de bénédiction des terres ou des arbres peut être comptabilisé, mais son poids opérationnel est modulé par son influence sur la régénération écologique et la cohésion communautaire.

La dimension spirituelle, souvent la plus difficile à objectiver, est intégrée par une approche herméneutique et participative. Les rituels spirituels, la consultation des ancêtres, et la valorisation de la force vitale sont codifiés selon leur fréquence, leur portée symbolique et leur rôle dans la régulation sociale et écologique (Tempels, 1945 ; Mbiti, 1969). Les enquêtes participatives et les entretiens semi-directifs permettent de recueillir la perception des acteurs sur l'importance de ces pratiques, qui sont ensuite transformées en scores pondérés reflétant leur impact systémique. La co-construction de ces mesures avec les communautés garantit que la dimension spirituelle n'est pas réduite à une abstraction, mais reste intimement liée à la vie quotidienne et aux relations humaines.

La transformation en mesures opérationnelles implique aussi l'agrégation multi-niveaux, où chaque indicateur immatériel est converti en un score standardisé, comparable entre régions et communautés, tout en respectant les spécificités locales. Les méthodes statistiques classiques, telles que la normalisation, les scores Z, et l'analyse factorielle, sont combinées à des techniques participatives et qualitatives pour intégrer à la fois la robustesse scientifique et la pertinence culturelle (Saaty, 2008 ; Nyssen et al., 2020). Cette hybridation méthodologique permet de produire un indice multidimensionnel où chaque dimension immatérielle est valorisée selon son rôle dans la prospérité pluriverselle.

Enfin, l'opérationnalisation des dimensions immatérielles inclut un processus itératif de validation et d'ajustement. Les tests pilotes, ateliers participatifs et retours communautaires permettent de vérifier que les indicateurs opérationnels reflètent réellement les perceptions et priorités locales. La rétroaction continue entre chercheurs et communautés assure que les mesures restent pertinentes, légitimes et sensibles aux changements socioculturels, économiques et environnementaux. Cette démarche régénérative est au cœur de l'approche transépistémique de l'IPDRDC, où la connaissance est co-produite et continuellement réévaluée à la lumière des pratiques et des valeurs locales (Santos, 2014 ; Escobar, 2018).

En somme, la transformation des dimensions immatérielles en mesures opérationnelles dans l'IPDRDC est une entreprise méthodologique novatrice. Elle permet de rendre tangible et quantifiable ce qui, dans les paradigmes traditionnels, resterait invisible : la richesse sociale, culturelle et spirituelle des communautés congolaises. Ce processus garantit que l'indice ne se limite pas à des données économiques abstraites, mais reflète un ensemble cohérent de valeurs, de pratiques et de relations qui constituent la prospérité durable et régénérative au cœur de l'Afrique contemporaine.

7.4 Logique d'agrégation des indicateurs

L'agrégation des indicateurs constitue une étape cruciale dans la construction de l'Indice de Prospérité Durable, Inclusive, Culturelle et Spirituelle de la RDC (IPDRDC). Elle traduit la complexité des dimensions mesurées en une représentation synthétique, tout en préservant la richesse pluriverselle et la spécificité culturelle de chaque communauté. Contrairement aux indices classiques tels que le PIB ou l'IDH, qui réduisent la prospérité à quelques variables économiques ou sanitaires, l'IPDRDC repose sur une logique multi-niveaux, hiérarchique et contextuelle, intégrant les dimensions économiques, sociales, culturelles et spirituelles de manière cohérente et intelligible.

L'approche conceptuelle adoptée s'inspire de la pensée complexe et des systèmes adaptatifs (Morin, 2005). Chaque dimension de l'indice — Durable, Inclusif, Culturel, Spirituel — est considérée comme un sous-système interactif, où les variations de l'une influencent les autres. Cette interconnexion implique que l'agrégation ne peut se limiter à une simple moyenne arithmétique, mais doit intégrer des pondérations différenciées reflétant la pertinence relative des indicateurs dans le contexte local. Par exemple, dans une communauté agricole du Kasaï, la régénération écologique peut avoir un poids plus important que la diversification économique, tandis que dans un milieu urbain, l'inclusion sociale pourrait prédominer. Cette approche permet de respecter la pluralité des valeurs et des priorités locales (Escobar, 2018 ; Santos, 2014).

La hiérarchisation des indicateurs constitue la première étape opérationnelle de l'agrégation. Chaque indicateur est classé selon son rôle et son impact sur la prospérité pluriverselle. Les indicateurs primaires mesurent directement les dimensions clés (par exemple, superficie régénérée, participation intergénérationnelle, nombre de rituels coutumiers), tandis que les indicateurs secondaires capturent des variables indirectes ou contributives (par exemple, flux de revenus communautaires, fréquence des médiations coutumières, transmission orale des savoirs). Cette distinction permet d'assurer que les indicateurs les plus déterminants pour la qualité de vie locale ne sont pas dilués par des variables moins significatives.

La normalisation des données est essentielle pour combiner des mesures hétérogènes. Les indicateurs écologiques, économiques, sociaux et spirituels sont convertis sur une échelle commune, souvent standardisée entre 0 et 1, afin de faciliter leur intégration. Cette opération repose sur des techniques statistiques éprouvées, telles que la normalisation min-max ou les scores Z (Saaty, 2008). Toutefois, la normalisation seule ne suffit pas : elle est accompagnée d'une analyse qualitative pour garantir que la signification originale de chaque indicateur n'est pas perdue, conformément aux principes de co-construction et de validité culturelle (Geertz, 1973 ; Mbembe, 2016).

La pondération des indicateurs constitue la seconde étape majeure de l'agrégation. Elle peut être définie selon plusieurs approches :

1. Pondération participative : Les communautés locales, via des ateliers et des consultations, attribuent un poids relatif aux indicateurs en fonction de leur importance perçue pour la prospérité. Cette approche reflète la logique décoloniale et la souveraineté épistémique (Mbembe, 2016), en donnant aux acteurs locaux un rôle central dans la définition de ce qui compte réellement.
2. Pondération analytique : Des méthodes telles que l'Analytic Hierarchy Process (AHP) ou l'analyse multi-critères permettent d'assigner des poids sur la base de critères objectifs, en tenant compte des interdépendances et de l'impact systémique des indicateurs (Saaty, 2008). Cette pondération est particulièrement utile pour intégrer les dimensions écologiques et économiques, où les données peuvent être mesurées de manière relativement précise.

3. Pondération hybride : Dans l'IPDRDC, la pondération combine la participation communautaire et l'analyse analytique. Cela permet de concilier la rigueur scientifique avec la pertinence socioculturelle, garantissant que l'indice reflète à la fois la réalité observable et les perceptions des acteurs.

L'agrégation multi-niveaux se poursuit par l'assemblage des indicateurs normalisés et pondérés en scores dimensionnels. Chaque pilier (Durable, Inclusif, Culturel, Spirituel) reçoit un score composite calculé à partir des sous-indicateurs correspondants. Les scores dimensionnels sont ensuite combinés pour produire l'indice global de prospérité. L'agrégation peut se faire par somme pondérée, par moyenne géométrique ou par approche multicritère, selon la nécessité de valoriser les synergies ou de pénaliser les déséquilibres (Nyssen et al., 2020). Par exemple, une faible performance dans la dimension spirituelle peut réduire le score global, soulignant l'importance d'un développement équilibré et régénératif.

Une analyse de sensibilité et de robustesse accompagne l'agrégation. Cette étape consiste à tester la stabilité de l'indice face à des variations des pondérations ou à l'ajout/suppression de certains indicateurs. Elle garantit que l'indice final reste fiable et interprétable, même lorsque des ajustements contextuels sont nécessaires. Les tests de robustesse sont effectués à l'aide de simulations et d'analyses de scénarios, permettant d'identifier les indicateurs les plus influents et de prévenir des distorsions dans l'interprétation des résultats (Santos, 2014).

Enfin, la validation sociale et culturelle constitue un pilier essentiel de la logique d'agrégation. Les résultats de l'agrégation sont présentés aux communautés à travers des ateliers de restitution et de co-analyse, permettant de vérifier que l'indice reflète effectivement les perceptions de prospérité locale et les priorités culturelles. Ce processus garantit une légitimité sociale et favorise l'appropriation de l'outil par les acteurs locaux, consolidant ainsi l'objectif régénératif et participatif de l'IPDRDC (Escobar, 2018 ; Mbiti, 1969).

En résumé, la logique d'agrégation des indicateurs de l'IPDRDC repose sur une approche transdisciplinaire, participative et hiérarchisée, combinant normalisation, pondération, agrégation multi-niveaux, analyse de robustesse et validation communautaire. Cette démarche garantit que l'indice traduit fidèlement la complexité de la prospérité pluriverselle congolaise, tout en offrant un outil opérationnel, interprétable et régénératif, capable de guider les politiques publiques et les initiatives communautaires vers un développement durable et inclusif.

7.5 Validation, expérimentation et cas-tests

La validation de l'Indice de Prospérité Durable, Inclusive, Culturelle et Spirituelle de la RDC (IPDRDC) constitue une étape stratégique, indispensable pour assurer la robustesse, la légitimité et l'appropriabilité de l'outil par les communautés locales. Cette phase ne se limite pas à un simple test statistique : elle engage une méthodologie intégrative qui combine l'expérimentation empirique, l'analyse scientifique rigoureuse et la co-construction communautaire, tout en respectant les dynamiques sociopolitiques et culturelles propres à la RDC.

La validation conceptuelle de l'IPDRDC débute par une confrontation des hypothèses théoriques avec les réalités du terrain. Chaque indicateur, chaque dimension et chaque pondération sont discutés avec des acteurs clés : chefs coutumiers, leaders communautaires, associations locales, chercheurs nationaux et ONG spécialisées dans le développement durable. Cette étape permet d'évaluer la pertinence des indicateurs et leur adéquation avec les perceptions locales de prospérité. Elle s'appuie sur des méthodes qualitatives, notamment les entretiens semi-directifs, les focus groups et l'observation participante, qui offrent une lecture fine des priorités sociales, culturelles et spirituelles. Par exemple, dans certaines communautés rurales du Kasaï, la validation des indicateurs écologiques ne peut se dissocier de la reconnaissance des zones sacrées et de la régulation coutumière de l'accès aux ressources forestières, soulignant la nécessité d'une approche holistique et contextuelle (Mbiti, 1969 ; Tempels, 1945).

L'expérimentation pilote constitue la seconde étape et vise à tester la faisabilité opérationnelle de l'indice. Les terrains pilotes sont sélectionnés selon une logique de représentativité géographique, culturelle et économique, couvrant des zones urbaines, périurbaines et rurales. Les données collectées sur ces terrains permettent de mesurer la performance des indicateurs en termes de fiabilité, de cohérence interne et de sensibilité aux variations contextuelles. Cette approche est inspirée de la méthodologie des tests pilotes en sciences sociales et en évaluation de programmes, où la répétition et l'ajustement continu garantissent la robustesse des instruments (Geertz, 1973 ; Nyssen et al., 2020).

Une attention particulière est portée à l'analyse des résultats empiriques. Les scores dimensionnels et le score global de l'IPDRDC sont comparés à des données secondaires, telles que les statistiques nationales, les rapports d'ONG et les archives locales. Cette triangulation permet de vérifier la cohérence des mesures et d'identifier les écarts entre les perceptions locales et les données objectives. Par exemple, un indicateur économique peut révéler une faible diversification des revenus dans une communauté, alors que l'inclusion sociale et la régénération écologique sont élevées, illustrant que la prospérité ne peut se réduire à une seule dimension et que l'indice IPDRDC capture mieux la complexité du bien-vivre pluriversel (Escobar, 2018).

La réflexion critique et l'ajustement des indicateurs font partie intégrante de cette étape. Les écarts détectés entre les attentes des communautés et les résultats de l'agrégation conduisent à des ajustements méthodologiques : pondérations recalibrées, indicateurs supplémentaires intégrés ou indicateurs existants redéfinis pour mieux refléter la réalité locale. Cette boucle de rétroaction s'inscrit dans une logique régénérative, où l'indice évolue au fil de l'expérimentation, tout en maintenant une cohérence conceptuelle et une validité scientifique. Les ateliers participatifs permettent aux communautés de proposer des ajustements et de valider les modifications, assurant ainsi la souveraineté épistémique et l'appropriation locale (Mbembe, 2016 ; Santos, 2014).

Le processus de co-validation inclut également la formalisation des protocoles de collecte et d'analyse des données, la clarification des critères de pondération et la définition de seuils pour les scores dimensionnels. Les communautés sont formées à l'utilisation des instruments, ce qui crée un capital social et technique, renforçant l'ancrage local de l'IPDRDC et sa durabilité. Cette étape illustre comment la recherche action peut transformer la mesure de la prospérité en un outil de gouvernance et de régénération locale (Morin, 2005 ; Nyssen et al., 2020).

Une dimension essentielle de la validation réside dans l'évaluation des retombées sociales et politiques. L'IPDRDC n'est pas seulement un outil de mesure ; il devient un vecteur de dialogue, de planification et de redistribution des ressources. La restitution des résultats aux communautés, accompagnée de discussions sur les priorités de développement, favorise la légitimité politique et sociale de l'indice. Ce processus permet également d'identifier des leviers d'action locaux et régionaux pour renforcer la résilience écologique, l'inclusion sociale et la continuité culturelle, soulignant l'articulation entre recherche, action et transformation sociale (Escobar, 2018).

Enfin, la consolidation de la robustesse et de la légitimité repose sur la documentation systématique des processus de validation et d'expérimentation. Les rapports détaillent la méthodologie, les ajustements réalisés, les résultats quantitatifs et qualitatifs, ainsi que les retours des communautés. Cette transparence scientifique garantit la reproductibilité de l'indice dans d'autres contextes africains ou globaux et constitue une référence pour la recherche transépistémique, contribuant à la refondation de la mesure de la prospérité au Sud global (Santos, 2014).

En résumé, la validation, l'expérimentation et les cas-tests de l'IPDRDC suivent une logique intégrative, participative et réflexive, où la rigueur scientifique se conjugue avec la légitimité culturelle et sociale. Chaque étape — validation conceptuelle, tests pilotes, analyse des résultats, ajustements méthodologiques et co-validation communautaire — assure que l'indice reflète fidèlement la prospérité pluriverselle congolaise, tout en offrant un outil opérationnel, régénératif et durable pour les politiques publiques et le développement local.

7.6 Synthèse du chapitre et perspectives pour l'IPDRDC

Le chapitre 7 a exposé, dans toute sa complexité et sa rigueur, le processus de construction de l'Indice de Prospérité Durable, Inclusive, Culturelle et Spirituelle de la RDC (IPDRDC), depuis la sélection et la pondération des indicateurs jusqu'à la validation, l'expérimentation et les cas-tests. La démarche adoptée illustre l'articulation entre théorie et pratique, entre abstraction conceptuelle et réalité tangible des communautés congolaises. Elle constitue une avancée majeure dans la mesure de la prospérité, car elle dépasse les paradigmes traditionnels centrés sur la croissance économique et l'indice monétaire, pour intégrer les dimensions écologiques, sociales, culturelles et spirituelles, reconnues comme centrales par les populations locales.

La sélection des indicateurs a été guidée par une logique transdisciplinaire, combinant économie, sociologie, anthropologie, écologie, gouvernance et philosophie africaine. Chaque indicateur a été défini non seulement sur la base de sa pertinence scientifique, mais aussi sur sa capacité à refléter les valeurs et les priorités locales. Par exemple, les mesures de régénération écologique ne se limitent pas à la superficie replantée, mais incluent la préservation des espèces endémiques et la prise en compte des pratiques coutumières liées aux zones sacrées. De même, les indicateurs sociaux évaluent l'inclusion, la participation et la cohésion intergénérationnelle, éléments cruciaux pour une prospérité durable et résiliente.

La pondération des indicateurs a été conçue pour refléter l'interdépendance des dimensions et leur contribution relative à la prospérité pluriverselle. L'approche adoptée s'inspire des méthodologies multi-critères utilisées en évaluation des politiques publiques et en développement durable, mais elle est adaptée au contexte congolais et africain. Cette pondération dynamique permet de rendre compte de la variabilité contextuelle, tout en assurant une comparabilité au niveau national et régional. Elle garantit que les dimensions culturelles et spirituelles, souvent marginalisées dans les indicateurs classiques, occupent une place centrale dans la mesure globale.

La transformation des dimensions immatérielles en mesures opérationnelles constitue une innovation méthodologique majeure. Les dimensions culturelles et spirituelles, habituellement difficiles à quantifier, sont traduites en indicateurs mesurables par des méthodologies mixtes combinant observation participante, entretiens semi-directifs, cartographies communautaires et questionnaires validés localement. Cette approche permet de capturer la signification profonde de la prospérité pour les communautés et d'intégrer des valeurs telles que la force vitale, la paix sociale, la continuité culturelle et la régénération écologique dans un indice opérationnel et actionnable.

La logique d'agrégation repose sur une combinaison de méthodes quantitatives et qualitatives, garantissant à la fois la rigueur statistique et la validité culturelle. L'indice composite est conçu comme un outil multidimensionnel, où chaque dimension est représentée par un score spécifique, et le score global reflète la synthèse de ces interactions complexes. Cette approche systémique permet de rendre visibles les synergies et les tensions entre les dimensions, et d'identifier les leviers prioritaires pour renforcer la prospérité dans chaque territoire.

La validation, l'expérimentation et les cas-tests ont confirmé la pertinence et la fiabilité de l'IPDRDC. Les tests pilotes ont permis d'ajuster les pondérations, de clarifier les définitions et de garantir l'appropriation locale de l'outil. La co-construction avec les communautés, associée à la triangulation des méthodes et à l'analyse critique des résultats, assure que l'indice est à la fois scientifiquement robuste et socialement légitime. Ces expériences démontrent que la prospérité pluriverselle n'est pas une abstraction théorique, mais une réalité mesurable et actionnable, susceptible d'informer les politiques publiques, le développement communautaire et les stratégies de durabilité.

En termes de perspectives, l'IPDRDC ouvre plusieurs voies novatrices pour la recherche et la pratique. Sur le plan méthodologique, il illustre comment les paradigmes transépistémiques peuvent produire des indicateurs intégratifs, régénératifs et décolonisés. Sur le plan politique, il offre un outil stratégique pour orienter les politiques publiques, favoriser l'inclusion et renforcer la résilience sociale et écologique. Enfin, sur le plan scientifique, il constitue une référence pour le développement d'outils analogues dans d'autres contextes africains et globaux, où la prospérité ne peut être réduite à la seule accumulation de richesse monétaire.

En conclusion, le chapitre 7 établit que la construction de l'IPDRDC repose sur une approche systémique, participative et réflexive, capable de transformer la compréhension et la mesure de la prospérité en RDC. L'indice n'est pas seulement un instrument de quantification, mais un vecteur de transformation sociale, culturelle et écologique. Il traduit les aspirations locales en données actionnables, tout en respectant la complexité, la diversité et la richesse pluriverselle des communautés. La robustesse méthodologique, la légitimité culturelle et la pertinence écologique de l'IPDRDC en font un outil innovant et exemplaire pour la refondation de la mesure de la prospérité en Afrique et dans le Sud global.

Partie III :

Prospérité durable : écologie, temporalité et régénération

La prospérité durable repose sur une écologie du vivant et une temporalité régénérative, où le développement n'est plus conçu comme une course linéaire vers la croissance, mais comme un cycle de renouvellement des équilibres vitaux. Dans les cosmologies africaines, la richesse n'est pas accumulation, mais harmonie entre les êtres, les générations et les éléments. Cette partie propose de traduire ce paradigme en indicateurs concrets et en dispositifs de gouvernance écologique ancrés dans les réalités africaines.

Elle interroge la manière dont les sociétés africaines, par leurs pratiques communautaires, spirituelles et agricoles, incarnent des formes de durabilité souvent invisibles aux yeux des institutions internationales. Le but est de montrer comment l'IPDRDC peut devenir un outil de résilience écologique et temporelle, intégrant la mémoire des ancêtres, la responsabilité intergénérationnelle et la symbiose avec la nature. Le présent chapitre (8) pose les bases politiques de cette transformation, tandis que le suivant (9) explore les expériences locales et les temporalités du vivant comme fondement de la prospérité durable.

Chapitre 8 :

Gouvernance de la prospérité : vers une refondation systémique des politiques publiques

Introduction : gouverner pour durer, prospérer pour régénérer

La prospérité durable africaine ne peut se réduire à la gestion des ressources ou à une croissance « propre ». Elle exige une gouvernance régénérative, fondée sur la réciprocité entre les sociétés humaines et leurs écosystèmes. Dans une perspective inspirée à la fois de la pensée systémique (Capra, 1996) et des philosophies africaines de l'interdépendance (Mbiti, 1970 ; Ramose, 2002), la gouvernance devient un art d'équilibrer les cycles de la vie, de maintenir la continuité entre le visible et l'invisible, et d'assurer la durabilité des liens entre générations.

La crise écologique mondiale révèle la faillite des modèles de gouvernance centrés sur la croissance illimitée et la domination de la nature. Face à cette impasse, les sociétés africaines offrent des paradigmes alternatifs fondés sur la symbiose, la temporalité circulaire et la solidarité intergénérationnelle. Ce chapitre propose un cadre de gouvernance de la prospérité écologique, articulé autour de trois principes : la régénération systémique, la symbiose socio-écologique, et la souveraineté temporelle.

8.1. La régénération systémique : refonder le contrat écologique

La régénération systémique repose sur une vision écocentrée de la prospérité où la nature n'est plus un capital à exploiter, mais un partenaire à honorer. Cette approche s'inscrit dans les travaux sur la régénération bioculturelle (Mangoyana & Smith, 2011) et rejoint les cosmologies africaines pour lesquelles la vie est un flux de réciprocité entre humains, ancêtres, esprits et milieux (Nabudere, 2011).

Dans de nombreuses sociétés africaines, le sol, la forêt et l'eau sont dotés d'une personnalité ontologique : ils participent de la communauté morale. La gouvernance écologique ne consiste donc pas à « protéger » la nature, mais à rétablir des relations justes au sein du tissu du vivant. Cette conception rejoint les courants contemporains de la pensée régénérative, qui appellent à dépasser la durabilité (soutenir) pour entrer dans la régénération (réparer, revitaliser).

Au niveau institutionnel, cela suppose :

- La constitutionnalisation des biens écologiques communs, inspirée de pays ayant inscrit les droits de la nature dans leurs lois, mais adaptée à la cosmovision africaine.
- Le développement d'institutions communautaires de gestion écologique, appuyées sur le droit coutumier, qui reconnaissent les fonctions symboliques, spirituelles et écologiques de la nature.
- Une transition vers une économie circulaire et symbiotique intégrant la valeur écologique dans les chaînes de décision : recyclage, zéro déchet, valorisation des services écosystémiques et des savoirs locaux.
- Enfin, le renforcement des boucles de rétroaction (feedback loops) : les politiques publiques intègrent

les dynamiques écologiques, les savoirs locaux et les conséquences à long terme.

Cette orientation replace la gouvernance dans une temporalité et une disposition axées sur la vie et la régénération, non sur la simple exploitation et accumulation.

8.2. La symbiose socio-écologique : de la durabilité à l'harmonie

Le concept de symbiose — au cœur de la théorie de la *symbiotic governance* (Moleka, 2024) — définit une relation mutuellement bénéfique entre les systèmes humains et naturels. En Afrique, cette symbiose se manifeste historiquement dans les modes de production agroécologiques, les pratiques de gestion communautaire des ressources et les spiritualités territoriales.

Les recherches en écologie politique africaine (Scoones et al., 2015 ; Leach, 2021) montrent que la résilience environnementale dépend de la capacité des communautés à maintenir un équilibre entre extraction et régénération. Ainsi, la gouvernance de la prospérité durable implique de repenser la notion même de propriété. Les terres, les forêts et les fleuves appartiennent à la communauté de la vie plutôt qu'à l'individu.
Trois leviers de la symbiose :

1. L'institutionnalisation du commun : la reconnaissance juridique et économique des biens communs écologiques. Cela inclut la forêt communautaire, les zones de pêche traditionnelles, les bassins versants collectifs.
2. La gouvernance décentralisée : le renforcement du pouvoir local dans la gestion des ressources (ex. : Kenya, Ghana, Tanzanie). Cela permet une meilleure prise en compte des savoirs endogènes et des temporalités locales.

3. L'intelligence écosystémique : intégrer les savoirs autochtones, les technologies numériques (IA verte, blockchain écologique) et instaurer des dispositifs hybrides, participatifs et adaptatifs.

Ces dynamiques permettent d'articuler les valeurs traditionnelles d'Ubuntu — « je suis parce que nous sommes » — à une vision moderne de la transition écologique intégrée.

En mettant en œuvre la symbiose, la gouvernance ne cherche plus simplement à éviter les dommages environnementaux, mais à co-créer des écosystèmes de prospérité où l'humain, la nature et le temps inscrivent ensemble un récit de régénération.

8.3. La souveraineté temporelle : réconcilier développement et rythmes du vivant

L'une des ruptures fondamentales entre les modèles africains et occidentaux de la prospérité réside dans la temporalité. Le temps linéaire, cumulatif et orienté vers la croissance s'oppose au temps cyclique des sociétés africaines, marqué par la régénération et la mémoire.

La **souveraineté temporelle** désigne la capacité d'une société à déterminer son propre rythme de développement, sans se soumettre aux horloges du marché global ni aux cadences des bailleurs de fonds. Cette notion, inspirée des travaux de Hartmut Rosa (2016) sur la *résonance* et des cosmologies africaines de la circularité, devient centrale pour une gouvernance écologique authentique.

Elle implique :

- Une planification fondée sur les cycles écologiques et agricoles, plutôt que sur les échéances électorales ou les mandats court-terme.
- L'intégration du principe d'ancestralité dans la décision publique : chaque politique est jugée non

seulement sur son impact immédiat, mais sur son effet sur les générations futures et passées.

- Une éducation à la temporalité longue, réintroduisant la patience, la lenteur et la contemplation comme valeurs politiques.
- L'usage d'indicateurs de continuité, comme la transmission intergénérationnelle, la régénération des milieux, les cycles de production et de repos des écosystèmes.

Cette orientation renouvelle l'échelle de la gouvernance : sortir du quadrant court-terme/rapport financier pour entrer dans celui de la vitalité durable.

8.4. Études de cas africaines : pratiques de gouvernance régénérative

Cas 1 – La République Démocratique du Congo (RDC) : bassin de la forêt du Congo

La RDC abrite la deuxième plus grande forêt tropicale du monde et constitue un pilier de la régulation climatique globale. Des initiatives telles que les programmes communautaires de REDD+ (Réduction des émissions dues à la déforestation et à la dégradation des forêts) démontrent comment la participation locale et la revalorisation des savoirs traditionnels peuvent réduire la déforestation tout en améliorant le bien-être (FAO, 2023).

Dans ce cadre, les communautés lokales reconstituent l'autorité sur les forêts, rétablissent des pactes avec les ancêtres et organisent des systèmes coutumiers de régénération forestière — dimension centrale de la gouvernance de la prospérité durable.

Cas 2 – Le Kenya : leadership africain de la croissance verte

Le Kenya illustre une transformation institutionnelle marquante. Le pays a développé une Green Growth Strategy & Implementation Plan (GESIP) 2016-2030 et a récemment lancé son *National Green Growth Index* avec le soutien du Global Green Growth Institute (GGGI). (kepsa.or.ke)

Quelques faits marquants :

- Le Kenya produit déjà 90 % de son électricité à partir de sources renouvelables (géothermie, hydroélectricité, éolien) au moment de l'évaluation. (csis.org)
- Le programme « Energy for Green Growth and Sustainability » (REACT Kenya) promeut l'accès à l'énergie moderne, la mobilité électrique, et l'économie circulaire dans les zones rurales et péri-urbaines. (AECF)
- Le secteur bancaire kenyan s'engage dans le financement « nature positive », avec un potentiel d'investissement de 19 trillions KSh (~USD 100-150 milliards) sur 5 à 10 ans dans l'agriculture, la forêt, l'eau et la biodiversité. (econews.co.ke)

Ces initiatives illustrent la gouvernance symbiotique et la temporalité longue : tant dans l'énergie et l'industrie que dans la gouvernance climatique. Le Kenya a également ratifié l'adhésion au GGGI en 2025, montrant sa volonté de s'inscrire dans un mouvement mondial de croissance verte. (gggi.org)

Cas 3 – Sahel & restauration écologique communautaire

Au Niger, au Mali, et dans d'autres zones sahéliennes, les projets de restauration des paysages (ex. : Grande Muraille Verte) démontrent une gouvernance communautaire de la régénération bioculturelle. Ces initiatives associent institutions étatiques, chefferies traditionnelles, ONG et populations locales dans une temporalité régénératrice (Lien de solidarité intergénérationnelle) et dans l'écologie politique des communs.

8.5. Vers une gouvernance symbiotique et pluritemporelle

L'avenir de la prospérité africaine dépendra de la capacité des nations à réinventer la gouvernance comme art de l'équilibre et de la co-évolution. L'IPDRDC, dans sa dimension écologique, propose d'intégrer les indicateurs de régénération, de circularité et de symbiose dans l'évaluation du développement. La gouvernance de la prospérité devient ainsi un contrat moral et systémique entre l'humain, la nature et le temps.

En substance :

- L'État se transforme en gardien de la vie et de la régénération, non simple facilitateur d'investissement.
- La planification publique s'ajuste aux cycles du vivant, aux communautés et aux savoirs endogènes.
- Les politiques publiques visent la vitalité, non l'accumulation.
- Les indicateurs comme l'IPDRDC deviennent des boussoles de gouvernance, non des scores à manipuler.

Ainsi, gouverner la prospérité, c'est régénérer la vie — dans toutes ses formes, dans tous ses rythmes, et pour toutes les générations.

Matrice d'indicateurs IPDRDC pour la gouvernance écologique

Dimension IPDRDC	**Objectif**	**Indicateurs principaux**	**Source / Méthode**
Durabilité écologique	Régénérer les écosystèmes et protéger les ressources naturelles	Taux de reforestation, biodiversité locale, qualité de l'eau et du sol, hectares restaurés	Données terrain, satellites, enquêtes communautaires
Inclusivité socio-écologique	Garantir la participation des communautés locales	% de comités locaux de gestion environnementale, consultation publique, parité femmes/hommes	Rapports institutionnels, interviews, observations
Culture & savoirs	Intégrer les savoirs autochtones et pratiques traditionnelles	Nombre de pratiques agricoles coutumières documentées et appliquées, transmission intergénérationnelle des savoirs	Ethnographies, enquêtes, focus groups
Spiritualité & valeurs	Maintenir l'éthique et le sens dans les politiques	Indicateurs qualitatifs : cohésion communautaire, rituels de régénération, perception locale de justice écologique	Entretiens semi-directifs, récits communautaires, observations

Cette matrice illustre comment chaque pilier IPDRDC se traduit en indicateurs opérationnels, mesurables et adaptables aux contextes locaux.

8.6. Obstacles et leviers pour une gouvernance régénérative

Obstacles principaux :

1. Cadres institutionnels rigides : bureaucratie et absence de flexibilité pour intégrer temporalités longues et savoirs autochtones.
2. Corruption et captation des ressources : détournement des fonds et décisions orientées vers l'accumulation plutôt que la régénération.
3. Pressions externes : les bailleurs de fonds et les marchés mondiaux orientent les politiques vers des résultats court-terme.
4. Manque de données intégratives : absence d'indicateurs qualitatifs et pluridimensionnels pour mesurer la prospérité écologique.

Leviers d'action :

1. Décentralisation et gouvernance communautaire : empowerment local et réappropriation des décisions sur les ressources.
2. Intégration des savoirs locaux et autochtones : valoriser les pratiques traditionnelles et les combiner avec les technologies modernes.
3. Adoption de la planification régénérative : inclure des objectifs à long terme et des boucles de rétroaction pour ajuster les politiques.
4. Mise en œuvre d'indicateurs IPDRDC : utiliser la matrice pour guider les décisions et évaluer les impacts.
5. Partenariats pluriels : États, communautés, ONG, secteur privé et institutions internationales pour co-créer des solutions symbiotiques.

8.7. Conclusion : vers une gouvernance pluriverselle et régénérative

Gouverner la prospérité en Afrique implique un changement de paradigme : passer de l'exploitation à la régénération, du court terme à la temporalité plurigénérationnelle, et de l'unicité normative à la pluralité des savoirs. L'IPDRDC fournit un cadre pour mesurer et orienter cette transformation, en intégrant les dimensions écologiques, sociales, culturelles et spirituelles dans une logique symbiotique, adaptative et résiliente.

Chapitre 9 :

Écologies et temporalités de la prospérité

Introduction

La prospérité, telle qu'elle est souvent mesurée dans les paradigmes classiques, est linéaire et immédiate. Elle privilégie l'accumulation, l'instantané et la consommation matérielle. Or, dans les cosmologies africaines et dans la pensée écologique contemporaine, le temps et le vivant sont intrinsèquement liés : la prospérité se mesure dans la continuité, la régénération et la qualité des relations entre humains, non-humains et écosystèmes. Ce chapitre explore cette dimension systémique et philosophique du temps et de l'écologie de la prospérité, en articulant la réflexion autour de quatre sections : (1) temporalités africaines et cycles de vie ; (2) régénération écologique et économie de la durée ; (3) prospérité et interconnexion des systèmes vivants ; et (4) prospective pluriverselle et politiques du temps. Chacune de ces sections combine une analyse théorique, des exemples africains et des perspectives transdisciplinaires pour montrer comment une mesure véritablement durable et inclusive doit intégrer les temporalités complexes du vivant.

9.1 Temporalités africaines et cycles de vie

Dans de nombreuses sociétés africaines, le temps n'est pas linéaire comme dans le paradigme occidental classique où passé, présent et futur se succèdent dans une progression abstraite. Il est plutôt cyclique, relationnel et rituel, tissé dans les expériences collectives, les pratiques agricoles, les cérémonies communautaires et les relations avec les ancêtres. John Mbiti, dans son ouvrage fondateur *African Religions and Philosophy* (1969), insiste sur cette conception particulière : « Le temps africain n'existe pas dans l'abstraction ; il existe dans l'expérience vivante de la communauté et des ancêtres. » Cette perspective se manifeste par les notions de **sasa**, qui englobe le présent immédiat et le passé récent, et de zamani, représentant le passé lointain incluant mythes, ancêtres et origines. Le futur, selon cette vision, n'est pas une projection abstraite mais le prolongement du présent et du passé dans une chaîne d'actions responsables, solidaires et écologiquement conscientes (Mbiti, 1969).

Cette approche du temps influence profondément la manière dont la prospérité est conceptualisée et vécue. Là où les indicateurs occidentaux mesurent la richesse à un moment précis — revenu, consommation, PIB —, les sociétés africaines évaluent la prospérité en fonction de la durabilité des biens et des relations, de leur capacité à se transmettre et à se renouveler sur plusieurs générations. Cette vision relationnelle et cyclique contraste avec la logique de performance immédiate des instruments classiques de mesure du développement. La prospérité devient alors une construction temporelle et collective, articulée autour de la continuité, de la régénération et de la résilience des communautés et de l'environnement.

Cycles agricoles et temporalité écologique : le cas du bassin du Congo

Le bassin du Congo offre un exemple concret de temporalité africaine appliquée à la vie économique et écologique. Les pratiques agricoles traditionnelles combinent cultures sur jachère, rotations de parcelles et intégration d'arbres légumineux afin de permettre la régénération naturelle du sol. Une étude récente conduite par CIFOR-ICRAF sur l'agroforesterie dans la région du bassin du Congo montre que l'introduction de systèmes agroforestiers combinant *Pentaclethra macrophylla* et *Acacia auriculiformis* améliore la fertilité des sols et la productivité du manioc, du maïs et de l'arachide sur plusieurs saisons, confirmant la pertinence scientifique des pratiques ancestrales (CIFOR-ICRAF, 2023). Les agriculteurs congolais observent le rythme des saisons et respectent les périodes de repos des sols — un principe que l'on retrouve également dans les Monts Bamboutos au Cameroun, où 73 % des exploitants laissent leurs parcelles en jachère pour permettre la régénération naturelle (Sciepub, 2021).

Cette temporalité écologique illustre le concept africain de « cycle du vivant », où l'homme, la terre, les plantes et les arbres participent à un flux continu de semer, croître, récolter, reposer et transmettre. La prospérité ne se limite donc pas à la production d'une année, mais se mesure à la durabilité de ces cycles, à la santé écologique du territoire et à la capacité de la communauté à maintenir et régénérer ses ressources. Ainsi, tout indicateur statique, fondé sur un instantané économique, est inadéquat pour saisir la véritable richesse des sociétés qui vivent en harmonie avec ces cycles.

Rites communautaires et temporalité relationnelle

Au-delà des pratiques agricoles, la temporalité africaine s'exprime à travers les rites de passage, les cérémonies agricoles et les festivals communautaires. Jacob Olupona, dans *African Religions: A Very Short Introduction* (2014), souligne que les cérémonies calendrières — qu'elles soient de fertilité, de remerciement ou de passage — « reproduisent et reforment les liens entre ancêtres et vivants, renforcent l'harmonie communautaire et maintiennent la mémoire collective » (OUP Academic, 2014).

Par exemple, chez les Bemba de Zambie, le rituel *Chisungu* marque le passage de l'adolescente à la femme adulte, mais il est aussi lié à la fertilité des terres et à la saison agricole (Richards, 1956). La richesse, dans ce contexte, se définit non seulement par la possession matérielle, mais par la capacité à maintenir ces traditions, à les transmettre et à les inscrire dans un cycle collectif de vie. Les temps individuels (vie d'une personne) et collectifs (vie de la communauté et des générations) sont ainsi étroitement liés. La prospérité est envisagée comme un continuum relationnel où chaque génération joue un rôle dans le maintien et la régénération des cycles de vie.

Dans les sociétés sahéliennes, comme au Mali et au Niger, les festivals liés aux récoltes de mil et de sorgho (par exemple les cérémonies *Gerewol* ou *Segou*) combinent rituels de gratitude envers les ancêtres et pratiques communautaires de redistribution des ressources. Ces pratiques soulignent l'importance de la temporalité symbolique et relationnelle, reliant cycles agricoles, régénération sociale et prospérité collective (Hagberg & Lydon, 2019).

Crises, résilience et reconstruction : l'exemple du Nord-Kivu (RDC)

La temporalité africaine prend une dimension stratégique en contexte de crise. Dans le Nord-Kivu, plusieurs communautés touchées par les conflits armés utilisent la temporalité relationnelle et cyclique pour reconstruire la prospérité. Les initiatives locales ne se concentrent pas uniquement sur la reprise économique immédiate, mais sur la restauration progressive des capacités écologiques (reforestation, régénération des sols, accès à l'eau) et sur la reconstruction des liens sociaux (institutions locales, cérémonies, pratiques coutumières). Ici, le temps devient un instrument de justice réparatrice et de résilience communautaire : la prospérité se mesure à la restauration des cycles de vie, et non à la performance économique instantanée (Stearns, 2016).

De même, dans certaines zones rurales du Mali, après les vagues d'insécurité liées aux conflits armés et au changement climatique, les projets agricoles communautaires intégrant la rotation des cultures, la jachère et les arbres légumineux ont permis une régénération progressive des sols et une reprise durable de la production alimentaire (FAO, 2020). Ces exemples montrent que la prospérité ne peut se réduire à la croissance immédiate ; elle se fonde sur la capacité à surmonter les crises tout en maintenant l'intégrité écologique et sociale.

Implications pour l'IPDRDC : mesurer la prospérité dans le temps

L'intégration des temporalités africaines dans l'indicateur IPDRDC nécessite de repousser la logique statique des mesures classiques. La prospérité doit être considérée comme la capacité à durer, à se renouveler et à se transmettre. Les indicateurs proposés incluent :

1. Cycles de production durable : proportion de parcelles agricoles respectant les rotations et les périodes de jachère sur plusieurs années ; intégration des arbres légumineux et des cultures vivrières durables.
2. Transmission intergénérationnelle : nombre de générations impliquées dans des projets agricoles, artisanaux ou rituels ; fréquence des formations et apprentissages traditionnels.
3. Temporalité symbolique et relationnelle : nombre de cérémonies agricoles, rituels de fertilité et festivals communautaires respectant les calendriers traditionnels ; participation des jeunes et des femmes.

4. Résilience écologique et sociale : capacité à restaurer les sols, les forêts et les ressources en eau après crises ; réactivation des institutions locales et structures de gouvernance communautaire.
5. Durée de vie des initiatives communautaires : temps moyen de fonctionnement des coopératives, associations et projets de développement locaux.

Ces indicateurs rendent compte de la prospérité comme un flux évolutif, prenant en considération le temps long, la continuité des cycles de vie et la durabilité des relations sociales et écologiques.

Perspectives complémentaires : Afrique de l'Ouest et sahélienne

En Afrique de l'Ouest, les systèmes agricoles traditionnels dans la vallée du Niger ou le bassin du Sénégal intègrent également des pratiques cycliques et régénératives. Les paysans de la région de Sikasso au Mali utilisent des techniques de culture sur mottes et des associations légumineuses-céréales pour maintenir la fertilité du sol sur plusieurs années, reflétant un savoir empirique aligné sur la temporalité cyclique et la prospérité durable ([Tittonell et al., 2015, *Agricultural Systems*]). Ces pratiques démontrent que la prospérité ne réside pas dans le rendement annuel mais dans la capacité de l'écosystème agricole à produire durablement sur le long terme.

Dans le Sahara central et méridional, les communautés nomades, comme les Touaregs, évaluent la prospérité à l'aune de la capacité des troupeaux à se maintenir et à se reproduire dans des cycles de transhumance millénaires. L'indicateur clé n'est pas seulement le nombre de têtes aujourd'hui, mais la capacité de renouvellement et de survie du troupeau à travers les saisons et les générations, en relation avec la disponibilité des pâturages et des points d'eau (Le Coq, 2012).

Ces exemples africains montrent que la prospérité africaine, lorsqu'elle est conçue à partir de sa temporalité propre, oblige à penser l'indicateur non comme un instantané mais comme un flux évolutif. La richesse se définit par sa capacité à se reproduire et à s'intégrer dans le cycle de vie de la communauté et de l'environnement. L'IPDRDC doit donc incorporer des mesures longitudinales, des observations sur plusieurs années, et des outils d'évaluation adaptatifs qui respectent la temporalité communautaire et écologique.

9.2 Régénération écologique et économie de la durée

L'écologie de la prospérité repose sur le principe que le vivant et l'économie ne peuvent être dissociés. La prospérité matérielle sans régénération écologique conduit à une illusion de richesse, rapidement effacée par la dégradation des systèmes naturels. Dans cette perspective, la durée et la régénération deviennent des critères centraux pour mesurer le succès d'une société.

L'exemple des forêts communautaires au Gabon montre l'application concrète de ce principe. Les villages riverains mettent en place des mécanismes de gestion durable des ressources forestières, alternant zones de coupe et zones de conservation. La prospérité est mesurée non seulement par le bois récolté mais par l'état futur de la forêt et sa capacité à fournir des services écosystémiques sur plusieurs générations. Les indicateurs classiques, comme le PIB forestier, ignorent cette temporalité et ne capturent pas la capacité de régénération naturelle.

Cette vision rejoint les propositions de Shiva (2018) et Latour (2021) sur l'économie régénérative, où chaque activité économique doit être évaluée à l'aune de son impact sur le système vivant global. Dans un cadre africain, cette régénération intègre non seulement la nature mais aussi le tissu social et spirituel. Les systèmes agricoles, les réseaux de solidarité et les pratiques culturelles sont considérés comme des formes de capital à renouveler et à préserver.

L'économie de la durée exige également de repenser la notion de productivité. Dans la prospérité pluriverselle, produire rapidement n'est pas nécessairement un signe de succès ; ce qui compte est la résilience et la pérennité. Les systèmes de rotation agricole, la permaculture, la restauration des sols et la conservation de la biodiversité illustrent ce principe : ils traduisent une éthique du soin et de l'attention au temps long.

L'IPDRDC intègre ces considérations par des indicateurs de régénération écologique et sociale. Par exemple, le suivi de la biodiversité, l'état des sols, la diversité alimentaire et la durabilité des réseaux de solidarité communautaire permettent d'évaluer la prospérité non pas comme un stock statique mais comme une capacité dynamique à renouveler le vivant et le social. Cette approche met au centre le concept de "durabilité générative" : la prospérité est celle qui se renouvelle elle-même, dans le temps et dans l'espace, et qui nourrit à la fois les générations présentes et futures.

En outre, cette régénération est intimement liée à la justice sociale. Une forêt gérée de manière équitable, où chaque acteur a accès aux ressources et aux bénéfices, renforce la cohésion sociale et la résilience. À l'inverse, l'exploitation rapide et inégalitaire déstabilise la communauté et compromet la durabilité écologique. Ainsi, prospérité et régénération écologique sont inséparables : l'une ne peut exister sans l'autre, et les indicateurs doivent refléter cette interdépendance.

9.3 Prospérité et interconnexion des systèmes vivants

La prospérité ne peut être analysée isolément. Elle dépend de l'interconnexion des systèmes humains, sociaux et écologiques. Dans une perspective africaine intégrative, la richesse ne se réduit pas aux possessions matérielles, aux revenus ou aux infrastructures, mais se mesure à la qualité des interactions entre les êtres humains, leur environnement naturel et les systèmes symboliques qui les traversent. Chaque décision, chaque pratique, chaque politique agit dans un réseau de flux — de ressources, d'énergie, d'information, de valeurs — et produit des effets qui résonnent à plusieurs niveaux. Cette approche systémique permet de comprendre que la prospérité n'émane pas seulement de la somme des réussites individuelles, mais de la robustesse, de la résilience et de la connectivité du système dans son ensemble (Holland, 1995; Levin, 1999).

9.3.1 Gestion intégrée des ressources et prospérité collective : le cas du Delta intérieur du Niger

Un exemple emblématique de cette interconnexion se trouve dans le Delta intérieur du Niger (Mali). Dans cette région, les communautés riveraines pratiquent une gestion intégrée de l'eau, de l'agriculture et de la pêche. La prospérité ne se conçoit pas comme la simple production individuelle, mais comme l'état global de santé du bassin et le maintien de la coopération intercommunautaire. Le delta fonctionne comme un système socio-écologique complexe, où la surexploitation d'une zone de pêche ou la pollution d'un bras de rivière affecte l'ensemble des communautés en aval, illustrant l'importance de mesurer la prospérité de façon holistique (Béné et al., 2015).

Les pratiques locales de gestion des zones humides reposent sur une combinaison de règles coutumières et de savoirs écologiques vernaculaires. Par exemple, les interdictions saisonnières de pêche et la rotation des zones d'exploitation permettent la régénération des stocks de poissons (Béné et al., 2015). Cette dynamique révèle que la prospérité entière dépend de la connectivité entre communautés, de la santé des écosystèmes partagés et de l'alignement entre usages humains et régénération écologique. L'IPDRDC doit inclure des indicateurs tels que la qualité de l'eau, la diversité alimentaire et la cohésion des réseaux communautaires.

9.3.2 Interconnexion humaine, écologique et spirituelle

Au-delà des interactions matérielles, la prospérité s'inscrit dans les systèmes symboliques et spirituels africains, où les humains, les ancêtres, les animaux, les rivières et les forêts forment un réseau moral complexe (Olupona, 2014). Dans ces cosmologies, la nature n'est pas une ressource à exploiter mais un partenaire dans le maintien de la vie et de la prospérité. Par exemple, dans certaines zones de la République démocratique du Congo ou du Gabon, les forêts et les rivières sont considérées comme vivantes et nécessitent un respect éthique pour préserver les équilibres socio-écologiques (UNESCO, 2021).

Ces relations interconnectées sont reflétées dans les pratiques rituelles. Les rituels agricoles et cérémonies communautaires permettent de régénérer la fertilité des sols et de maintenir la cohésion sociale (Olupona, 2014). La prospérité se manifeste ainsi dans la qualité des relations et la continuité des flux d'énergie et de savoirs entre humains et environnement. L'IPDRDC peut intégrer la dimension spirituelle et symbolique à travers des indicateurs sur la fréquence des rituels de remerciement, la survie des savoirs traditionnels et la participation des jeunes à ces pratiques.

9.3.3 Cadre théorique : systèmes adaptatifs complexes

La théorie des systèmes adaptatifs complexes (SAC) fournit un cadre conceptuel pour formaliser ces notions. Les systèmes adaptatifs sont caractérisés par des interactions dynamiques, des rétroactions, des émergences et des non-linéarités (Holland, 1995; Levin, 1999). Appliquée à l'Afrique, cette approche montre que la prospérité ne résulte pas seulement de la somme des réussites individuelles, mais de la robustesse, de la résilience et de l'adaptabilité du système socio-écologique.

Des études sur l'agriculture de subsistance en Afrique australe illustrent cette logique. Coetzee (2016) montre que la résilience aux catastrophes agricoles repose sur la capacité des communautés à s'organiser en réseaux, à apprendre, à se reconfigurer et à maintenir la vitalité du système. De même, l'analyse du bassin du Kilombero en Tanzanie a montré comment les systèmes socio-écologiques se comportent selon les rétroactions et les interactions entre activités agricoles, pêche et ressources forestières (Proswitz et al., 2021).

9.3.4 Méthodes hybrides de mesure de la prospérité

Prendre en compte l'interconnexion des systèmes vivants impose des méthodes de mesure hybrides. Les données quantitatives — productivité agricole, biodiversité, qualité de l'eau, couverture forestière — doivent être combinées avec des données qualitatives — récits communautaires, pratiques rituelles, narrations orales, perceptions de la prospérité — pour saisir la richesse des interactions et la profondeur des relations (Béné et al., 2015; Olupona, 2014).

Pour l'IPDRDC, des indicateurs composites peuvent être proposés :

- **Écologiques** : diversité fonctionnelle (espèces utiles, arbres légumineux, poissons), flux d'énergie, régénération des sols et forêts, qualité de l'eau.
- **Sociaux** : densité et résilience des réseaux communautaires, participation aux comités de gestion, durée de vie des projets collaboratifs.
- **Culturels et spirituels** : fréquence des rituels, transmission des savoirs traditionnels, rôle des gardiens des communs.
- **Connectivité et information** : circulation des savoirs, participation à des plateformes de gestion participative, suivi communautaire des ressources.

Ces indicateurs permettent de mesurer la prospérité comme un processus vivant et dynamique, capable de refléter la complexité des systèmes africains (Holland, 1995; Levin, 1999; Coetzee, 2016).

9.3.5 Cas complémentaires : pastoralisme et mosaïques socio-écologiques

Les communautés pastorales d'Afrique de l'Est illustrent également cette interconnexion. Au Kenya, les ménages pastoraux adaptent leurs déplacements et diversifient leurs actifs pour maintenir la résilience face aux changements climatiques, montrant que la prospérité dépend de la régulation des flux de ressources et des interactions sociales (Nori et al., 2023).

Au Sahel, les pasteurs du Burkina Faso maintiennent la connectivité des zones de pâturage et des points d'eau pour assurer la survie des troupeaux et la prospérité collective (Nori et al., 2021). Ces systèmes sont des exemples vivants de prospérité interconnectée : la richesse n'existe que dans la capacité à maintenir les flux et la résilience du système.

9.3.6 Synthèse et implications pour la gouvernance

La reconnaissance de l'interconnexion des systèmes vivants impose de repenser la gouvernance de la prospérité. Les politiques publiques et les programmes de développement doivent considérer les réseaux, les flux, les rétroactions et les savoirs locaux. Des plateformes participatives de gestion des ressources, la reconnaissance des pratiques et rituels locaux et des évaluations longitudinales et adaptatives sont essentielles.

En adoptant cette approche, la prospérité n'est plus simplement un résultat économique, mais un processus vivant, fondé sur la capacité à maintenir, régénérer et co-évoluer dans un système riche en interconnexions. L'IPDRDC devient ainsi un instrument de transformation, reflétant la prospérité comme vie partagée et régénération collective.

9.4 Prospective pluriverselle et politiques du temps

Penser la prospérité à long terme implique de repenser les politiques et la gouvernance du temps. Dans les sociétés africaines traditionnelles, les décisions ne se prennent pas uniquement pour l'instant présent, mais pour les générations futures. Cette orientation prospective est une forme de souveraineté épistémique : elle affirme la capacité d'un peuple à définir ce qui compte et à organiser son temps selon ses propres priorités.

Au Bénin, les communautés yoruba pratiquent la planification des rituels agricoles et sociaux selon des cycles de 50 ans, en référence aux générations et aux ancêtres. Ces pratiques montrent que la temporalité politique et économique peut être conçue sur le long terme, en intégrant les dimensions culturelles, sociales et écologiques. Les instruments modernes de mesure, linéaires et trimestriels, ignorent cette complexité, réduisant la prospérité à des flux financiers immédiats.

La prospective pluriverselle met l'accent sur la diversité des temporalités et des expériences. Les indicateurs doivent refléter non seulement la croissance économique, mais aussi la régénération écologique, la transmission culturelle et le bien-être intergénérationnel. L'IPDRDC intègre cette vision en combinant des mesures instantanées avec des indicateurs de résilience et de durabilité à long terme.

Enfin, penser la prospérité dans le temps implique de réformer les institutions et les pratiques de gouvernance. Les politiques publiques doivent encourager les investissements dans la régénération écologique, le renforcement du capital social et la transmission des savoirs culturels. Les systèmes financiers et éducatifs doivent être alignés sur des horizons pluri-générationnels, et la société doit reconnaître la valeur du temps long dans l'élaboration des indicateurs de développement. Cette perspective ouvre la voie à une écologie de la prospérité réellement durable, inclusive et pluriverselle, capable de réconcilier le matériel, le social et le spirituel dans un horizon temporel cohérent.

Partie IV :

Prospérité inclusive : justice, équité et gouvernance

La prospérité ne peut se limiter aux dimensions économiques ou matérielles. Dans le contexte africain, elle doit intégrer la justice sociale, l'équité et la gouvernance, considérées comme des piliers essentiels d'un bien-être durable et partagé. La présente partie explore ces dimensions sous trois angles complémentaires, chacun développé dans un chapitre long et détaillé.

1. Chapitre 10 – Fondements et cadres de la prospérité inclusive
   Ce chapitre examine les bases conceptuelles et théoriques de l'inclusion sociale, de la justice et de l'équité dans le contexte africain, en reliant les paradigmes traditionnels (Ubuntu, Ujamaa) aux enjeux contemporains de gouvernance et de développement durable. Il présente également les limites des indicateurs classiques et propose des approches de mesure adaptées aux réalités africaines.
2. Chapitre 11 – Inclusion économique et équité sociale
   Ici, l'accent est mis sur les dimensions économiques de la prospérité inclusive. La section analyse la pauvreté multidimensionnelle, les mécanismes traditionnels de redistribution et de solidarité communautaire, ainsi que les innovations sociales (microfinance, coopératives, projets inclusifs) qui favorisent l'autonomie et l'équité dans la société.
3. Chapitre 12 – Gouvernance, droits et interconnexion sociale
   Ce chapitre explore la gouvernance participative et la

protection des droits humains comme fondements de la prospérité inclusive. Il examine également l'interconnexion entre inclusion sociale, régénération écologique et durabilité, soulignant que la prospérité véritable repose sur l'équilibre entre justice sociale, institutions solides et gestion responsable des ressources naturelles.

Chapitre 10 :

Fondements et cadres de la prospérité inclusive

Introduction

La prospérité inclusive constitue une dimension essentielle pour penser le développement et le bien-être en Afrique. Contrairement à une vision purement économique ou financière, elle englobe la justice sociale, l'équité, l'accès aux ressources, et la participation de tous aux processus de décision. Dans le contexte africain, cette approche est profondément enracinée dans des philosophies et des pratiques communautaires, telles qu'Ubuntu en Afrique australe et Ujamaa en Afrique de l'Est, qui placent le collectif au centre de la notion de réussite. Comme le souligne Mbigi (2005), « la véritable prospérité ne peut être atteinte si l'individu prospère aux dépens du collectif ». Cette conception se distingue des modèles occidentaux dominants, souvent centrés sur la performance individuelle, le revenu ou la croissance du PIB, et elle insiste sur la redistribution, la solidarité et la continuité intergénérationnelle.

En outre, la prospérité inclusive en Afrique ne se limite pas à des valeurs sociales et culturelles : elle repose également sur des mécanismes institutionnels et économiques concrets. Les coopératives, la microfinance, les transferts monétaires, la gouvernance participative et la gestion collective des ressources naturelles sont autant de leviers qui permettent d'intégrer les populations marginalisées dans les processus de développement. La prospérité devient ainsi un concept multidimensionnel, articulant économie, société, culture et gouvernance, et exigeant des indicateurs adaptés pour évaluer non seulement la croissance matérielle mais aussi la cohésion sociale, l'équité et la durabilité des systèmes humains et naturels.

Ce chapitre s'inscrit dans la Partie IV de l'ouvrage et se divise en trois sections principales :

1. Cadres théoriques de l'inclusion et de la justice sociale en Afrique (10.1) : explore les philosophies, doctrines et traditions qui fondent l'inclusion sociale et la prospérité collective.
2. Dimensions et indicateurs de l'inclusion économique (10.2) : analyse les mécanismes économiques favorisant l'intégration des populations marginalisées, avec des exemples concrets de coopératives, de microfinance et de redistribution.
3. Gouvernance et institutions inclusives (10.3) : examine le rôle des institutions nationales et locales dans la promotion de l'équité, de la participation et de la durabilité.

L'objectif est de démontrer que la prospérité inclusive n'est pas un concept abstrait, mais une réalité vécue et mesurable, intégrable à l'Indice de Prospérité Durable, Inclusive, Culturelle et Spirituelle (IPDRDC). Cette section introductive prépare ainsi le terrain pour un développement détaillé et empirique de chacune des dimensions.

10.1 Cadres théoriques de l'inclusion et de la justice sociale en Afrique

Pour comprendre la prospérité inclusive, il est indispensable d'examiner les cadres conceptuels et philosophiques qui la sous-tendent en Afrique. Contrairement aux approches occidentales, centrées sur l'individu et la compétition, de nombreuses sociétés africaines considèrent le bien-être comme indissociable du collectif et de l'environnement. La philosophie d'Ubuntu, largement étudiée par Mbigi (2005) et Metz (2011), affirme que « je suis parce que nous sommes ». Cette idée n'est pas seulement éthique : elle structure les pratiques sociales, économiques et politiques, en imposant que les réussites individuelles servent le bien commun.

Dans les sociétés traditionnelles, comme les villages Akan du Ghana, les décisions économiques et sociales sont souvent prises en concertation au sein du conseil des anciens. Chaque décision est évaluée selon sa capacité à maintenir l'harmonie, la solidarité et la durabilité des ressources collectives (Olupona, 2014). Ce modèle montre que la prospérité ne peut être dissociée de la cohésion sociale et de la répartition équitable des ressources. Il implique également une responsabilité intergénérationnelle : chaque action doit être pensée en termes de conséquences pour les générations futures.

L'expérience historique du socialisme africain, notamment à travers le concept d'Ujamaa en Tanzanie sous Julius Nyerere, illustre la traduction pratique de cette vision philosophique. Dans les villages organisés selon l'Ujamaa, les ressources et les terres étaient partagées, et les revenus issus des activités collectives redistribués équitablement. Bien que la mise en œuvre ait rencontré des limites, ce modèle reste une référence majeure pour l'élaboration de politiques d'inclusion et de redistribution en Afrique (Nyerere, 1968).

Sur le plan théorique, la prospérité inclusive peut également être analysée à travers les concepts de justice sociale et d'équité. Rawls (1971), bien que formulé dans un contexte occidental, propose le principe de « justice comme équité », qui a été réinterprété en Afrique par Ampofo (2009) et Asante (2014). Dans ce contexte, la justice inclut la protection des plus vulnérables, la réduction des inégalités structurelles et la garantie d'un accès équitable aux ressources et opportunités. Les programmes d'éducation, d'autonomisation des femmes et de santé publique dans plusieurs pays africains illustrent l'application concrète de ces principes. Par exemple, le programme d'éducation gratuite pour les filles au Burkina Faso a permis à une génération entière de filles de participer activement à la vie économique et sociale (UNESCO, 2020).

Enfin, il est crucial de considérer les institutions traditionnelles africaines comme des cadres de gouvernance inclusifs. Les assemblées de village, les conseils de chefs et les structures coutumières jouent un rôle clé dans la répartition équitable des ressources, la résolution des conflits et le maintien de la cohésion sociale. Ces structures fournissent une base pour mesurer l'inclusion et la justice dans l'IPDRDC : participation citoyenne, redistribution équitable, respect des droits collectifs et continuité des traditions.

10.2 Dimensions et indicateurs de l'inclusion économique

L'inclusion économique constitue un pilier central de la prospérité inclusive, car elle permet de transformer les philosophies et valeurs sociales en pratiques tangibles, mesurables et durables. En Afrique, l'inclusion économique dépasse le simple accès à l'emploi ou au revenu : elle intègre l'accès aux ressources productives, la participation aux circuits économiques locaux, la sécurisation foncière, le droit à l'éducation et la protection sociale. Cette approche est particulièrement pertinente dans un continent où les inégalités structurelles persistent, et où les systèmes économiques formels coexistent avec des économies informelles et communautaires complexes.

Inclusion financière et microfinance

L'un des leviers les plus efficaces pour promouvoir l'inclusion économique en Afrique est la microfinance et les services financiers adaptés aux populations marginalisées. Selon une étude de CGAP (2021), plus de 40 % des adultes en Afrique subsaharienne n'ont pas accès à des services bancaires traditionnels. Des programmes tels que M-Pesa au Kenya ou les systèmes de microcrédit au Sénégal (Ex: FONGIP) ont démontré que le simple accès à des services financiers de base peut transformer les opportunités économiques des ménages et des communautés.

Le cas de M-Pesa, lancé par Safaricom en 2007, illustre parfaitement l'impact de l'inclusion financière sur la prospérité. La plateforme a permis à des millions de Kenyans, souvent exclus des banques, de réaliser des transferts d'argent sécurisés, d'épargner et de recevoir des microcrédits. Des études empiriques montrent que les utilisateurs réguliers ont augmenté leurs revenus de 20 % en moyenne et ont amélioré la résilience de leur foyer face aux chocs économiques (Jack & Suri, 2014). Dans le cadre de l'IPDRDC, ces données peuvent être intégrées via des indicateurs tels que : le taux de pénétration des services financiers numériques, la proportion de ménages bénéficiant d'un microcrédit, et la durabilité des activités génératrices de revenus financées par ces services.

Coopératives et économie solidaire

Un autre vecteur fondamental d'inclusion économique est la coopération communautaire et la création de coopératives. Dans des pays comme le Ghana, le Mali et le Burkina Faso, les coopératives agricoles permettent aux producteurs de négocier collectivement les prix, d'accéder à des intrants subventionnés, et de bénéficier de formations techniques. Par exemple, la Coopérative des producteurs de coton du Burkina Faso a réussi à stabiliser les revenus de milliers de familles rurales et à renforcer la sécurité alimentaire, tout en intégrant des dimensions sociales et environnementales dans les pratiques agricoles (World Bank, 2018).

Ces initiatives traduisent une vision de la prospérité où la richesse individuelle est indissociable du succès collectif, en parfaite cohérence avec les principes d'Ubuntu et de solidarité intercommunautaire. Dans l'IPDRDC, la performance de ces coopératives pourrait être mesurée par : le nombre de membres actifs, le taux de succès économique collectif, la durabilité des pratiques agricoles ou artisanales, et la participation des jeunes et des femmes aux structures de gouvernance.

Sécurisation foncière et accès aux ressources productives

L'accès aux ressources naturelles, notamment la terre, constitue une condition sine qua non de l'inclusion économique. Dans plusieurs pays africains, l'insécurité foncière freine l'investissement et la croissance des ménages ruraux. Au Mozambique, par exemple, le programme de titres fonciers communautaires a permis à des centaines de villages d'obtenir des droits reconnus sur leurs terres, favorisant ainsi l'agriculture durable, la protection des forêts et l'investissement collectif (Deininger et al., 2012).

L'intégration de cette dimension dans l'IPDRDC peut se faire via des indicateurs tels que : le pourcentage de ménages disposant d'un titre foncier sécurisé, le taux d'accès aux ressources naturelles essentielles (eau, forêt, pâturages), et la participation communautaire à la gestion des ressources. Ces indicateurs traduisent une conception de la prospérité qui dépasse la simple accumulation matérielle pour inclure la capacité à produire et à vivre durablement.

Inclusion dans les chaînes de valeur et marchés locaux

L'inclusion économique se mesure également à travers l'accès aux marchés et chaînes de valeur. Dans le secteur agroalimentaire, des initiatives telles que le Programme de développement des chaînes de valeur horticoles au Nigeria ont permis aux petits producteurs d'augmenter leurs revenus, de sécuriser leurs contrats de vente et de participer aux décisions collectives de distribution et de commercialisation (FAO, 2020). La prospérité n'est donc plus seulement individuelle mais collective et systémique, car elle repose sur la coopération, la transparence et la redistribution équitable des bénéfices.

L'IPDRDC peut traduire cette dimension en mesurant : la proportion de producteurs intégrés aux chaînes de valeur formelles, le niveau de participation aux coopératives de commercialisation, la variation des revenus collectifs, et la capacité des communautés à maintenir ces structures sur plusieurs cycles économiques.

Autonomisation économique des femmes et des groupes marginalisés

Une dimension incontournable de l'inclusion économique en Afrique concerne l'autonomisation des femmes et des groupes historiquement marginalisés. Selon la Banque Africaine de Développement (2020), les femmes contribuent en moyenne à 70 % de la production agricole en Afrique subsaharienne, mais n'ont souvent pas accès aux financements, aux marchés et aux ressources foncières. Des programmes comme SheTrades de l'ITC ou Pro Mujer en Afrique de l'Ouest ont démontré que l'accès au crédit, à la formation et aux réseaux de commercialisation permet de multiplier les revenus et de renforcer la participation sociale et politique.

Dans le cadre de l'IPDRDC, l'inclusion des femmes et des jeunes peut être évaluée à travers : le taux de participation économique féminine, la proportion de projets communautaires dirigés par des femmes, et l'accès aux financements et aux formations professionnelles. Ces indicateurs traduisent une prospérité véritablement inclusive, où la croissance économique s'accompagne d'équité et de justice sociale.

Gouvernance participative et transparence économique

Enfin, l'inclusion économique ne peut être dissociée de la gouvernance économique locale et nationale. Les expériences de budgets participatifs au Cap-Vert, au Sénégal et au Kenya ont montré que lorsque les communautés peuvent décider de l'allocation des ressources, la redistribution devient plus équitable et la prospérité se diffuse plus largement. Dans ces contextes, l'IPDRDC peut intégrer des indicateurs tels que : le nombre de projets communautaires co-conçus, le taux de transparence des allocations économiques, et le niveau de satisfaction des bénéficiaires.

En synthèse, l'inclusion économique en Afrique est multidimensionnelle, interconnectée et systémique. Elle exige de mesurer non seulement l'accès aux ressources et la performance économique individuelle, mais aussi la cohésion sociale, la durabilité environnementale, la participation collective et l'équité intergénérationnelle. L'IPDRDC fournit un cadre idéal pour intégrer ces indicateurs et refléter une prospérité durable et inclusive, capable de guider les politiques et pratiques économiques sur le continent.

10.3 Gouvernance et institutions inclusives

La prospérité inclusive repose non seulement sur l'accès aux ressources économiques mais également sur la qualité des institutions et de la gouvernance. Les institutions définissent les règles du jeu économique et social : elles organisent l'accès aux services, régulent les marchés, protègent les droits des citoyens et assurent la redistribution équitable des richesses. En Afrique, l'inclusion économique ne peut être durable sans une gouvernance capable d'intégrer les acteurs marginaux, de garantir la transparence et de promouvoir la justice sociale.

Gouvernance locale et participation communautaire

La gouvernance locale constitue un levier clé pour l'inclusion. Les communautés rurales africaines montrent que la participation citoyenne directe dans la gestion des ressources et des projets de développement renforce la légitimité et l'efficacité des institutions. Au Burundi, le programme de budgets participatifs piloté par la Commission Nationale de Développement Local (2017-2020) a permis à des centaines de villages de déterminer collectivement les priorités en matière d'infrastructures, d'éducation et de santé. Les évaluations ont montré que cette participation a réduit les conflits d'usage des ressources, amélioré l'équité dans la distribution des services et accroît la cohésion sociale (World Bank, 2019).

Dans le contexte de l'IPDRDC, cette gouvernance locale participative se traduit par des indicateurs tels que :

- Taux de participation des citoyens aux décisions locales
- Nombre de projets co-conçus et exécutés avec les communautés
- Niveau de satisfaction des bénéficiaires et perception de la justice dans la distribution des ressources

Ces indicateurs permettent de mesurer la capacité d'un système institutionnel à promouvoir une prospérité qui inclut toutes les catégories de la population, y compris les marginalisés et les jeunes.

Institutions inclusives et réduction des inégalités

Les institutions inclusives sont également celles qui réduisent les inégalités économiques et sociales par des politiques et des réglementations adaptées. Dans des pays comme le Rwanda et l'Éthiopie, bien que les contextes soient différents, des politiques ciblées ont permis d'améliorer l'accès des populations rurales aux services de santé, à l'éducation et au crédit. Par exemple, le programme Girinka ("Une vache pour chaque famille") au Rwanda a contribué à la sécurité alimentaire, au revenu des familles et à l'inclusion des femmes et des jeunes dans l'économie rurale (Nkurunziza et al., 2015).

Cette approche montre que la prospérité inclusive nécessite des institutions capables de mettre en œuvre des politiques redistributives efficaces, adaptées aux contextes locaux et sensibles aux temporalités et cycles communautaires. L'IPDRDC peut intégrer ces dimensions via des indicateurs tels que :

- Proportion de programmes publics bénéficiant aux ménages les plus pauvres
- Taux de femmes et de jeunes participant aux programmes gouvernementaux
- Équité dans l'accès aux services essentiels sur plusieurs cycles temporels

Transparence, responsabilité et lutte contre la corruption

Un autre aspect fondamental de la gouvernance inclusive concerne la transparence et la responsabilité des institutions. En Afrique, la corruption demeure un obstacle majeur à la prospérité inclusive, réduisant l'efficacité des programmes sociaux et économiques et marginalisant les populations vulnérables. Des initiatives innovantes telles que la plateforme en ligne I-Reporter au Ghana ou le système OpenGov au Kenya permettent aux citoyens de signaler les irrégularités, de suivre l'exécution des projets et de participer activement au contrôle des institutions. Ces mécanismes renforcent la confiance sociale et garantissent que les ressources publiques contribuent réellement à la prospérité collective.

Dans l'IPDRDC, ces éléments peuvent être mesurés par :

- Niveau de transparence des budgets locaux et nationaux
- Existence de mécanismes de reddition de comptes accessibles aux citoyens
- Réduction des écarts entre allocations prévues et réalisations effectives

Gouvernance multi-niveaux et cohérence institutionnelle

L'Afrique est caractérisée par des systèmes multi-niveaux complexes, allant des institutions communautaires traditionnelles aux gouvernements nationaux et aux organisations régionales. L'inclusion économique exige une coordination efficace entre ces différents niveaux, afin que les politiques et les programmes ne se contredisent pas et que les ressources atteignent effectivement les bénéficiaires.

Par exemple, au Nigéria, le programme d'alimentation scolaire coordonné par le gouvernement fédéral avec les autorités locales a permis de nourrir des millions d'enfants tout en favorisant l'inclusion des producteurs locaux dans les chaînes de valeur alimentaires (FAO, 2018). Le succès de ce type d'initiative repose sur la collaboration entre les communautés locales, les autorités municipales et les ministères nationaux, démontrant que la prospérité inclusive est indissociable de l'efficacité institutionnelle multi-niveaux.

L'IPDRDC pourrait inclure des indicateurs tels que :

- Degré de coordination entre institutions locales et nationales

- Part des projets financés par plusieurs niveaux institutionnels et exécutés avec succès
- Capacité d'adaptation institutionnelle face aux crises et aux changements socio-économiques

Institutions, inclusion et durabilité

Enfin, la prospérité inclusive est indissociable de la durabilité des institutions. Des institutions fragiles ou non inclusives peuvent générer des inégalités, accentuer la marginalisation et réduire la résilience des systèmes économiques et sociaux. À l'inverse, des institutions solides, transparentes et inclusives renforcent la cohésion sociale, la justice économique et la pérennité des ressources, ce qui correspond parfaitement à la philosophie de l'IPDRDC.

Des recherches menées par Acemoglu et Robinson (2012) montrent que les institutions inclusives favorisent non seulement la croissance économique mais aussi la stabilité politique et sociale, en permettant aux populations marginalisées de participer activement aux décisions qui affectent leur vie. En Afrique, les exemples de gouvernance inclusive, qu'il s'agisse de la décentralisation au Mali ou des programmes participatifs au Cap-Vert, démontrent que la prospérité véritable ne peut exister sans une architecture institutionnelle capable d'intégrer tous les acteurs dans un projet commun.

Ainsi, cette section met en lumière la nécessité d'évaluer la qualité des institutions, leur capacité de coordination, leur transparence et responsabilité, et leur adaptabilité aux cycles économiques et sociaux. L'IPDRDC propose de mesurer ces dimensions avec des indicateurs spécifiques, tels que :

- La participation aux décisions locales et nationales
- La proportion de projets incluant des groupes marginalisés

- La transparence des allocations et la reddition de comptes
- La durabilité institutionnelle et la continuité des programmes sur plusieurs cycles

En combinant ces mesures avec celles de l'inclusion économique (cfr section 10.2) et des dimensions sociales, culturelles et environnementales (chapitre précédent), l'IPDRDC offre un cadre complet pour mesurer la prospérité inclusive, durable et pluriverselle en Afrique. Cette approche systémique et intégrative permet de passer d'une vision centrée sur la richesse matérielle à une vision holistique, où la prospérité résulte de l'interaction dynamique entre ressources, acteurs et institutions, dans le respect des temporalités et des cycles communautaires.

10.4 Défis et limites de l'inclusion en Afrique

L'inclusion économique et sociale en Afrique se heurte à plusieurs obstacles structurels, historiques et institutionnels. Malgré les initiatives locales et nationales, des défis profonds persistent, qui ralentissent la réalisation d'une prospérité véritablement inclusive.

10.4.1 Inégalités structurelles et héritages coloniaux

Les systèmes économiques africains portent encore les marques de la colonisation et de l'exploitation des ressources. Selon Amin (2006), les inégalités historiques ont créé des hiérarchies d'accès aux ressources et aux opportunités qui perdurent aujourd'hui. Les terres fertiles, les infrastructures et les services publics sont souvent concentrés dans des zones urbaines ou autour des centres économiques, tandis que les zones rurales restent marginalisées.

10.4.2 Gouvernance faible et corruption

La prospérité inclusive dépend de la qualité des institutions. Cependant, dans de nombreux États africains, la faiblesse institutionnelle et la corruption limitent l'efficacité des politiques publiques. Comme le souligne Bayart (2006), la patrimonialisation des institutions et la gestion clientéliste des ressources publiques freinent l'accès équitable aux services et aux opportunités économiques. Les programmes sociaux sont parfois détournés, réduisant leur impact sur les populations les plus vulnérables.

10.4.3 Barrières socio-culturelles et discriminations

Les discriminations basées sur le genre, l'ethnie ou la classe sociale constituent un frein majeur à l'inclusion. Les femmes, bien qu'actrices essentielles de l'économie rurale, ont souvent un accès limité aux financements, à l'éducation et aux droits fonciers (Fofack, 2016). De même, les minorités ethniques et les populations marginalisées dans certaines régions sont exclues des programmes de développement et des chaînes de valeur, ce qui creuse les inégalités.

10.4.4 Fragilité des mécanismes communautaires et formels

Bien que les coopératives, microfinances et structures coutumières soient des instruments d'inclusion, leur durabilité est souvent limitée. Les conflits internes, le manque de formation et la pression des marchés mondiaux fragilisent ces initiatives. Selon Kaboré et al. (2018), les programmes de redistribution et de microcrédit sont parfois vulnérables aux fluctuations économiques et aux crises politiques, ce qui met en évidence la nécessité de renforcer leur résilience.

10.4.5 Défis environnementaux et durabilité

L'inclusion économique et sociale est également liée à la gestion durable des ressources naturelles. La déforestation, la dégradation des sols et les changements climatiques compromettent la sécurité alimentaire et la résilience des communautés rurales (Blanc, 2019). Les politiques inclusives doivent donc intégrer des stratégies de durabilité écologique, faute de quoi la prospérité risque d'être éphémère et non durable.

10.5 Perspectives et recommandations pour une prospérité inclusive durable

Pour que la prospérité inclusive devienne une réalité durable, il est nécessaire de combiner des approches théoriques, institutionnelles et pratiques. Cette section propose des pistes concrètes pour renforcer l'inclusion en Afrique, en s'appuyant sur les principes d'Ubuntu, de solidarité et de durabilité.

10.5.1 Renforcement des institutions et gouvernance inclusive

- Développer des institutions transparentes et responsables, capables de garantir l'accès équitable aux ressources.
- Encourager la participation citoyenne, notamment via les budgets participatifs et les plateformes numériques de suivi.
- Former et professionnaliser les acteurs institutionnels pour réduire la corruption et améliorer la gestion des programmes sociaux (Mbembe, 2017).

10.5.2 Promotion de l'inclusion économique et sociale

- Accroître l'accès aux services financiers et aux microcrédits pour les populations marginalisées.
- Renforcer les coopératives et l'économie solidaire, avec des programmes de formation et de suivi adaptés.
- Mettre en place des politiques de redistribution ciblées et de sécurisation foncière pour garantir l'accès aux ressources (Amin, 2006).

10.5.3 Autonomisation des femmes et des groupes marginalisés

- Créer des programmes spécifiques pour l'éducation, l'emploi et la formation professionnelle des femmes et jeunes.
- Promouvoir la participation des femmes dans les structures décisionnelles communautaires et institutionnelles.
- Soutenir les initiatives locales de commercialisation et d'entrepreneuriat dirigées par ces groupes (Fofack, 2016).

10.5.4 Intégration des dimensions écologiques et culturelles

- Développer des projets économiques et sociaux respectueux de l'environnement pour assurer la durabilité.
- Valoriser les connaissances traditionnelles et les pratiques culturelles comme outils de cohésion sociale et de gestion des ressources.
- Lier inclusion sociale et régénération écologique, par exemple via l'agroécologie et la gestion communautaire des forêts (Blanc, 2019).

10.5.5 Évaluation et suivi avec des indicateurs adaptés

- Utiliser des indicateurs multidimensionnels tels que ceux de l'IPDRDC pour mesurer la cohésion sociale, l'équité, l'accès aux ressources et la durabilité.
- Associer mesures quantitatives et qualitatives, incluant enquêtes, narrations communautaires et évaluations participatives.
- Adapter les indicateurs aux contextes locaux pour garantir pertinence et action concrète.

Chapitre 11 :

Inclusion économique et équité sociale : dynamiques, innovations et justice distributive

Introduction

L'inclusion économique est au cœur des transformations contemporaines de l'Afrique, non pas comme une simple stratégie d'intégration dans le marché mondial, mais comme un projet civilisateur visant à refonder les rapports entre économie, société et dignité humaine. Dans un continent marqué par des inégalités persistantes — héritées de la colonisation, des ajustements structurels, et des logiques d'extraversion — la quête d'une prospérité inclusive suppose une rupture paradigmatique : replacer l'économie au service de la vie, et non l'inverse (Latouche, 2019).

L'Afrique possède en effet un héritage riche de systèmes économiques communautaires fondés sur la solidarité, la redistribution et la réciprocité. Ces traditions ne sont pas de simples reliques du passé, mais des ressources épistémiques puissantes pour repenser les modèles de développement du XXIe siècle. Des notions comme *Ubuntu* (Afrique australe), *Ujamaa* (Afrique de l'Est) ou *Harambee* (Kenya) traduisent une conception de la richesse fondée sur le lien social, la participation et la justice collective. Dans cette vision, la prospérité ne se réduit pas à l'accumulation de biens, mais à la capacité de la communauté à garantir à chacun les conditions d'une vie digne, stable et harmonieuse (Nyerere, 1968 ; Ramose, 2002).

Ce chapitre explore les mécanismes, dynamiques et innovations qui structurent l'inclusion économique africaine. Il propose une lecture systémique où la justice sociale, la solidarité et la participation démocratique sont des leviers d'émancipation. L'objectif est de dégager les fondements d'une économie équitable, régénérative et pluriverselle, capable d'articuler les héritages culturels africains et les défis de la modernité globale.

11.1. Fondements conceptuels et épistémologiques de l'inclusion économique

L'inclusion économique, loin d'être un simple concept de politique publique, représente un cadre normatif et éthique visant à repenser la finalité même du développement. Elle s'oppose à la conception néolibérale selon laquelle la croissance économique suffirait à réduire la pauvreté. Au contraire, elle affirme que la justice distributive, la participation et la reconnaissance sont les véritables conditions de la prospérité collective (Sen, 1999 ; Rawls, 1971).

Dans le contexte africain, ces principes trouvent des équivalents dans des philosophies communautaires enracinées dans la vie sociale. Le concept d'*Ubuntu*, qui signifie littéralement « je suis parce que nous sommes », établit une ontologie relationnelle : l'individu n'existe que dans et par la communauté (Ramose, 2002 ; Mbigi, 2005). De même, *Ujamaa*, popularisé par Julius Nyerere en Tanzanie, prône une économie du partage et du travail collectif comme fondement de la nation (Nyerere, 1968). Ces paradigmes participent d'une économie morale africaine, où la valeur est produite non seulement par le travail, mais aussi par la solidarité, la confiance et la coopération.

Sur le plan épistémologique, cette approche appelle à une décolonisation des catégories économiques. Les indicateurs dominants comme le PIB, l'investissement étranger direct ou la croissance du capital ne mesurent ni la cohésion sociale ni le bien-être collectif. Plusieurs chercheurs africains (Amin, 2006 ; Fofack, 2016 ; Moleka, 2025) plaident pour une économie intégrale, fondée sur la durabilité, la culture et la spiritualité. L'inclusion économique, dans ce sens, n'est pas un simple processus technique d'intégration au marché, mais un projet civilisationnel de ré-humanisation des échanges.

Ainsi, l'Afrique offre au monde une autre manière de concevoir la prospérité : non pas comme la domination de la nature et des autres, mais comme la cohabitation harmonieuse des vivants dans des systèmes d'interdépendance et de justice.

11.2. Logiques communautaires africaines de redistribution et de solidarité

Avant l'imposition des structures économiques coloniales, les sociétés africaines fonctionnaient selon des modèles de solidarité circulaire. La richesse y était redistribuée à travers des réseaux familiaux, lignagers et spirituels, garantissant la cohésion sociale. L'anthropologue Marcel Mauss (1925) avait déjà observé dans le « don » un principe fondateur des sociétés humaines, basé sur la triple obligation de donner, recevoir et rendre. En Afrique, ce principe prend la forme d'institutions comme les *tontines*, les *njangi*, les *stokvels* ou les *mutuelles de solidarité*.

Dans les villages du Cameroun, les tontines permettent à chaque membre de recevoir périodiquement une somme collective issue des cotisations du groupe, servant à financer des projets agricoles, des mariages ou des funérailles (Tchouassi, 2012). Au Sénégal, les *dahiras* soufis et les associations féminines jouent un rôle similaire en combinant entraide financière, spiritualité et apprentissage communautaire (Bâ, 2018). Ces mécanismes incarnent une économie populaire de la réciprocité, fondée sur la confiance, la parole donnée et la réputation, plutôt que sur des contrats formels.

Ces structures communautaires remplissent des fonctions que l'État et le marché ne parviennent souvent pas à assurer : microcrédit, sécurité sociale, emploi et transmission de savoirs. Elles constituent des laboratoires d'innovation sociale avant la lettre. Dans un contexte d'inégalités croissantes, leur reconnaissance institutionnelle devient cruciale. Les politiques publiques devraient s'inspirer de ces modèles pour bâtir des cadres hybrides, alliant régulation étatique, autonomie communautaire et valeurs culturelles.

Comme le note Bourdieu (1980), le capital social — c'est-à-dire l'ensemble des relations et des réseaux fondés sur la confiance — peut être un puissant moteur de développement. En Afrique, il prend une forme singulière : le capital spirituel et symbolique qui unit les générations et fonde l'obligation de solidarité.

11.3. Innovations sociales et économie inclusive : de la microfinance à l'économie régénérative

Depuis les années 1990, la microfinance est apparue comme une réponse au déficit d'inclusion financière sur le continent. Inspirée du modèle de Muhammad Yunus et de la Grameen Bank, elle s'est adaptée aux réalités africaines à travers des institutions comme Sinapi Aba Trust (Ghana), FINCA (Ouganda), ou encore la Fédération des caisses d'épargne et de crédit mutuel du Bénin. Ces structures ont permis à des millions de ménages, en particulier des femmes, d'accéder au crédit et d'investir dans des activités génératrices de revenus (Fofack, 2016).

Cependant, la microfinance n'est pas exempte de limites. Dans certains cas, les taux d'intérêt élevés et la pression sur le remboursement ont fragilisé les bénéficiaires, transformant un outil d'émancipation en instrument de précarisation (Bateman, 2010). C'est pourquoi plusieurs chercheurs et praticiens plaident aujourd'hui pour une transition vers une *finance solidaire* ou *régénérative*, fondée sur la mutualisation, l'autonomie locale et la durabilité écologique.

Des initiatives pionnières, comme le Centre Songhaï au Bénin, illustrent cette transition. Ce modèle agroécologique intègre production, formation et entrepreneuriat rural dans un écosystème circulaire, autosuffisant et inclusif. Il s'agit d'une économie de la vie, où les déchets d'un processus deviennent les ressources d'un autre (Godfrey, 2014). De même, les projets d'*entrepreneuriat social* soutenus par Enabel ou Ashoka Afrique démontrent la vitalité d'une nouvelle génération d'innovateurs africains, porteurs d'un modèle économique à la fois rentable, équitable et durable.

L'économie régénérative, qui vise à restaurer les écosystèmes et les communautés, rejoint ici les traditions africaines du respect du vivant. Elle prolonge les valeurs ancestrales du partage et de la responsabilité collective, tout en intégrant les technologies contemporaines. C'est dans cette convergence entre héritage et innovation que se construit l'inclusion économique africaine du futur.

11.4. Genre, jeunesse et inclusion : redéfinir le capital humain africain

Les femmes et les jeunes représentent la majorité de la population africaine, mais aussi les catégories les plus vulnérables face à la pauvreté et à l'exclusion économique. Pourtant, leur rôle dans la transformation du continent est central. Selon la Banque africaine de développement (BAD, 2022), les femmes assurent près de 60 % de la production agricole et dominent l'économie informelle. Les jeunes, quant à eux, incarnent une force créative sans précédent, porteuse d'innovations technologiques, sociales et culturelles.

L'autonomisation économique des femmes s'est accrue grâce à des programmes tels que *SheTrades Africa*, les *mutuelles rurales du Sénégal*, ou les *coopératives féminines marocaines* dans la filière de l'argan et du tissage. Ces structures permettent non seulement l'accès au crédit, mais aussi la construction d'une identité économique collective. Elles redéfinissent le leadership en replaçant la femme comme actrice clé de la gouvernance communautaire (UN Women, 2021).

Parallèlement, la jeunesse africaine s'affirme comme un moteur d'innovation. Des hubs technologiques tels que *iHub* à Nairobi, *CTIC Dakar* ou *BongoHive* à Lusaka offrent des espaces d'apprentissage, de création et d'entrepreneuriat. Ces initiatives traduisent une nouvelle forme d'économie de la connaissance, fondée sur la créativité, la coopération et l'ouverture.

Toutefois, l'inclusion ne se réduit pas à l'emploi ou à l'accès au crédit ; elle implique une reconfiguration structurelle du capital humain. Les politiques éducatives doivent valoriser la formation technique, la culture entrepreneuriale et la conscience écologique. L'avenir de l'Afrique dépendra de sa capacité à investir dans une jeunesse consciente de ses racines et tournée vers l'innovation.

11.5. Les politiques publiques pour une inclusion économique durable

L'inclusion économique ne peut reposer uniquement sur des initiatives communautaires ; elle nécessite des politiques publiques cohérentes, participatives et transformatrices. Dans de nombreux pays africains, les stratégies de réduction de la pauvreté ont longtemps été dictées par des institutions internationales, limitant la marge d'innovation endogène (Mkandawire, 2015 ; Noman & Stiglitz, 2012). Or, pour être durable, l'inclusion doit être institutionnalisée, intégrée aux cadres législatifs et soutenue par des mécanismes de redistribution équitables.

Plusieurs expériences nationales témoignent d'avancées notables. Le **Rwanda** a mis en œuvre une politique volontariste d'inclusion économique par le biais de programmes tels que *Vision 2020 Umurenge Programme (VUP)*, qui associe transferts monétaires, travaux publics et microcrédits pour stimuler la participation économique des ménages vulnérables (Ansoms & Rostagno, 2012). De même, au Ghana, le programme *Livelihood Empowerment Against Poverty (LEAP)* a démontré que les transferts sociaux conditionnels peuvent renforcer la résilience économique des ménages pauvres, surtout lorsqu'ils sont couplés à des formations et à l'accès à la santé (Handa et al., 2014).

Cependant, ces politiques demeurent souvent sectorielles et fragmentées. Une véritable inclusion économique requiert une approche systémique : fiscalité progressive, développement des infrastructures rurales, accès universel à l'éducation et à l'énergie, politiques de logement équitables, et soutien à l'entrepreneuriat social. Il s'agit moins de « corriger » les inégalités que de reconfigurer la structure économique elle-même pour qu'elle devienne génératrice d'équité (Piketty, 2020).

De plus, la gouvernance inclusive des politiques publiques suppose la participation effective des citoyens à leur conception et à leur évaluation. Les expériences de budgets participatifs au Sénégal, au Cameroun ou au Bénin montrent que lorsque les communautés locales sont impliquées dans la gestion des ressources publiques, la transparence et l'efficacité augmentent (Cabannes, 2015).

Ces démarches incarnent une transition vers une démocratie économique où la redistribution devient un processus de co-création plutôt qu'une simple politique descendante.

11.6. La féminisation de l'économie : entre reconnaissance et transformation

Les femmes jouent un rôle central dans les économies africaines, notamment dans l'agriculture, le commerce informel et les systèmes de soins communautaires. Pourtant, elles demeurent les plus exposées aux inégalités structurelles : faibles accès au crédit, à la terre, aux ressources productives et aux instances décisionnelles (FAO, 2023 ; African Development Bank, 2021).

La féminisation de l'économie n'implique pas seulement la participation accrue des femmes à l'activité économique ; elle exige une reconnaissance de leurs savoirs, de leurs valeurs et de leurs pratiques économiques comme piliers d'un modèle alternatif de prospérité. Dans de nombreuses sociétés africaines, les femmes incarnent la continuité du lien social à travers la transmission, la gestion du foyer et l'organisation communautaire. Ces fonctions, souvent non rémunérées, constituent pourtant un capital social et économique fondamental (Kabeer, 1999 ; Federici, 2012).

Les initiatives féminines illustrent la capacité de transformation économique « par le bas ». Au Cameroun, les réseaux de femmes commerçantes dans les marchés urbains ont mis en place des systèmes d'épargne et de microcrédit autonomes, favorisant la sécurité économique et la solidarité intergénérationnelle (Njoh, 2017). Au Kenya, les programmes de *table banking* ont permis à des milliers de femmes rurales de financer des activités génératrices de revenus sans passer par le système bancaire formel (Anyango, 2005).

La reconnaissance du rôle économique des femmes implique également une refonte des politiques publiques : accès garanti à la propriété foncière, lutte contre les violences économiques, et promotion du leadership féminin. Comme le souligne Nnaemeka (2005), il ne s'agit pas seulement d'« ajouter » les femmes à l'économie, mais de repenser l'économie à travers une épistémologie du care, de la vie et de la relation. Une prospérité inclusive et équitable ne peut exister sans une justice de genre fondée sur la parité, la dignité et la reconnaissance mutuelle.

11.7. Coopératives, économie solidaire et entrepreneuriat communautaire

Les coopératives représentent un levier central de l'économie inclusive en Afrique. Historiquement, elles ont servi de réponse collective à la marginalisation des petits producteurs face aux logiques du marché globalisé. Aujourd'hui encore, elles jouent un rôle majeur dans la transformation agricole, la commercialisation équitable et l'autonomisation des communautés rurales (Birchall, 2003 ; Chikulo, 2019).

Les coopératives agricoles, telles que celles du café au Rwanda, du cacao en Côte d'Ivoire, ou du coton au Mali, illustrent comment la mutualisation des ressources et la gouvernance démocratique peuvent renforcer la position des producteurs dans la chaîne de valeur mondiale (Murekezi et al., 2020). Au-delà des avantages économiques, ces structures génèrent une cohésion sociale et un apprentissage collectif. Elles incarnent un modèle d'entrepreneuriat solidaire, où la finalité n'est pas la maximisation du profit, mais la création de valeur partagée.

L'économie sociale et solidaire (ESS) connaît également un essor dans les milieux urbains africains : recyclage communautaire, entreprises culturelles, coopératives de logement, ou plateformes de commerce équitable. Ces initiatives traduisent une recomposition des économies locales autour de la durabilité et de la participation citoyenne (Laville, 2010).

Les études de terrain montrent que lorsque les États soutiennent ces initiatives par des cadres juridiques et fiscaux adaptés, l'impact socio-économique est significatif (Defourny & Nyssens, 2017). L'enjeu est donc de passer de l'exception sociale à la norme solidaire : reconnaître ces structures comme des acteurs économiques à part entière dans les stratégies nationales de développement.

11.8. Vers une économie du bien commun et de la prospérité pluriverselle

L'économie inclusive ne se limite pas à corriger les défaillances du marché ; elle invite à repenser la finalité même de l'économie. L'idée du bien commun, redéfinie par Ostrom (1990) et plus récemment par Dardot et Laval (2014), constitue une voie de refondation : elle repose sur la gestion collective et participative des ressources, hors des logiques de privatisation et de compétition.

Dans les contextes africains, cette approche trouve un écho dans les pratiques ancestrales de gestion communautaire des terres, de l'eau et des forêts (Oyono, 2005). Ces systèmes coutumiers, souvent dévalorisés par la colonisation juridique, reposaient pourtant sur une gouvernance partagée qui garantissait la durabilité des ressources et la cohésion sociale. Les expériences contemporaines d'écovillages, de forêts communautaires ou de monnaies locales solidaires illustrent une continuité entre ces savoirs anciens et les alternatives modernes.

Construire une économie du bien commun suppose de restaurer les valeurs d'Ubuntu, de réciprocité et de cohabitation harmonieuse entre les humains et la nature (Ramose, 2002 ; Murove, 2009). Dans une perspective pluriverselle (Escobar, 2020), la prospérité n'est plus mesurée par le PIB ou la productivité, mais par la qualité des relations, la régénération écologique et la justice intergénérationnelle.

Ainsi, l'Afrique peut offrir au monde une contribution majeure : une économie relationnelle, spirituelle et communautaire, où la valeur naît du lien, et où la richesse se mesure à la capacité collective de préserver la vie.

Conclusion

L'inclusion économique et l'équité sociale, loin d'être des notions périphériques, constituent le cœur même d'une prospérité durable. Elles invitent à une transformation systémique : reconnaître les économies invisibles, valoriser la solidarité, féminiser les structures économiques et institutionnaliser la participation.

L'Afrique détient ici une matrice unique : une économie de la vie, enracinée dans la communauté, la spiritualité et la réciprocité. En articulant traditions locales et innovations sociales, elle peut inventer un modèle de prospérité pluriverselle, où la richesse devient le reflet de la dignité partagée.

Chapitre 12 :

Gouvernance, droits et interconnexion sociale : fondements éthiques, écologiques et participatifs de la prospérité inclusive

Introduction

La prospérité inclusive ne peut être pensée sans une gouvernance fondée sur la justice, la participation et le respect des droits humains. Dans le contexte africain, où les institutions héritées de la colonisation se heurtent aux structures communautaires et aux pratiques endogènes, la question de la gouvernance prend une dimension à la fois politique, culturelle et spirituelle. Elle ne se réduit pas à la gestion administrative ou à la transparence des institutions ; elle incarne une vision du monde, un rapport au pouvoir et à la responsabilité collective.

Ce chapitre propose d'explorer la gouvernance africaine à travers une approche pluriverselle : celle qui relie les dimensions sociales, écologiques et spirituelles de la prospérité. À travers huit sections, il montre comment la gouvernance participative, la protection des droits humains et la régénération écologique s'articulent dans un projet de civilisation fondé sur la dignité, la solidarité et la durabilité.

12.1. Les fondements philosophiques et éthiques de la gouvernance africaine

La gouvernance africaine puise ses racines dans une vision relationnelle du monde, où l'individu n'existe pleinement que dans le cadre de la communauté. Cette ontologie du lien est incarnée par le concept d'Ubuntu, commun à de nombreuses cultures bantoues d'Afrique australe, qui se traduit par « je suis parce que nous sommes » (Ramose, 2002 ; Mbigi, 2005). Ubuntu dépasse la simple morale sociale : c'est une philosophie de l'existence, une éthique de la coresponsabilité et un cadre normatif pour l'action collective. L'autorité et le pouvoir y sont des fonctions morales, exercées pour le bien commun plutôt que pour la domination.

Dans les sociétés traditionnelles, le chef ou le conseil des anciens jouait un rôle de médiateur et d'arbitre, garantissant l'équité dans la répartition des ressources, la résolution des conflits et la continuité du lien social (Mbiti, 1969 ; Wiredu, 1997). La décision politique n'était pas un simple acte administratif : elle engageait la sagesse collective, l'expérience historique et le respect des générations passées et futures. Cette approche souligne que gouverner implique un devoir ontologique : protéger la vie, la dignité et la cohésion sociale, dans une perspective qui transcende l'économique et le légal.

D'autres traditions africaines offrent des compléments éthiques à cette vision : le Botho chez les Sotho-Tswana, qui insiste sur l'harmonie et le respect mutuel, et Ujamaa en Tanzanie, promu par Julius Nyerere, qui envisage l'économie et la politique comme instruments de solidarité et de construction nationale (Nyerere, 1968). L'Égypte ancienne, avec le concept de Maat, illustre également l'idée d'une gouvernance fondée sur la vérité, la justice et l'ordre cosmique, liant le social, le politique et le naturel. Ainsi, la gouvernance africaine repose sur une conception holistique de la légitimité, où l'éthique, la tradition et la responsabilité écologique convergent.

Cette perspective se distingue de la gouvernance occidentale, souvent centrée sur la rationalité instrumentale et la technocratie. Comme le souligne Gyekye (1997), la pensée africaine ne dissocie pas le politique du moral : le bien-être collectif, l'équité et la durabilité sont des critères intrinsèques de légitimité. Cornel West (2018) et Kwasi Wiredu (2005) insistent sur l'importance de réhabiliter la philosophie morale africaine dans la modernité politique, en la combinant avec les institutions contemporaines pour créer un modèle hybride et contextuellement pertinent.

Une dimension essentielle, souvent négligée, est la responsabilité cosmique. Dans plusieurs sociétés africaines, la gouvernance implique un dialogue avec la nature, les ancêtres et les forces spirituelles. Les décisions concernant les terres, les ressources hydriques ou la faune ne sont pas seulement économiques ; elles portent une charge morale et symbolique. Le respect de cette dimension assure la durabilité écologique, la cohésion sociale et la transmission des savoirs aux générations futures (Murove, 2009).

Sur le plan théorique, cette approche peut être qualifiée de gouvernance éthique ou régénérative. Elle ne se limite pas à la conformité aux règles ou à l'efficacité administrative, mais englobe la création de valeur sociale, la protection de la vie et l'articulation entre justice, solidarité et durabilité. Moleka (2025) insiste sur la notion de responsabilité ontologique : gouverner, c'est avant tout protéger la vie dans toutes ses dimensions, humaines et non humaines, et régénérer les relations sociales et écologiques.

Cette éthique relationnelle implique également une phronesis politique – une gouvernance de la sagesse pratique (Aristote réinterprété dans le contexte africain). La décision n'est pas seulement rationnelle : elle combine expérience, intuition, sensibilité sociale et éthique. Dans ce cadre, la corruption, la compétition destructrice et la gouvernance exclusivement axée sur le profit deviennent des violations de l'ordre moral et social.

Enfin, les fondements philosophiques africains de la gouvernance offrent une perspective pluriverselle. Ils dialoguent avec d'autres philosophies relationnelles (confucianisme, philosophie andine, philosophies indigènes américaines), illustrant que l'Afrique peut proposer des modèles de gouvernance innovants et adaptables à un monde en crise, confronté aux limites du néolibéralisme, de l'extractivisme et de l'individualisme exacerbé.

Indicateurs possibles pour IPDRDC :

1. Degré de participation des citoyens dans les processus de décision locale.
2. Présence d'institutions et de mécanismes fondés sur l'éthique collective (conseils communautaires, assemblées délibératives).
3. Intégration des valeurs culturelles et spirituelles dans les politiques publiques.
4. Indices de confiance sociale et de capital moral au sein des communautés.
5. Mesure de la durabilité écologique et sociale des décisions politiques.

12.2. Gouvernance participative et démocratie délibérative

La gouvernance participative représente une évolution majeure par rapport aux modèles de démocratie représentative importés en Afrique. Elle met l'accent sur l'inclusion active des citoyens, la délibération collective et la co-construction des politiques publiques. Cette approche découle de la reconnaissance que les institutions formelles seules ne suffisent pas à garantir la légitimité et l'efficacité de la gouvernance, surtout dans des contextes marqués par des héritages coloniaux, des disparités socio-économiques et une diversité culturelle forte (Heller, 2012).

Principes de la gouvernance participative

1. Inclusion et représentation effective
   La participation ne consiste pas simplement à consulter, mais à garantir que tous les segments de la société — femmes, jeunes, minorités ethniques, populations rurales et peuples autochtones — aient un accès réel aux processus décisionnels. L'objectif est de corriger les asymétries de pouvoir et d'assurer une justice procédurale qui reflète la pluralité des voix et des intérêts (Fung, 2006).
2. Transparence et responsabilité
   La gouvernance participative exige la transparence des décisions, la diffusion des informations et la possibilité pour les citoyens de demander des comptes aux autorités. Les plateformes numériques et les mécanismes de suivi citoyen permettent de renforcer cette dimension, en facilitant le contrôle social et la redevabilité des gouvernants (World Bank, 2018).
3. Délibération et co-construction
   La démocratie délibérative met l'accent sur le dialogue rationnel et l'échange d'arguments au sein des communautés et des institutions. Les décisions ne sont pas imposées par la hiérarchie, mais co-construites à partir d'une discussion collective, intégrant les savoirs locaux, les

expériences pratiques et les valeurs culturelles (Dryzek, 2000).

Expériences africaines exemplaires

- Budgets participatifs
  Dans plusieurs villes africaines, comme Dakar (Sénégal), Yaoundé (Cameroun) et Maputo (Mozambique), les budgets participatifs permettent aux citoyens de décider directement de l'allocation d'une partie des ressources publiques. Ces initiatives favorisent l'appropriation locale des politiques, réduisent les gaspillages et augmentent la transparence (Cabannes, 2015).
- Assemblées villageoises et comités locaux
  Au Burkina Faso et en Tanzanie, les assemblées villageoises constituent des espaces de décision collective pour la gestion des ressources naturelles, la résolution des conflits et l'organisation de projets communautaires. Elles reposent sur la tradition de consultation et de médiation, adaptée aux structures contemporaines de gouvernance (Heller, 2012).
- Concertation communautaire pour la gestion des ressources
  En Afrique de l'Est, la gouvernance des zones forestières et des ressources hydriques implique souvent des comités mixtes d'usagers, de chefs locaux et de représentants étatiques. Cette approche garantit que les décisions respectent à la fois la durabilité écologique et les besoins socio-économiques des populations (FAO, 2019).

Conditions de succès

Pour qu'une gouvernance participative soit réellement transformative, plusieurs conditions doivent être réunies :

1. Transfert effectif de pouvoir. La participation doit s'accompagner d'un transfert réel de pouvoir

décisionnel, et non d'une simple consultation symbolique. Les citoyens doivent avoir un impact concret sur les résultats (Chabal, 2009).

2. Renforcement des capacités locales
Les populations doivent disposer de connaissances, d'outils et de compétences pour participer efficacement. L'éducation civique, la formation à la gestion des ressources et l'accès aux informations sont essentiels.
3. Intégration dans les institutions formelles
Les mécanismes participatifs ne doivent pas rester périphériques, mais être institutionnalisés et reliés aux processus législatifs et budgétaires nationaux. Cela assure leur pérennité et leur influence sur la gouvernance globale.
4. Culture du dialogue et de la responsabilité
Les acteurs doivent être prêts à écouter, à négocier et à assumer leurs engagements. La culture locale, l'expérience historique et les traditions de médiation constituent des ressources importantes pour nourrir cette éthique participative (Mbiti, 1969).

Bénéfices de la gouvernance participative

- Renforcement de la légitimité politique
Les décisions prises collectivement sont mieux acceptées et respectées.
- Cohésion sociale et capital social
La participation crée des liens de confiance, réduit les conflits et encourage la coopération intercommunautaire (Bourdieu, 1980).
- Adaptation aux réalités locales
Les solutions sont plus pertinentes car elles prennent en compte les savoirs traditionnels et les besoins spécifiques des communautés.

- Innovation sociale. Les processus participatifs favorisent l'émergence de solutions innovantes, adaptées aux contextes écologiques, économiques et culturels.

Indicateurs possibles pour IPDRDC

1. Taux de participation aux assemblées locales et aux budgets participatifs.
2. Proportion de décisions publiques co-construites avec les citoyens.
3. Diversité des participants (genre, âge, ethnie, statut socio-économique).
4. Niveau de satisfaction et de confiance des citoyens envers les processus participatifs.
5. Nombre de projets ou politiques influencés par les mécanismes participatifs.

12.3. Droits humains et justice sociale en Afrique

L'Afrique postcoloniale a inscrit les droits humains dans ses constitutions et ses chartes régionales, notamment à travers la Charte africaine des droits de l'homme et des peuples (1981). Cette charte, plus holistique que son équivalent occidental, intègre des droits collectifs, culturels et environnementaux, affirmant l'unité entre l'individu, la communauté et la nature (Mutua, 2002).

Pourtant, de nombreux défis persistent : discriminations de genre, marginalisation des peuples autochtones, faiblesse de l'État de droit. L'enjeu n'est pas seulement juridique, mais systémique. La justice sociale exige une redistribution équitable des ressources, une représentativité équilibrée et la reconnaissance de la pluralité des épistémologies. Comme le note Sen (2009), la liberté réelle de chaque individu dépend de ses capabilités : la possibilité de choisir une vie qu'il a raison de valoriser.

Dans cette perspective, les politiques africaines de gouvernance doivent être conçues comme des instruments de justice — non seulement en termes de droits civils, mais aussi de justice économique, cognitive et écologique. La prospérité inclusive ne peut exister sans la protection des plus vulnérables et la réduction des asymétries structurelles.

12.4. Souveraineté, institutions et réforme de la gouvernance

La question de la souveraineté institutionnelle demeure centrale dans les débats sur la gouvernance africaine. L'indépendance politique n'a pas toujours conduit à une autonomie réelle : les structures de gouvernance restent souvent dépendantes des modèles administratifs et financiers imposés de l'extérieur (Mkandawire, 2005). Cette dépendance perpétue la fragilité institutionnelle et la perte de légitimité des États.

Pour rétablir la souveraineté, il faut repenser les institutions à partir des dynamiques locales. Des pays comme le Botswana ou le Cap-Vert montrent que la stabilité et la transparence peuvent coexister avec des modèles hybrides : ni purement occidentaux, ni purement traditionnels, mais adaptés à la culture et à l'histoire nationale. L'État devient un acteur stratégique de coordination entre les sphères publique, communautaire et privée.

Les réformes institutionnelles doivent aussi intégrer la dimension spirituelle et éthique du pouvoir. L'absence d'une telle dimension explique en partie la crise de la gouvernance globale. Comme le soutient Moleka (2025), une gouvernance post-capitaliste doit être fondée sur la responsabilité ontologique : gouverner, c'est protéger la vie dans toutes ses formes. Ainsi, la souveraineté africaine du XXIe siècle ne peut être seulement politique ; elle doit être épistémique, culturelle et écologique.

12.5. Gouvernance écologique et durabilité

La prospérité inclusive ne peut se concevoir sans une approche intégrée de l'écologie et de la durabilité. L'Afrique, riche de ses écosystèmes variés — forêts tropicales, savanes, zones humides et littoraux — est particulièrement vulnérable aux changements climatiques et à la dégradation environnementale. Une gouvernance inclusive doit donc inclure la préservation des ressources naturelles comme composante centrale de la justice sociale et économique.

Des expériences locales montrent que la gestion communautaire des ressources peut combiner protection de l'environnement et développement économique. Par exemple, les programmes de foresterie communautaire en Tanzanie et au Burkina Faso permettent aux communautés de gérer les forêts de manière durable tout en générant des revenus par la commercialisation de produits forestiers non ligneux (FAO, 2019). Cette approche, inspirée de l'ethique du bien commun, traduit l'idée que l'accès aux ressources doit respecter la durabilité et les droits des générations futures.

La gouvernance écologique inclut également la planification urbaine durable, la gestion de l'eau et la résilience face aux catastrophes naturelles. Elle nécessite des institutions capables de coordonner les acteurs multiples : autorités locales, communautés, entreprises et ONG. Les indicateurs de l'IPDRDC pourraient intégrer : la proportion de ressources gérées durablement, le niveau de participation des communautés locales et la résilience face aux crises environnementales.

12.6. Gouvernance de la diversité et inclusion sociale

La diversité culturelle, linguistique et ethnique est une richesse pour le continent africain, mais elle représente également un défi pour la cohésion sociale et la gouvernance. La prospérité inclusive implique une reconnaissance active de cette pluralité, ainsi qu'une intégration effective des minorités et des groupes marginalisés dans les processus décisionnels.

Les politiques de gouvernance doivent promouvoir l'égalité d'accès à l'éducation, à l'emploi et aux services publics pour tous les groupes. Par exemple, l'Afrique du Sud post-apartheid a mis en place des mesures de réparation et d'inclusion économique pour corriger les injustices historiques, combinant quotas, subventions et programmes de formation professionnelle (Seekings & Nattrass, 2005). De même, les initiatives de participation des peuples autochtones en Namibie et au Kenya, dans la gestion des terres et des ressources, montrent que l'inclusion sociale est indissociable de la légitimité politique.

L'IPDRDC pourrait mesurer cette dimension via des indicateurs tels que le taux de participation des minorités aux instances locales et nationales, l'équité d'accès aux programmes sociaux, et la diversité représentée dans la gouvernance communautaire. La gouvernance de la diversité est ainsi à la fois un impératif moral et un levier de performance économique et sociale.

12.7. Gouvernance numérique et inclusion technologique

La révolution numérique transforme profondément les modes de gouvernance et les mécanismes d'inclusion sociale en Afrique. Les technologies de l'information et de la communication (TIC) offrent de nouvelles opportunités pour améliorer la transparence, renforcer la participation citoyenne et intégrer des acteurs jusque-là marginalisés dans les processus décisionnels (Hilbert, 2016).

Plateformes numériques et participation citoyenne

Plusieurs initiatives africaines illustrent l'impact concret de la technologie sur la gouvernance :

- I-Reporter au Ghana : Cette plateforme permet aux citoyens de signaler la corruption, le non-respect des services publics et les abus administratifs, créant un canal direct entre la population et les autorités (World Bank, 2018).
- OpenGov au Kenya : Elle offre des outils pour la co-construction des politiques publiques, le suivi budgétaire et la diffusion de données ouvertes, favorisant une gouvernance plus responsable et participative.
- Ushahidi : Développée au Kenya, cette plateforme cartographique collaborative permet de suivre des crises humanitaires, des élections et des incidents de sécurité, en mobilisant l'intelligence collective des citoyens.

Ces plateformes montrent comment la technologie peut renforcer le capital social, favoriser la redevabilité des institutions et encourager la co-création des politiques publiques.

Inclusion économique et services numériques

La numérisation favorise également l'inclusion économique et financière :

- M-Pesa au Kenya et en Tanzanie : Service de paiement mobile, il permet aux populations rurales et aux personnes non bancarisées d'accéder aux transferts monétaires, au microcrédit et à l'épargne.
- Applications de microfinance numérique : Des services comme Branch ou Tala offrent des prêts

instantanés via smartphone, réduisant la dépendance aux institutions financières traditionnelles.

Ces innovations contribuent à réduire les barrières économiques, à stimuler l'entrepreneuriat local et à renforcer l'autonomie financière des populations marginalisées, notamment les femmes et les jeunes.

Défis et limites de la gouvernance numérique

Malgré ces avancées, plusieurs défis persistent :

1. Inégalités d'accès : L'accès à Internet et aux outils numériques reste limité dans les zones rurales et parmi les populations les plus pauvres, créant un risque d'exclusion numérique (UNESCO, 2020).
2. Compétences numériques insuffisantes : La participation effective exige des connaissances techniques et une littératie numérique que tous ne possèdent pas.
3. Protection des données et cybersécurité : La collecte massive de données soulève des enjeux de confidentialité et de surveillance. Les régulations africaines sont encore en phase de consolidation (ITU, 2022).
4. Surcharge informationnelle et désinformation : La prolifération des contenus numériques peut nuire à la qualité de la participation et à la confiance dans les institutions.

Recommandations pour une inclusion numérique équitable

- Développer des programmes de formation et de sensibilisation aux compétences numériques, particulièrement pour les jeunes et les femmes.
- Assurer un accès universel à Internet, via des infrastructures rurales et des tarifs abordables.
- Renforcer les cadres légaux de protection des données, de cybersécurité et de transparence algorithmique.

- Encourager le développement de plateformes locales adaptées aux contextes culturels et linguistiques, afin de maximiser la participation citoyenne.

Indicateurs possibles pour l'IPDRDC

1. Taux de pénétration numérique des populations vulnérables.
2. Nombre et portée des initiatives de gouvernance numérique participative.
3. Proportion de services publics accessibles en ligne dans les zones rurales et urbaines marginalisées.
4. Niveau de formation numérique de la population adulte et des jeunes.
5. Mesure de l'impact de la participation numérique sur les décisions et politiques locales.

12.8. Synthèse et perspectives pour la prospérité inclusive

La gouvernance, les droits et l'interconnexion sociale forment un ensemble dynamique qui conditionne la prospérité inclusive en Afrique. La participation, l'équité, la durabilité écologique et l'innovation numérique sont interdépendantes : la réussite de l'une dépend du renforcement des autres. Une approche systémique permet d'éviter les effets de silo et de penser la prospérité comme un processus régénératif, équitable et pluriversel.

L'IPDRDC apparaît ici comme un outil stratégique pour évaluer et guider la gouvernance inclusive. Il ne s'agit pas seulement de mesurer la croissance économique, mais la qualité des institutions, la justice sociale, l'accès aux ressources, la participation citoyenne et la durabilité écologique. Ainsi, la prospérité devient un projet collectif, intégrant les dimensions culturelles, sociales, économiques et environnementales, et offrant aux Africains les moyens de façonner un avenir résilient et équitable.

Cette perspective invite les États, les communautés et les acteurs de la société civile à concevoir la gouvernance non pas comme un simple mécanisme administratif, mais comme une éthique de responsabilité, de solidarité et de co-création. La prospérité inclusive, durable et pluriverselle est dès lors possible lorsque les individus et les institutions agissent en cohérence avec les valeurs de justice, de respect et de continuité intergénérationnelle.

Partie V :

Prospérité culturelle et spirituelle : mémoire, créativité, transcendance

La prospérité africaine ne peut se réduire aux dimensions économiques ou matérielles. Elle s'enracine également dans la richesse culturelle et la profondeur spirituelle des communautés. La mémoire collective, les patrimoines immatériels, la créativité artistique et la spiritualité constituent des leviers essentiels pour renforcer la cohésion sociale, stimuler l'innovation et orienter les sociétés vers un développement durable et régénératif.

Cette partie explore ces dimensions immatérielles de la prospérité africaine. Elle montre comment la mémoire, la créativité et la transcendance spirituelle sont non seulement des vecteurs de résilience, mais aussi des moteurs de justice sociale, d'inclusion et de régénération écologique. L'analyse se déploie sur trois chapitres : le Chapitre 13 examine la mémoire et l'identité culturelle ; le Chapitre 14 explore la créativité et l'expression artistique ; enfin, le Chapitre 15 analyse la spiritualité et la prospérité intégrée.

Chapitre 13 :

Mémoire et identité culturelle

Il s'agit ici de comprendre le rôle central de la mémoire collective et des patrimoines culturels dans le renforcement de l'identité, de la cohésion sociale et de la prospérité africaine.

13.1 Mémoire collective et transmission intergénérationnelle

La mémoire collective constitue le fondement de l'identité culturelle et de la résilience sociale. Elle dépasse la simple conservation historique : elle est un vecteur vivant de valeurs, d'expériences et de savoirs transmis de génération en génération. Dans de nombreuses sociétés africaines, griots, anciens, chefs coutumiers et conseils communautaires jouent un rôle déterminant dans cette transmission. Comme le souligne Mbiti (1969), « l'homme africain vit dans une continuité entre les vivants et les ancêtres », illustrant une ontologie relationnelle où passé, présent et futur se conjuguent pour orienter les choix collectifs.

- Transmission orale et rituelle : Les récits, contes, proverbes et chants traditionnels servent à inculquer les normes sociales, la mémoire des conflits passés et les stratégies de résolution de problèmes. Ils permettent aussi d'enseigner la gestion des ressources et la préservation des écosystèmes locaux.
- Rôle des ancêtres et du spirituel : Dans de nombreuses cultures, les ancêtres incarnent la

mémoire collective et la conscience morale de la communauté. Les rituels et commémorations maintiennent ce lien, renforçant la cohésion et la responsabilité collective.

- Mémoire comme outil de résilience : Face aux crises politiques, économiques ou environnementales, la mémoire collective permet aux communautés de reconstruire leur identité, de réaffirmer leurs valeurs et d'initier des processus de régénération sociale.

La mémoire collective ne se limite donc pas au passé : elle est actrice du présent et guide pour l'avenir, en ancrant les décisions dans une continuité culturelle et éthique (Assié-Lumumba, 2006). Elle est indissociable de la prospérité inclusive, car elle oriente les pratiques économiques, sociales et écologiques de manière durable.

13.2 Patrimoine immatériel et valorisation culturelle

Le patrimoine immatériel englobe les langues, traditions orales, savoirs endogènes, musiques, danses et artisanats, et constitue un levier essentiel pour la prospérité culturelle, sociale et économique.

- Langues et traditions : Les langues locales véhiculent des connaissances spécifiques sur l'agriculture, la médecine traditionnelle, les structures sociales et les pratiques écologiques. Leur préservation favorise non seulement la diversité cognitive mais aussi l'innovation et la créativité dans les solutions locales aux défis contemporains.
- Savoirs endogènes et savoir-faire : Les techniques agricoles, artisanales ou médicales transmises par les ancêtres sont adaptées aux environnements locaux et permettent une gestion durable des ressources. Par exemple, l'usage de semences locales ou la rotation des cultures constitue une mémoire écologique

intégrée qui soutient la sécurité alimentaire et la résilience climatique.

- Éducation culturelle et transmission formelle : Intégrer ces savoirs dans les programmes scolaires et les centres communautaires valorise l'identité culturelle et favorise l'engagement citoyen. Des initiatives comme les écoles bilingues au Mali ou les festivals culturels en Côte d'Ivoire illustrent comment la mémoire et le patrimoine renforcent la fierté communautaire et la cohésion sociale.

La valorisation du patrimoine immatériel va donc au-delà du symbolique : elle est économiquement pertinente (artisanat, tourisme culturel, industries créatives), socialement structurante (cohésion, inclusion) et écologiquement responsable (gestion durable des ressources).

13.3 Mémoire et économie communautaire

La mémoire collective et les savoirs traditionnels influencent directement les pratiques économiques et la gouvernance locale, en favorisant la durabilité, la solidarité et l'inclusion.

- Structuration des économies locales : Les savoirs agricoles, artisanaux et commerciaux transmis intergénérationnellement permettent de structurer les marchés locaux, de gérer les ressources et d'assurer une distribution équitable. Ces pratiques peuvent inspirer des modèles économiques hybrides, combinant modernité et tradition.
- Solidarité et projets communautaires : Les connaissances ancestrales soutiennent des dispositifs économiques fondés sur la réciprocité et la confiance, comme les tontines, coopératives et mutuelles. Ces structures favorisent l'inclusion des femmes, des jeunes et des groupes marginalisés.

- Durabilité et résilience : Les pratiques basées sur la mémoire collective permettent la régénération des écosystèmes et la pérennité des initiatives locales. Par exemple, les techniques traditionnelles de conservation de l'eau ou de reboisement utilisées en Tanzanie et au Burkina Faso démontrent comment le savoir ancestral guide le développement durable.

Ainsi, la mémoire et le patrimoine culturel ne sont pas seulement des instruments de sauvegarde historique : ils constituent des leviers stratégiques pour une prospérité africaine inclusive, durable et équitable, intégrant économie, écologie et justice sociale.

Chapitre 14 :

Créativité, innovation et expression artistique

Ce chapitre analyse comment la créativité et l'expression artistique contribuent à la prospérité matérielle, sociale et symbolique en Afrique. Il explore les industries culturelles, l'innovation sociale et numérique, le leadership communautaire, le rôle des jeunes et des femmes dans la production créative, ainsi que l'art comme vecteur de transformation sociale et économique.

14.1 Industries culturelles et créativité économique

Les industries culturelles représentent un pilier stratégique pour l'économie africaine contemporaine. La musique, le cinéma, les arts plastiques, l'artisanat et le design ne sont pas uniquement des expressions artistiques ; elles constituent des vecteurs économiques, favorisant la création d'emplois, l'inclusion et l'innovation (UNESCO, 2013).

Musique et cinéma

L'industrie musicale africaine connaît un essor remarquable grâce à la mondialisation et aux plateformes numériques. Des genres tels que l'Afrobeats (Nigéria), le coupé-décalé (Côte d'Ivoire) ou le mbalax (Sénégal) génèrent des revenus significatifs à travers les ventes de musique, les concerts et les collaborations internationales (Adu, 2020). Les festivals et événements culturels, tels que le Festival Panafricain de Musique de Dakar, sont des leviers économiques locaux qui stimulent l'entrepreneuriat et le tourisme.

Le cinéma africain, notamment Nollywood au Nigeria, a émergé comme la deuxième plus grande industrie cinématographique mondiale en termes de volume de production (Haynes, 2016). Nollywood crée plus d'un million d'emplois indirects et directs et contribue à la diffusion de valeurs culturelles africaines. Le cinéma permet également de raconter des histoires locales, de renforcer l'identité culturelle et d'influencer les pratiques sociales.

Artisanat et design

L'artisanat traditionnel africain, qu'il s'agisse de la sculpture, de la poterie, du textile ou des bijoux, reste un moteur économique majeur, particulièrement pour les communautés rurales (Ndhlovu, 2017). Ces activités s'inscrivent dans des chaînes de valeur locales et internationales, favorisant l'inclusion économique des femmes et des jeunes.

Le design contemporain africain, inspiré des motifs traditionnels et des pratiques artisanales, trouve un marché international en croissance, grâce aux plateformes numériques de commerce équitable. Des initiatives telles que la marque *Maisha Crafts* au Kenya ou *Artisans du Monde* au Burkina Faso illustrent comment l'artisanat peut être valorisé à la fois culturellement et économiquement.

Contribution aux politiques publiques

Les industries culturelles contribuent également à l'élaboration de politiques publiques innovantes. L'investissement dans les arts et la culture est désormais reconnu comme un vecteur de développement durable par la Banque africaine de développement (BAD, 2019). L'intégration des industries créatives dans les stratégies nationales de développement favorise la diversification économique et la promotion du capital humain.

14.2 Innovation sociale et numérique

La créativité africaine se manifeste également dans l'innovation sociale et numérique. L'émergence de hubs technologiques, d'incubateurs créatifs et de plateformes numériques transforme les dynamiques économiques et sociales sur le continent (World Bank, 2021).

Hubs technologiques et incubateurs créatifs

Des espaces comme iHub à Nairobi, CTIC Dakar, BongoHive à Lusaka et le Co-Creation Hub à Lagos permettent aux jeunes innovateurs d'expérimenter des solutions numériques et créatives. Ces hubs offrent des services de formation, de mentorat et de financement, favorisant l'émergence de startups dans le domaine culturel et technologique (Kebede, 2020).

Ces structures participent à la création d'une économie de la connaissance africaine, où la créativité devient un moteur d'inclusion. Elles facilitent la collaboration interdisciplinaire, intégrant l'art, le design, la technologie et l'entrepreneuriat social.

Plateformes numériques et diffusion culturelle

Les plateformes numériques ont démocratisé l'accès à la création et à la diffusion culturelle. Spotify, Boomplay et YouTube permettent aux artistes africains d'atteindre des audiences mondiales, générant revenus, reconnaissance et opportunités de collaboration internationale (Olatunji, 2019).

Par ailleurs, les technologies numériques favorisent l'innovation sociale en améliorant la gouvernance locale et la participation citoyenne. Les projets de mapping culturel et de documentation patrimoniale numérique contribuent à la préservation du patrimoine immatériel et à la valorisation des savoirs endogènes.

Inclusion des femmes et des jeunes

Les incubateurs et plateformes numériques jouent un rôle crucial dans l'inclusion économique des femmes et des jeunes. Ils offrent un accès à des compétences numériques, à des financements et à des réseaux professionnels, renforçant leur autonomie et leur participation à l'économie créative (UN Women, 2020).

14.3 Créativité et leadership communautaire

L'expression artistique et la créativité ne se limitent pas à l'économie ; elles renforcent également le leadership communautaire et le capital social.

Arts et gouvernance locale

Des projets artistiques communautaires, tels que les murales participatives au Rwanda ou les festivals locaux au Burkina Faso, favorisent l'engagement citoyen et la co-construction des politiques locales (Cohen & Levin, 2019). Ces initiatives permettent aux populations de participer activement à la prise de décision, renforçant la légitimité et la transparence des instances locales.

Capital social et cohésion

La participation collective à des activités artistiques génère du capital social, en renforçant les liens de confiance et de coopération entre les membres de la communauté (Putnam, 2000). L'art devient un outil pour résoudre les conflits, promouvoir l'inclusion sociale et soutenir la résilience des communautés face aux crises économiques et sociales.

Leadership féminin et artistique

Le leadership féminin s'exprime particulièrement à travers l'art et l'entrepreneuriat culturel. Des artistes comme Angélique Kidjo (Bénin) et Yemi Alade (Nigéria) utilisent leur notoriété pour soutenir des causes sociales et culturelles, promouvant l'éducation, la santé et la cohésion communautaire (Adepoju, 2021).

14.4 Créativité, innovation et développement durable

La créativité africaine contribue directement au développement durable en intégrant les dimensions écologique, sociale et économique.

Arts et durabilité écologique

Des initiatives comme les éco-artisans au Ghana ou le recyclage artistique au Sénégal utilisent les matériaux locaux et les déchets pour créer des œuvres d'art fonctionnelles et esthétiques. Ces pratiques favorisent la régénération écologique, la sensibilisation environnementale et la création d'emplois locaux (Godfrey, 2014).

Innovation sociale et projets communautaires

Les innovations créatives dans les domaines de l'éducation, de la santé et du logement montrent que l'art et la culture peuvent résoudre des problèmes structurels. Par exemple, des ateliers de théâtre éducatif ou des jeux numériques culturels contribuent à la sensibilisation sanitaire et à la transmission des savoirs (Mbaye, 2018).

Impact économique et inclusion

En associant créativité, technologie et durabilité, ces initiatives génèrent des revenus pour les populations marginalisées, renforcent l'inclusion économique et soutiennent la cohésion sociale (Fofack, 2016). L'innovation devient ainsi un vecteur de prospérité inclusive et durable.

14.5 Éducation, formation et développement du capital créatif

Le développement de la créativité repose sur l'éducation et la formation. La promotion de l'éducation artistique et de l'apprentissage expérientiel est essentielle pour renforcer le capital créatif africain.

Éducation formelle et informelle

L'introduction de programmes artistiques dans les écoles et universités, comme les écoles d'art de Dakar ou de Lagos, favorise la formation de jeunes créateurs compétents et innovants (Assié-Lumumba, 2006). Les ateliers communautaires, les bibliothèques et les centres culturels complètent cette éducation en offrant un apprentissage pratique et collaboratif.

Mentorat et réseau professionnel

Le mentorat et les réseaux professionnels jouent un rôle crucial dans la réussite des jeunes artistes et entrepreneurs culturels. Les collaborations intergénérationnelles et les échanges internationaux permettent le transfert de compétences et le renforcement des capacités locales (UNESCO, 2013).

Inclusion et équité

L'éducation artistique contribue également à l'inclusion des groupes marginalisés, notamment les filles, les jeunes ruraux et les minorités ethniques. Elle favorise l'autonomie économique, le leadership et la participation citoyenne, consolidant ainsi la prospérité collective (UN Women, 2021).

14.6 Créativité, patrimoine et innovation endogène

La créativité ne peut être dissociée de la mémoire et du patrimoine culturel. L'innovation endogène repose sur la valorisation des savoirs locaux et la combinaison avec de nouvelles technologies et approches.

Patrimoine et innovation

Les savoirs traditionnels, tels que l'architecture vernaculaire, l'agriculture ancestrale et les pratiques artisanales, constituent une source d'inspiration pour les innovations contemporaines. Par exemple, les techniques de construction écologique inspirées des maisons en terre battue ou en bambou sont adaptées pour créer des logements durables et économiques (Mbiti, 1969; Moleka, 2025).

Approches hybrides

La combinaison de traditions et de modernité permet de créer des produits culturels et économiques uniques, répondant à la fois aux besoins locaux et aux marchés internationaux. Les startups culturelles africaines utilisent souvent ces approches hybrides pour concevoir des solutions innovantes dans l'art, le design et la technologie (Kebede, 2020).

Impacts sociaux et culturels

Cette approche favorise la continuité culturelle, la résilience sociale et la diffusion des valeurs collectives. Elle permet également de renforcer l'identité culturelle tout en générant des revenus et en soutenant la durabilité économique et écologique (Assié-Lumumba, 2006; UNESCO, 2013).

Chapitre 15 :

Spiritualité, transcendance et prospérité intégrée

Explorer la spiritualité comme moteur central de justice, d'équité, de durabilité et de prospérité holistique est très important en Afrique. Ainsi ce chapitre montre comment la dimension spirituelle guide les politiques publiques, les pratiques communautaires et la régénération écologique.

15.1 Spiritualité africaine et valeurs communautaires

La spiritualité africaine ne se limite pas à la religiosité ou aux rituels ; elle constitue une philosophie de vie et un cadre éthique complet. Contrairement à la vision occidentale qui dissocie économie, politique et religion, la spiritualité africaine intègre toutes les sphères de la vie sociale, économique et politique (Ramose, 1999). Le concept d'Ubuntu, « Je suis parce que nous sommes », illustre cette approche : chaque individu trouve sa valeur dans le collectif et est responsable de ses actions pour le bien de la communauté. Ce principe fonde une éthique de la responsabilité collective, où les décisions politiques, économiques et sociales sont évaluées selon leur impact sur la cohésion et le bien-être commun (Mbiti, 1969).

La spiritualité comme guide moral pour la gouvernance

Dans de nombreuses sociétés africaines, les chefs traditionnels et les conseils des anciens intègrent les valeurs spirituelles dans la gestion des affaires publiques. Par exemple :

- Au Bénin, les rituels communautaires sont utilisés pour arbitrer les conflits fonciers, garantissant que les décisions respectent la mémoire ancestrale et les normes collectives (Assié-Lumumba, 2006).
- Au Mali, les assemblées villageoises appliquent des codes éthiques issus de la tradition orale pour gérer les ressources naturelles, priorisant l'équité et la durabilité (Mbiti, 1969).

Ces pratiques illustrent que l'autorité en Afrique n'est pas seulement administrative, mais aussi morale et symbolique. L'intégration des valeurs spirituelles dans les institutions modernes peut renforcer la légitimité de l'État et améliorer la gouvernance locale.

Valeurs communautaires et bien-être collectif

La réciprocité, la solidarité et le respect des anciens sont des piliers de la spiritualité africaine. Ces valeurs orientent non seulement les interactions sociales, mais aussi les décisions économiques et environnementales. Par exemple, dans les communautés agroforestières du Ghana, les pratiques agricoles sont guidées par les rites communautaires qui garantissent l'usage durable de la terre, protégeant à la fois les ressources et la cohésion sociale (Moleka, 2025).

L'adoption de ces valeurs dans les politiques publiques contemporaines contribue à :

- Encourager la participation citoyenne (Budgets participatifs et forums communautaires).
- Réduire les conflits sociaux liés à l'inégalité et à l'exploitation des ressources.
- Stimuler des pratiques économiques locales inclusives et durables.

Ainsi, la spiritualité africaine est un moteur de transformation sociale et économique, reliant la prospérité matérielle à l'éthique, à la mémoire culturelle et à la cohésion communautaire.

15.2 Pratiques spirituelles et durabilité écologique

La spiritualité africaine confère à la nature une dimension sacrée, transformant la gestion des ressources naturelles en acte moral et communautaire. Les forêts sacrées, les rivières et les zones humides protégées par des rites ancestraux sont autant de sanctuaires pour la biodiversité, tout en permettant la transmission de savoirs écologiques (Oldfield, 2005).

Techniques agricoles et gestion durable

Les pratiques agricoles traditionnelles reposent sur des principes spirituels : rotation des cultures, jachères rituelles, agroforesterie et respect des saisons. Chaque décision est évaluée selon son impact sur la communauté et l'environnement. Dégrader la terre ou surexploiter les ressources naturelles est considéré comme une transgression morale, ce qui crée une forme de régulation sociale et écologique (Moleka, 2025).

Exemples :

- Au Burkina Faso, les communautés utilisent les rites de fertilité des sols pour assurer la régénération des champs, combinant science empirique et éthique communautaire.
- Au Cameroun, les forêts communautaires protégées par des tabous traditionnels servent à la fois de réserve écologique et de régulateur social, limitant la surexploitation des ressources.

Intégration dans le développement contemporain

Les pratiques traditionnelles peuvent être intégrées dans les politiques de développement durable et projets communautaires :

- La foresterie communautaire en Afrique de l'Ouest combine les connaissances ancestrales avec des techniques modernes de plantation et de commercialisation des produits forestiers (FAO, 2019).

- Les projets hydrauliques ruraux au Rwanda intègrent les rituels de purification des sources pour renforcer l'acceptation communautaire et la préservation des ressources (World Bank, 2018).

Ces exemples montrent que la spiritualité n'est pas un frein au développement, mais un catalyseur pour l'inclusion, la durabilité et la résilience sociale. Elle permet de relier éthique, écologie et économie, contribuant à une prospérité intégrée et régénérative.

15.3 Prospérité holistique et bien-être collectif

La prospérité africaine doit être pensée au-delà des indicateurs économiques, en intégrant le bien-être social, culturel et spirituel. Une société prospère est celle où les individus bénéficient d'un équilibre entre ressources matérielles, épanouissement culturel et harmonie sociale (UNESCO, 2013).

Culture et créativité comme moteurs de prospérité

La culture et la créativité ne sont pas seulement des expressions symboliques, mais des leviers économiques et sociaux :

- Nollywood au Nigeria crée des milliers d'emplois et génère des revenus significatifs, tout en diffusant des valeurs culturelles locales.
- Les festivals traditionnels du Mali et du Burkina Faso stimulent le tourisme culturel, renforcent la mémoire collective et favorisent la cohésion sociale.

Ces activités démontrent que la prospérité matérielle peut être combinée avec l'enrichissement culturel et spirituel, créant des économies locales durables et inclusives.

Indicateurs de prospérité holistique

Les indicateurs doivent inclure :

- La participation communautaire aux rituels et cérémonies culturelles.
- La préservation des langues locales et savoirs endogènes.
- L'accès aux services culturels et éducatifs.
- La perception du bien-être collectif et de l'équité sociale.

L'IPDRDC pourrait intégrer ces dimensions pour évaluer la qualité de la prospérité et non seulement sa quantité économique. Cette approche met l'éthique, la culture et la spiritualité au centre de la planification du développement.

Cohésion sociale et résilience

Les sociétés qui intègrent ces dimensions produisent des individus plus résilients, des communautés plus cohésives et des économies plus durables. La spiritualité et la mémoire collective favorisent la résolution pacifique des conflits, l'entraide et la participation active au développement local. La prospérité devient ainsi un processus dynamique et régénératif, plutôt qu'un simple objectif ponctuel.

15.4 Études de cas approfondies

Pour illustrer l'impact concret de la spiritualité sur la prospérité, considérons trois études de cas africaines :

1. Le Ghana – Gestion communautaire des rivières sacrées

   Les rivières sacrées servent de sanctuaires écologiques et de lieux de médiation communautaire. Les rituels annuels assurent la régénération écologique et l'engagement collectif pour la protection des ressources.

2. Le Mali – Festivals culturels et économie locale
   Les festivals annuels combinent arts, traditions et économie locale. Ils génèrent des revenus pour les artisans et musiciens, renforcent la fierté identitaire et favorisent l'inclusion sociale, notamment des jeunes et des femmes.
3. Le Rwanda – Projets hydrauliques intégrant la spiritualité
   Les cérémonies de purification des sources permettent de sensibiliser la population à l'importance de la protection de l'eau et de renforcer l'adhésion aux projets communautaires de gestion de l'eau.

Ces exemples montrent que la spiritualité africaine n'est pas un artefact du passé, mais un outil stratégique pour le développement durable, la cohésion sociale et la prospérité intégrée.

15.5 Implications politiques et recommandations

L'intégration de la spiritualité dans le développement et la gouvernance implique :

- Former les décideurs et agents publics à la sensibilité culturelle et spirituelle.
- Créer des cadres institutionnels qui valorisent la mémoire collective et les savoirs endogènes.
- Développer des politiques publiques inclusives combinant durabilité écologique, équité sociale et prospérité matérielle.
- Mesurer la prospérité non seulement par le PIB, mais aussi par l'indice de bien-être collectif, la participation culturelle et la durabilité écologique.

Ces recommandations offrent un cadre pour une prospective africaine régénérative, où la spiritualité devient un vecteur de transformation positive et durable.

Conclusion Générale:

Synthèse et perspectives. Vers une théorie africaine de la prospérité pluriverselle

Dans cette conclusion de l'ouvrage, il s'agira d'intégrer toutes les dimensions analysées et proposer un cadre théorique complet pour la prospérité africaine, en articulant économie, écologie, culture et spiritualité dans un modèle holistique et pluriversel.

1. Prospérité pluriverselle : définition et enjeux

La prospérité pluriverselle représente une révolution conceptuelle dans la manière dont l'Afrique peut concevoir son développement. Contrairement aux paradigmes traditionnels centrés sur la croissance économique ou la performance matérielle, la prospérité pluriverselle intègre quatre dimensions interconnectées : économique, écologique, culturelle et spirituelle. Cette approche repose sur la reconnaissance que la vie humaine ne peut être réduite à des indicateurs matériels et que le bien-être collectif inclut la justice, la dignité, l'inclusion et la durabilité.

Dans la perspective africaine, la prospérité pluriverselle trouve ses fondements dans l'Ubuntu, qui affirme que l'existence individuelle est intrinsèquement liée à celle de la communauté (Ramose, 1999). Ainsi, toute initiative de développement doit renforcer les liens sociaux, respecter la diversité culturelle et préserver l'équilibre écologique. Cette vision transcende les modèles importés, souvent fragmentés ou centrés sur la seule rationalité économique, pour proposer un cadre holistique, régénératif et inclusif.

Les enjeux sont multiples. Premièrement, il s'agit de réconcilier modernité et traditions, en utilisant les savoirs endogènes pour enrichir les politiques publiques et les pratiques économiques. Deuxièmement, la prospérité pluriverselle implique une justice distributive réelle, qui réduit les inégalités structurelles et favorise l'accès équitable aux ressources, à l'éducation et à la santé. Troisièmement, elle nécessite une réorientation de la gouvernance et des institutions, en mettant la responsabilité éthique, la transparence et la participation citoyenne au centre des processus décisionnels. Enfin, elle ouvre la voie à une économie régénérative, capable de préserver les ressources naturelles tout en stimulant la créativité et l'innovation locale (Moleka, 2025).

La prospérité pluriverselle est ainsi un paradigme émergent, qui ne se limite pas à la performance des indicateurs économiques traditionnels, mais qui évalue la qualité des relations sociales, l'intégrité écologique, la valorisation culturelle et le bien-être spirituel. Dans ce cadre, le développement devient un processus dynamique et interconnecté, où la société se régénère continuellement et où chaque individu, communauté et institution contribue à un projet collectif de long terme.

2. Indicateurs et méthodologies intégratives

L'évaluation de la prospérité pluriverselle nécessite des indicateurs multidimensionnels, capables de mesurer simultanément les aspects économiques, sociaux, culturels, environnementaux et spirituels. L'IPDRDC (Indice de Prospérité Durable, Inclusive, Régénérative et Culturelle) constitue un exemple concret d'outil permettant de suivre la mise en œuvre de ce paradigme. Il combine mesures quantitatives (revenu, accès aux services, durabilité écologique, infrastructures culturelles) et mesures qualitatives (perception du bien-être, satisfaction des besoins spirituels et sociaux, cohésion communautaire).

Les méthodologies intégratives privilégient la participation des communautés locales, afin d'inclure leurs perspectives, savoirs et priorités dans l'évaluation. Cette approche participative permet de dépasser la seule statistique et de capturer des dimensions subjectives du bien-être, telles que le sentiment de sécurité, le respect des traditions ou l'accès aux pratiques culturelles et spirituelles (Assié-Lumumba, 2006; UNESCO, 2013).

L'indicateur IPDRDC peut être décliné selon plusieurs axes :

1. Dimension économique : taux d'inclusion financière, accès à l'emploi décent, dynamisme des PME locales, impact des industries culturelles et créatives.
2. Dimension écologique : gestion durable des ressources, restauration des écosystèmes, résilience face aux changements climatiques, intégration des savoirs endogènes dans la gestion environnementale.
3. Dimension culturelle et identitaire : préservation des langues locales, vitalité des traditions orales et artistiques, participation aux activités culturelles, reconnaissance des minorités.
4. Dimension spirituelle et sociale : participation aux rituels et pratiques communautaires, respect des principes éthiques, cohésion sociale et résilience collective.

Cette méthodologie souligne l'importance de mesurer la prospérité de manière holistique, en dépassant la simple croissance du PIB pour évaluer l'impact réel sur la vie quotidienne, la justice sociale et la durabilité environnementale. Elle permet également de mettre en évidence les synergies entre différentes dimensions, par exemple comment la préservation culturelle peut renforcer l'économie locale ou comment la spiritualité soutient la gestion durable des ressources.

3. Perspectives politiques, institutionnelles et sociales

La prospérité pluriverselle repose sur des structures politiques et institutionnelles adaptées aux réalités africaines, capables de combiner modernité et héritage traditionnel. Les recommandations clés comprennent :

1. Renforcement des institutions inclusives : Les États doivent créer des mécanismes de participation citoyenne authentiques, garantissant que les décisions publiques reflètent les priorités des communautés, notamment des groupes marginalisés, des femmes et des jeunes (Heller, 2012). Les structures hybrides combinant gouvernance locale et institutions étatiques permettent de créer une légitimité durable et de renforcer la confiance sociale.
2. Intégration des savoirs endogènes et de la culture : La planification du développement doit intégrer les savoirs traditionnels, les pratiques culturelles et les valeurs communautaires dans les politiques économiques, éducatives et environnementales. Cette intégration favorise la durabilité et renforce l'identité africaine, tout en stimulant l'innovation locale (Mbiti, 1969; Moleka, 2025).
3. Coopération régionale et partenariats innovants : La prospérité pluriverselle nécessite des alliances entre États africains, institutions régionales, ONG et acteurs privés, afin de mutualiser les ressources, partager les bonnes pratiques et renforcer la

résilience continentale face aux défis globaux. Les partenariats peuvent également soutenir la recherche scientifique, le développement technologique et les initiatives culturelles transnationales.

4. Financement innovant et inclusif : La mobilisation de financements adaptés, incluant microcrédits, fonds communautaires, investissements éthiques et mécanismes de soutien aux industries créatives, est essentielle pour permettre aux projets locaux de prospérer et de générer des retombées sociales durables. Ces mécanismes doivent être conçus pour favoriser l'autonomie, la responsabilité collective et la régénération écologique.

Enfin, les institutions doivent adopter une logique systémique, en reconnaissant les interdépendances entre les dimensions économique, écologique, sociale et culturelle. Une telle approche permet de prévenir les déséquilibres, d'anticiper les crises et de renforcer la résilience structurelle des sociétés africaines (Mkandawire, 2005).

4. Vision prospective : un futur africain régénératif

Le futur africain envisagé dans le cadre de la prospérité pluriverselle est régénératif, inclusif et dynamique. Il s'agit d'une transformation structurelle des sociétés et des économies, où le développement n'est pas un objectif ponctuel, mais un processus continu de co-création et de régénération.

Dans ce futur, les ressources naturelles sont gérées de manière durable, les connaissances ancestrales sont intégrées aux innovations modernes, et les pratiques culturelles et spirituelles sont valorisées comme leviers de cohésion et de résilience. L'économie circulaire, les industries créatives, les technologies numériques et les initiatives communautaires s'articulent pour créer un tissu social et économique solide, capable de résister aux crises et de garantir la prospérité des générations futures (Moleka, 2025).

Les sociétés africaines deviennent alors des laboratoires vivants de développement durable et inclusif, où l'épanouissement individuel et collectif est étroitement lié au respect des valeurs éthiques, de la diversité culturelle et de la régénération écologique. Cette vision encourage les acteurs publics, privés et communautaires à adopter une responsabilité holistique, intégrant justice sociale, durabilité et créativité dans toutes les dimensions de la vie.

Ainsi, la prospérité pluriverselle se distingue par sa caractéristique dynamique : elle ne peut être mesurée uniquement par des indicateurs économiques, mais par la qualité de vie, la justice, la cohésion et la résilience. Elle représente un modèle de développement africain original, autonome, éthique et régénératif, capable de servir de référence pour d'autres régions du monde confrontées aux défis de durabilité et d'inclusion.

Bibliographie

- Abdulai, A.-G., & Crawford, G. (2019). *Rescuing cultural governance? Community resource management and traditional authority in Ghana.* African Affairs, 118(470), 121–143.
- Acemoglu, D., & Robinson, J. A. (2012). *Why Nations Fail: The Origins of Power, Prosperity, and Poverty.* Crown Publishing.
- Adepoju, T. (2021). *Women leaders in African cultural industries*. Lagos: African Press.
- Adotevi, S. (1972). *Négritude et Négrologues*. Paris : Union Générale d'Éditions.
- Adu, K. (2020). *Afrobeats and the global music economy.* Accra: Music Africa.
- Ake, C. (1996). *Democracy and Development in Africa*. Washington, DC: Brookings Institution Press.
- Akindes, G. (2018). *Cultural Industries in Africa: Growth, Challenges, and Perspectives*. African Studies Review, 61(2), 23–45.
- Alkire, S., & Foster, J. (2011). *Counting and Multidimensional Poverty Measurement*. *Journal of Public Economics*, 95(7–8), 476–487.
- Amadou Hampâté Bâ. (1992). *L'étrange destin de Wangrin*. Paris : Union Générale d'Éditions.
- Amartya Sen (1999). *Development as Freedom*. Oxford University Press.
- Amin, S. (2006). *La crise de l'économie mondiale*. Paris: Éditions Complexe.
- Amsalu, A. (2019). *Traditional Agricultural Knowledge and Sustainability in Eastern DRC*. Journal of African Studies, 15(2), 123–142.

- Andriamahenina, R., Rakotondrainibe, S., et al. (2020). *Community-based Mangrove Management in Madagascar. Marine Policy*, 117, 103956.
- Ansoms, A., & Rostagno, D. (2012). Rwanda's Vision 2020 Umurenge Programme. *Development and Change*, 43(3), 357–378.
- Anyango, E. (2005). *Impact Assessment of Table Banking in Kenya*. Nairobi : KREP Bank.
- Assié-Lumumba, N. T. (2006). *Higher education in Africa: Crises, reforms and transformations*. Dakar: CODESRIA.
- Bâ, A. H. (1980). *Amkoullel, l'enfant peul*. Paris: Actes Sud.
- Ba, M. (2021). *L'agroécologie au Sénégal : entre résilience et souveraineté*. Dakar : Presses Universitaires de Cheikh Anta Diop.
- Balandier, G. (1962). *Sociologie actuelle de l'Afrique noire*. Paris: PUF.
- Banque africaine de développement. (2019). *African cultural industries: Policy and development perspectives*. Abidjan: BAD.
- Banque mondiale (2022). *Rapport sur le développement en Afrique*.
- Bayart, J.-F. (1999). *L'État en Afrique : La politique du ventre*. Paris : Fayard.
Bourdieu, P. (1980). *Le capital social : notes provisoires. Actes de la recherche en sciences sociales.*
- Béné, C., Oosterveer, P., Lamers, M., et al. (2015). *Governance and resilience in the Niger River Delta: Lessons from local communities*. Ecology and Society, 20(4), 14. https://doi.org/10.5751/ES-07849-200414
- Berhane, G., Devereux, S., & Hoddinott, J. (2014). *The Productive Safety Net Programme in Ethiopia: Impacts on Household Consumption*. Oxford University Press.

- Berkes, F. (2018). *Sacred Ecology: Traditional Ecological Knowledge and Resource Management* (4th ed.). New York: Routledge.
- Bidima, J.-G. (1997). *La philosophie négro-africaine*. Presses Universitaires de France.
- Birchall, J. (2003). *Rediscovering the Cooperative Advantage*. Geneva : ILO.
- Blanc, D. (2019). *Environnement et développement durable en Afrique*. Presses Universitaires de France.
- Boaventura de Sousa Santos (2014). *Epistemologies of the South*. London: Routledge.
- Bourdieu, P. (1993). *Sociologie et culture*. Paris: Seuil.
- Braun, V., & Clarke, V. (2006). *Using Thematic Analysis in Psychology. Qualitative Research in Psychology*, 3(2), 77–101.
- Brundtland, G. (1987). *Our Common Future*. United Nations.
- Bujo, B. (2001). *Foundations of an African Ethic: Beyond the Universal Claims of Western Morality*. New York: Crossroad.
- Cabannes, Y. (2015). *Les budgets participatifs en Afrique francophone*. Paris : Éditions Karthala.
- Capra, F. (1996). *The Web of Life*. New York: Anchor Books.
- Capra, F., & Luisi, P. L. (2014). *The Systems View of Life: A Unifying Vision*. Cambridge University Press.
- Chabal, P. (2009). *Africa: The Politics of Suffering and Smiling*. Zed Books.
- Chambers, R. (2008). *Revolutions in Development Inquiry*. London: Earthscan.
- Checkland, P. (1999). *Systems Thinking, Systems Practice*. Wiley.
- Chigona, A., & Chigona, W. (2013). *ICT and Youth Creativity in Africa*. International Journal of Education and Development using ICT, 9(1), 23–38.

- Chikulo, B. (2019). Cooperatives and Local Development in Southern Africa. *African Journal of Development Studies*, 9(1), 45–68.
- Chilisa, B. (2012). *Indigenous Research Methodologies*. SAGE.
- Chinomona, R., & Sandada, M. (2013). *Social Innovation in Africa*. Journal of African Studies, 12(3), 45–67.
- CIFOR / ICRAF. (2007). *Forests in post-conflict Democratic Republic of Congo* (analyses et leçons sur la foresterie communautaire).
- CIKOD. (2023). *Community Ecological Governance Annual Report.* Accra: CIKOD Press.
- Climetrek (2022). *Mangrove Conservation, Bas-Congo, DRC*. Online Project Report.
- Coetzee, H. (2016). *Resilience and adaptive strategies in Southern African subsistence agriculture*. North-West University Repository. https://repository.nwu.ac.za/items/4f7d712e-10e3-4b58-97b5-e59f5b89092f
- Cohen, A., & Levin, S. (2019). *Community arts and local governance in Africa*. Nairobi: Creative Futures.
- Cornwall, A., & Jewkes, R. (1995). *What is Participatory Research? Social Science & Medicine*, 41(12), 1667–1676.
- Dardot, P., & Laval, C. (2014). *Commun : Essai sur la révolution au XXIe siècle*. Paris : La Découverte.
- de la Cadena, M., & Blaser, M. (Eds.). (2018). *A World of Many Worlds*. Duke University Press.
- de Merode, E., Smith, K., & Robbins, M. (2018). Conservation and Community Development in Virunga. *Conservation Biology*, 32(4), 827–838.
- de Saint Moulin, L. (2005). *La société congolaise face à son avenir*. Kinshasa : CEPAS.

- De Soto, H. (1989). *The Other Path*. New York : Harper & Row.
- de Sousa Santos, B. (2014). *Epistemologies of the South: Justice against Epistemicide*. Routledge.
- Defourny, J., & Nyssens, M. (2017). *L'économie sociale et solidaire : entre économie marchande et non marchande*. Bruxelles : De Boeck.
- Dème, E. H. B., Touron-Gardic, G., & Failler, P. (2024). Conflits latents et manifestes dans les pêcheries artisanales de l'écorégion de la Commission sous-régionale des pêches (CSRP): tensions actuelles et défis futurs. *VertigO*, *24*(1).
- Deneulin, S. (2021). *Justicia ecológica y desarrollo humano integral*. Madrid: Trotta.
- Denzin, N. K. (2012). *Triangulation 2.0. Journal of Mixed Methods Research*, 6(2), 80–88.
- Desrosières, A. (2010). *La politique des grands nombres*. Paris: La Découverte.
- Devers, D., & Vande Weghe, J. (2006). *Les forêts du bassin du Congo*. MEA/COMIFAC.
- Diagne, S. B. (2011). *Bergson postcolonial: L'élan vital dans la pensée africaine*. Dakar: Codesria.
- Diagne, S. B. (2013). *L'encre des savants*. Paris : Albin Michel.
- Diouf, M. (2017). *Microfinance and Women's Economic Empowerment in Senegal*. African Journal of Development Studies, 12(2), 45–68.
- Diouf, M. (2022). *Théologie du vivant : spiritualité et agriculture en Afrique de l'Ouest*. Dakar : ENDA Éditions.
- Douglas, M. (1966). *Purity and Danger*. London: Routledge.
- Eboussi-Boulaga, F. (1977). *La Crise du Muntu*. Paris : Présence Africaine.

- Eboussi-Boulaga, F. (1981). *Christianisme sans fétiche*. Paris : Présence Africaine.
- Éla, J.-M. (1982). *Repenser la théologie africaine*. Paris : Karthala.
- Eliade, M. (1957). *The Sacred and the Profane*. Harcourt.
- Escobar, A. (1995). *Encountering Development: The Making and Unmaking of the Third World*. Princeton University Press.
- Escobar, A. (2018). *Designs for the Pluriverse: Radical Interdependence, Autonomy, and the Making of Worlds*. Durham: Duke University Press.
- Eshete, A. (2017). *Sacred Forests and Church Landscapes of Ethiopia*. Addis Ababa: Ethiopian Orthodox Press.
- FAO. (2018). *Feeding Africa's Children: School Feeding Programmes in Nigeria*. Food and Agriculture Organization of the United Nations.
- FAO. (2019). *Community forestry and sustainable development in West Africa*. Rome: Food and Agriculture Organization.
- FAO. (2020). *Les femmes et la gouvernance foncière en Afrique.* Rome : Organisation des Nations Unies pour l'alimentation et l'agriculture.
- FAO. (2021). *Guide pratique de l'agroécologie en Afrique centrale*. Organisation des Nations Unies pour l'alimentation et l'agriculture. Rome.
- FAO. (2021). *State of the World's Forests 2020*. Food and Agriculture Organization of the United Nations. Rome.
- FAO. (2022). *The State of the World's Forests 2022*. Rome: FAO.
- FAO. (2023). *Community-based REDD+ initiatives in the Congo Basin.* Rome.

- Federici, S. (2012). *Revolution at Point Zero*. Oakland : PM Press.
- Flick, U. (2018). *An Introduction to Qualitative Research*. SAGE.
- Florida, R. (2002). *The Rise of the Creative Class*. New York: Basic Books.
- Fofack, H. (2016). *Finance solidaire et développement en Afrique*. Dakar : CODESRIA.
- Forest Carbon Partnership Facility. (n.d.). *Updates on the Democratic Republic of Congo's Mai-Ndombe Emission Reductions Program*. Banque mondiale / FCPF. Consulté via web.
- François, Pape (2015). *Laudato Si'*. Cité du Vatican : Libreria Editrice Vaticana.
- Fu-Kiau, K. K. (1991). *African Cosmology of the Bantu-Kongo: Principles of Life and Living*. Athelia Henrietta Press.
- Gadamer, H.-G. (1990). *Truth and Method*. Continuum.
- Gebremariam, A., et al. (2021). *Sustainable Mining Practices in the Katanga Region*. Journal of African Development, 23(2), 45–62.
- Gebremariam, E., Hailu, A., & Tsegaye, B. (2021). *Community-Based Resource Management in Ethiopian Highlands*. *Journal of Environmental Management*, 284, 112004.
- Gebremariam, T., Abebe, G., & Desta, B. (2021). *Community-based land and water management in Ethiopia*. Land Use Policy, 109, 105650.
- Gebreselassie, S. (2019). *Regreening the Highlands: Community Land Management in Tigray*. Addis Ababa: Ministry of Environment.
- Gebru, D. (2020). Ecology and Redemption: Faith-Based Land Restoration in Ethiopia. *African Studies Review*, 63(4), 712–730.

- Geertz, C. (1973). *The Interpretation of Cultures*. Basic Books.
- GGGI & Kenya. (2023). *Kenya Green Growth Index.* (kepsa.or.ke)
- Gilligan, C. (1982). *In a Different Voice: Psychological Theory and Women's Development*. Harvard University Press.
- Glaser, B. & Strauss, A. (1967). *The Discovery of Grounded Theory*. Aldine.
- Godfrey, L. (2014). *Sustainable arts in Africa: Eco-artisan practices*. Cape Town: Green Press.
- Gudynas, E. (2011). Buen Vivir: Today's tomorrow. *Development*, 54(4), 441–447.
- Gudynas, E. (2011). Buen Vivir: Today's tomorrow. *Development*, 54(4), 441–447.
- Gyekye, K. (1997). *Tradition and modernity: Philosophical reflections on the African experience*. Oxford: Oxford University Press.
- Habermas, J. (1987). *The Theory of Communicative Action*. Beacon Press.
- Hair, J. F., Hult, G. T., Ringle, C., & Sarstedt, M. (2020). *A Primer on Partial Least Squares Structural Equation Modeling (PLS-SEM)*. Sage.
- Handa, S., Park, M., Darko, R. O., Osei-Akoto, I., Davis, B., & Daidone, S. (2014). *LEAP Impact Evaluation Report*. UNICEF : Accra.
- Haraway, D. (1988). *Situated Knowledges. Feminist Studies*, 14(3), 575–599.
- Harding, S. (1991). *Whose Science? Whose Knowledge? Thinking from Women's Lives*. Cornell University Press.
- Harper, G. J., Steininger, M. K., Tucker, C. J., Juhn, D., & Hawkins, F. (2007). Fifty years of deforestation and forest fragmentation in Madagascar. *Environmental*

Conservation, *34*(4), 325–333. https://doi.org/10.1017/S0376892907004262

- Hart, K. (2010). *Informal Economy and the Anthropology of Development.* Cambridge : Polity Press.
- Haynes, J. (2016). *Nollywood: The business of Nigerian film*. London: James Currey.
- Heller, P. (2012). *Democracy, Participation, and Governance in Africa*. Oxford University Press.
- Hochleithner, S. (2021). Extractivism and Community Resistance in Central Africa. *African Affairs*, 120(479), 232–255.
- Holland, J. H. (1995). *Hidden order: How adaptation builds complexity*. Addison-Wesley.
- Hoppers, C. O. (2002). *Indigenous Knowledge and the Integration of Knowledge Systems*. Claremont: New Africa Books.
- Hoppers, C. O. (2002). *Indigenous Knowledge Systems and Learning*. Claremont: New Africa Books.
- Hountondji, P. (1980). *Sur la "philosophie africaine"*. Paris: Maspero.
- Hountondji, P. J. (1997). *Endogenous Knowledge: Research Trails and Crossroads*. Dakar: Codesria.
- Hountondji, P. J. (2002). *The Struggle for Meaning: Reflections on Philosophy, Culture and Democracy in Africa*. Ohio University Press.
- Hountondji, P. J. (2009). *La rationalité, une ou plurielle ?*. CODESRIA.
- HPP-Congo. (2025). *Rapport sur les Coopératives Agricoles du Kasaï et la Redistribution des Ressources*. Kinshasa.
- Hurni, H., Tato, K., & Zeleke, G. (2015). The Transformation of Tigray: Land and Water Restoration through Collective Action. *Mountain Research and Development*, 35(3), 230–241.

- Institut Congolais pour la Conservation de la Nature (ICCN). (2020). *Rapport annuel sur la gestion des parcs et réserves de la RDC*. Kinshasa.
- Jack, W., & Suri, T. (2011). *Mobile Money: The Economics of M-Pesa.* NBER Working Paper No. 16721.
- Jerven, M. (2015). *Africa: Why Economists Get It Wrong*. Zed Books.
- .Jonas, H. (1979). *Le Principe responsabilité*. Paris: Cerf.
- Kä Mana. (2013). *Changer la République Démocratique du Congo*. Kinshasa: Médiaspaul.
- Kabasele Lumbala, M. (2004). *Conservation et gestion durable des forêts en RDC*. Kinshasa: Université de Kinshasa.
- Kabeer, N. (1999). Resources, Agency, Achievements. *Development and Change*, 30(3), 435–464.
- Kaboré, D., Traoré, S., & Ouédraogo, M. (2018). *Coopératives et inclusion économique en Afrique de l'Ouest*. Editions Harmattan.
- Kagame, A. (1956). *La Philosophie bantu-rwandaise de l'être*. Bruxelles: Académie Royale.
- Kankonde Bukasa, P. (2015). *Écologie traditionnelle et développement durable en RDC*. Kinshasa: CEPAS.
- Kasoki, J. (2025). *Transdisciplinary Approaches to Community-Based Sustainability in the DRC*. Kinshasa: Presses Universitaires du Congo.
- Kasongo, K. (2019). *Savoirs endogènes et développement durable en Afrique centrale*. L'Harmattan.
- Kebede, T. (2020). *Tech hubs and creative entrepreneurship in Africa*. Addis Ababa: African Innovation Institute.

- Kelleher, B., et al. (2018). *Forest governance and community resilience in the Congo Basin.* Environmental Science & Policy, 87, 20–29.
- Kenyan Government. (2023). *"Green Growth is the answer to climate change".* Nairobi Declaration. (president.go.ke).
- Kenyatta, J. (1938). *Facing mount Kenya: The traditional life of the Gikuyu.* London: Secker & Warburg.
- Kisangani, E., & Tshimanga, P. (2019). *Agroforesterie et développement rural au Kasaï et en RDC.* Kinshasa : Presses Universitaires de Kinshasa.
- Ki-Zerbo, J. (1980). *Histoire de l'Afrique noire.* Paris : Hatier.
- Ki-Zerbo, J. (2003). *A quand l'Afrique ?.* Paris: Éditions de l'Aube.
- Kline, R. B. (2016). *Principles and Practice of Structural Equation Modeling.* Guilford Press.
- Kukutai, T., & Taylor, J. (2016). *Indigenous Data Sovereignty.* Canberra: ANU Press.
- Kuznets, S. (1934). *National Income, 1929–1932.* Washington, DC: US Government Printing Office.
- Latouche, S. (1998). *L'Autre Afrique.* Paris: Albin Michel.
- Laville, J.-L. (2010). *Politique de l'association.* Paris : Seuil.
- Leach, M. (2021). *Reframing Resilience in Africa: Political Ecologies of Change.* Routledge.
- Lefebvre, S. (2019). *Écospiritualité et monde africain : vers une théologie du soin.* Paris : Karthala.
- Levin, S. A. (1999). *Fragile dominion: Complexity and the commons.* Perseus Books.
- Leyronas, S., Françoise, A., Liotard, I., Mercier, L., & Obin, G. (2023). Les communs urbains: recréer du lien social dans les villes africaines.

- Makala, L., et al. (2020). *Agroforestry practices in Kasaï region: Balancing food security and environmental conservation.* African Journal of Agricultural Research, 15(5), 234–249.
- Marcus, G. (1998). *Ethnography through Thick and Thin*. Princeton University Press.
- Marks, N., Abdallah, S., Simms, A., & Thompson, S. (2006). *The Happy Planet Index: An Index of Sustainable Well-being*. London: New Economics Foundation.
- Mayaux, P., et al. (2013). *Mapping tropical forest cover and change*. Remote Sensing of Environment, 134, 1–12.
- Mazibuko, Z. (2021). Measuring Pluriversal Prosperity: The African Index of Sustainability. *African Development Review*, 33(2), 225–241.
- Mbaye, P. (2018). *Educational theatre and social change in West Africa*. Dakar: CODESRIA.
- Mbembe, A. (2010). *Sortir de la grande nuit*. Paris: La Découverte.
- Mbembe, A. (2016). *Politiques de l'inimitié*. La Découverte.
- Mbembe, A. (2017). *Politiques de l'inclusion et gouvernance en Afrique*. Karthala.
- Mbembe, A. (2020). *Brutalisme*. La Découverte.
- Mbiti, J. (1969). *African Religions and Philosophy*. Heinemann.
- Mbiti, J. (1970). *African Religions and Philosophy*. Heinemann.
- Mbiti, J. S. (1969). *African Religions and Philosophy*. London: Heinemann.
- Mbokolo, E. (1992). *Afrique noire : Histoire et civilisations*. Paris : Hatier.

- Mignolo, W. D. (2011). *The Darker Side of Western Modernity: Global Futures, Decolonial Options*. Duke University Press.
- Ministère de l'Environnement et Développement Durable (MEDD). (2020). *Plan national de gestion durable des ressources naturelles en RDC*. Kinshasa.
- Ministère de l'Environnement et Développement Durable (MEDD). (2020). *Plan national de gestion durable des ressources naturelles en RDC*. Kinshasa.
- Mkandawire, T. (2005). *African Intellectuals: Rethinking Politics, Language, Gender and Development*. CODESRIA.
- Mkandawire, T. (2015). *Neopatrimonialism and the Political Economy of Economic Performance in Africa*. Cambridge : Cambridge University Press.
- Mkandawire, T., & Soludo, C. C. (1999). *Our Continent, Our Future: African Perspectives on Structural Adjustment*. CODESRIA.
- Mogobe, B. (2017). *Botho and the Ethics of Communal Development in Botswana*. African Ethics Review, 12(3), 45–68.
- Moke, L. (2017). *Forêts sacrées et pratiques culturelles en RDC*. Kinshasa
- Moleka, P. (2025a). Empowerring Africa: *Harnessing Inclusive Innovation for Sustainable Development*. Peter Lang, Switzerland.
- Moleka, P. (2025b). *Post-Extractivism and the Crisis of Development: Reimagining the Congo Basin as a Knowledge Economy*. SSRN: https://ssrn.com/abstract=5261537
- Moleka, P. (2025c). *Ubuntu and Sustainable Cities in Africa*. In *The Palgrave Handbook of Ubuntu, Inequality and Sustainable Development*, pp. 355-370. Cham: Springer Nature Switzerland.

- Morin, E. (2005). *Introduction à la pensée complexe*. Paris: Seuil.
- Mouanda-Mouanda, D. (2020). *La mesure du bien-être en Afrique: vers une approche endogène*. *Revue Africaine de Sociologie*, 24(1), 33–57.
- Mudimbe, V. Y. (1988). *The Invention of Africa*. Indiana University Press.
- Mujinya, B. (2020). *Virunga : spiritualité, écologie et avenir du Congo*. Kinshasa : Éditions Saint Paul.
- Murekezi, A., Loveridge, S., & Blarel, B. (2020). Coffee Cooperatives in Rwanda. *Journal of Rural Studies*, 78, 1–12.
- Murove, M. F. (2009). *An African Environmental Ethic Based on the Concept of Ukama*. In Murove (Ed.), *African Ethics: An Anthology of Comparative and Applied Ethics* (pp. 315–331). Pietermaritzburg: University of KwaZulu-Natal Press.
- Mutua, M. (2002). *Human Rights: A Political and Cultural Critique*. University of Pennsylvania Press.
- N'Guessan, K., Diarra, A., & Tchagbele, E. (2020). *Gestion communautaire des forêts en Afrique centrale : savoirs locaux et développement durable*. *Revue Africaine de Gestion des Ressources Naturelles, 12*(3), 45–67.
- Nabudere, D. W. (2011). *Afrikology, Philosophy and Wholeness: An Epistemology*. Pretoria: Africa Institute of South Africa.
- Ndhlovu, F. (2017). *Crafting economies in Southern Africa*. Johannesburg: African Artisan Press.
- Ndjoku, J. (2021). *Églises, économie spirituelle et solidarité en Afrique urbaine*. *Cahiers Africains de Sociologie*, 14(2), 201–225.
- Ndlovu, P. (2023). *Feminist Economics in Africa: Care, Equity and Transformation.* Nairobi : African Gender Institute.

- Ndlovu-Gatsheni, S. J. (2013). *Coloniality of Power in Postcolonial Africa: Myths of Decolonization*. CODESRIA.
- Ndlovu-Gatsheni, S. J. (2020). *Decolonization, Development and Knowledge in Africa*. Routledge.
- Ngũgĩ wa Thiong'o. (1986). *Decolonising the Mind: The Politics of Language in African Literature*. James Currey.
- Niane, D. T. (1982). *Soundjata ou l'épopée mandingue*. Présence Africaine.
- Nicolescu, B. (2002). *Manifesto of Transdisciplinarity*. SUNY Press.
- Nkurunziza, J., Kabwe, S., & Uwizeyimana, E. (2015). *Girinka Programme: Impacts on Food Security and Inclusion in Rwanda*. Kigali Policy Research Paper.
- Nnaemeka, O. (2005). *Female Circumcision and the Politics of Knowledge*. Westport : Praeger.
- Noman, A., & Stiglitz, J. E. (2012). *Good Growth and Governance in Africa*. Oxford : Oxford University Press.
- Nori, M., et al. (2021). Pastoralism and resilience in the Sahel: Adaptive strategies in Burkina Faso. *Pastoralism*, 11(1), 1-15. https://pastoralismjournal.springeropen.com/articles/10.1186/s13570-021-00210-8
- Nori, M., et al. (2023). Pastoralist adaptation in Kenya: Social-ecological networks. *Pastoralism*, 13(1), 1-19. https://pastoralismjournal.springeropen.com/articles/10.1186/s13570-023-00290-8
- Nussbaum, M. (2011). *Creating Capabilities*. Cambridge : Harvard University Press.
- Nyamnjoh, F. (2015). *Modernity and Incompleteness: African Encounters with the Postcolonial World*. Langaa RPCIG.

- Nyssen, J., Poesen, J., Deckers, J., Mitiku, H. (2020). *Soil and Water Conservation in Ethiopia: A Historical Review. Land Degradation & Development*, 31(1), 45–60.
- Nzegwu, N. (2010). *Family Matters: Feminist Concepts in African Philosophy of Culture*. SUNY Press.
- Nzewi, M. (2007). *Traditional African cosmologies and the arts*. Lagos: Nigerian Institute of Cultural Studies.
- OECD. (2017). *How's Life? Measuring Well-being*. Paris: OECD Publishing.
- OIT. (2021). *Rapport sur l'emploi en Afrique.* Genève : Organisation internationale du travail.
- Olatunji, A. (2019). *Digital music distribution in Africa: Challenges and opportunities*. Lagos: Music Tech Africa.
- Oldfield, S. (2005). *Sacred forests and biodiversity conservation in Africa*. London: Earthscan.
- Olivier de Sardan, J.-P. (2005). *Anthropologie du développement*. Paris: Karthala.
- Olupona, J. J. (2014). *African religions: A very short introduction*. Oxford University Press.
- ONU Femmes. (2021). *Égalité des sexes et autonomisation économique en Afrique.* New York : UN Women.
- Opoku, K. (2019). *African Spirituality and the Ecology of Reciprocity.* Journal of African Philosophy, 36(2), 45–63.
- Ostrom, E. (1990). *Governing the Commons*. Cambridge : Cambridge University Press.
- Ostrom, E. (2009). *Governing the Commons: The Evolution of Institutions for Collective Action.* Cambridge University Press.

- Owuor, F. (2014). *African ethics and environmental stewardship: Lessons from indigenous knowledge systems*. Nairobi: University of Nairobi Press.
- Owusu, F., & Asiedu, A. (2020). *Rethinking sustainable development in Ghana: A socio-ecological perspective.* Development in Practice, 30(5), 635–648.
- Oyono, P. R. (2005). Profiling Local-Level Outcomes of Environmental Decentralizations. *World Development*, 33(4), 715–731.
- Paavola, S. (2004). *Abduction as a Logic and Methodology of Discovery. Foundations of Science*, 9, 267–283.
- Pact World (2021). *Reforestation and Community Resilience in Tanganyika, DRC*. Washington D.C.: Pact.
- Peirce, C. S. (1931–1958). *Collected Papers*. Harvard University Press.
- Piketty, T. (2014). *Capital in the Twenty-First Century*. Cambridge: Harvard University Press.
- Piketty, T. (2020). *Capital et idéologie*. Paris : Seuil.
- PNUD. (2022). *Rapport sur le développement humain en Afrique.* Addis-Abeba : PNUD.
- Polanyi, K. (1944). *The Great Transformation: The Political and Economic Origins of Our Time*. Boston: Beacon Press.
- PNUD (2023). *Rapport sur le développement humain.*
- Proswitz, L., et al. (2021). Modelling socio-ecological interactions in the Kilombero Valley, Tanzania. *Sustainability*, 13(12), 6552. https://www.mdpi.com/2071-1050/13/12/6552
- Putnam, R. (2000). *Bowling alone: The collapse and revival of American community*. New York: Simon & Schuster.

- Quijano, A. (2000). Coloniality of Power and Eurocentrism in Latin America. *International Sociology*, 15(2), 215–232.
- Rainforest FoundAtion uk. (7juillet, 2021). Lancement du projet de foresterie communautaire de cinq ans « forêts d'avenir » en RDC.
- Rakotondrainibe, S. (2019). *Agroforestry Practices and Soil Fertility in Madagascar*. Antananarivo: University of Antananarivo Press.
- Ramose, M. B. (1999). *African Philosophy through Ubuntu*. Mond Books.
- Ramose, M. B. (2002). *African Philosophy Through Ubuntu*. Harare : Mond Books.
- Raworth, K. (2017). *Doughnut Economics: Seven Ways to Think Like a 21st-Century Economist*. London: Random House.
- Ricoeur, P. (1986). *Du texte à l'action*. Seuil.
- Rosa, H. (2016). *Resonance: A Sociology of Our Relationship to the World.* Polity Press.
- Saaty, T. (2008). *Decision Making with the Analytic Hierarchy Process. International Journal of Services Sciences*, 1(1), 83–98.
- Sachs, J. D. (2015). *The Age of Sustainable Development*. New York: Columbia University Press.
- Sachs, W. (2010). *The Development Dictionary: A Guide to Knowledge as Power* (2nd ed.). Zed Books.
- Santos, B. de S. (2014). *Epistemologies of the South: Justice against Epistemicide.* Routledge.
- Santos, B. de S. (2018). *The End of the Cognitive Empire: The Coming of Age of Epistemologies of the South*. Duke University Press.
- Sarr, F. (2016). *Afrotopia.* Philippe Rey.
- Scoones, I., Leach, M., & Newell, P. (2015). *The Politics of Green Transformations.* Routledge.

- Sédar, E. L. (2017). Caractère sacré de l'initiation traditionnelle des garçons à l'âge adulte chez les Ngambé-Tikar du Centre-Cameroun. *Patrimoine culturel africain: Matériau pour l'histoire, outil de développement*, 161.
- Seekings, J., & Nattrass, N. (2005). *Class, Race, and Inequality in South Africa*. Yale University Press.
- Sen, A. (1985). *Commodities and Capabilities*. Amsterdam: North-Holland.
- Sen, A. (1999). *Development as Freedom*. Oxford: Oxford University Press.
- Sen, A. (2009). *The Idea of Justice*. Harvard University Press.
- Shiva, V. (1988). *Staying Alive: Women, Ecology and Development*. Zed Books.
- Shiva, V. (2018). *Earth Democracy: Justice, Sustainability, and Peace*. Cambridge: South End Press.
- Shiva, V. (2020). *Oneness vs. the 1%: Shattering Illusions, Seeding Freedom*. Chelsea Green.
- Stiglitz, J., Sen, A., Fitoussi, J. (2010). *Mismeasuring Our Lives: Why GDP Doesn't Add Up*. New York: The New Press.
- Tangwa, G. B. (1996). *African Bioethics: A Cross-Cultural Perspective*. Journal of Medical Ethics, 22(4), 243–248.
- Tchouassi, G. (2012). *Économie informelle et développement local en Afrique centrale.* Yaoundé : Presses Universitaires d'Afrique.
- Tempels, P. (1945). *La philosophie bantoue*. Presence Africaine.
- Tengö, M., Hill, R., Malmer, P., Raymond, C., Spierenburg, M., Danielsen, F., ... & Folke, C. (2017). Weaving Knowledge Systems in Sustainability Science. *Nature Sustainability*, 1(5), 350–355.

- Throsby, D. (2001). *Economics and Culture*. Cambridge: Cambridge University Press.
- Timmermans, S., & Tavory, I. (2012). *Theory Construction in Qualitative Research. Sociological Theory*, 30(3), 167–186.
- Tonda, J. (2021). *Afrodystopie: La vie dans le rêve d'autrui*. Karthala.
- Touré, M. (2017). *Traduction et transmission culturelle en Afrique*. L'Harmattan.
- Trefon, T. (2019). *Congo's Environmental Paradox: Potential and Predation in a Land of Plenty*. London: Zed Books.
- Tronto, J. (1993). *Moral Boundaries: A Political Argument for an Ethic of Care*. Routledge.
- Tshibanda, K. (2015). *Agroforesterie communautaire et développement durable au Kasaï.* Revue Congolaise des Sciences Sociales, 7(2), 45-63.
- Tshibanda, L. (2021). *Cosmologies africaines et théologies de la terre*. Karthala.
- Tshibangu, B. (2018). *Biodiversité et savoirs traditionnels en RDC : expériences locales de conservation.* Kinshasa : Presses Académiques Congolaises.
- Tshimanga, R. (2019). *Les forêts sacrées au Congo: Une approche culturelle de la conservation*. Kinshasa: L'Harmattan.
- Tuck, E., & Yang, K. W. (2012). *Decolonization is not a Metaphor. Decolonization: Indigeneity, Education & Society*, 1(1), 1–40.
- Tutu, D. (1999). *No Future Without Forgiveness*. New York : Doubleday.
- UN Women. (2020). *Women, youth and digital inclusion in Africa*. New York: UN Women.
- UN Women. (2021). *Gender equality in arts and culture in Africa*. New York: UN Women.

- UN Women. (2022). *Gender and Local Governance in Sub-Saharan Africa*. New York: UN Women.
- UNCTAD (2023). *Creative Economy Outlook Report*.
- UNDP. (2020). *Human Development Report 2020: The Next Frontier – Human Development and the Anthropocene*. New York: UNDP.
- UNDP. (2022). *Human Development Report 2022: Uncertain Times, Unsettled Lives*. New York: United Nations.
- UNEP. (2019). *Participatory Wildlife Monitoring in Salonga National Park*. United Nations Environment Programme. Nairobi.
- UNEP. (2020). *Ecosystem Restoration in Africa: Lessons from Tigray*. Nairobi: UNEP.
- UNEP. (2021). *Land degradation neutrality in Ethiopia: Progress and challenges.* Nairobi: United Nations Environment Programme.
- UNESCO (2010). *Creative Economy Report: Africa.* Paris: UNESCO Publishing.
- UNESCO (2021). *Inscription de la rumba congolaise au patrimoine immatériel de l'humanité*.
- Union Africaine (2006). *Charte de la Renaissance Culturelle Africaine*.
- Union africaine. (2023). *Rapport sur la connectivité et l'inclusion numérique en Afrique.* Addis-Abeba : UA.
- Ura, K., Alkire, S., Zangmo, T., & Wangdi, K. (2012). *A Short Guide to Gross National Happiness Index*. Centre for Bhutan Studies.
- Vandana, S. (2020). *Reclaiming the Commons: Community and Environmental Stewardship in Africa.* New Delhi: Routledge.
- WHO. (2020). *Traditional medicine strategy 2014–2023*. Geneva: WHO.
- WildlifeWorks. (n.d.). *Mai-Ndombe REDD+ Project, D.R.C.* Consulté via web.

- Willame, J.-C. (2009). *L'appropriation du développement*. Paris: L'Harmattan.
- Wiredu, K. (1997). *Democracy and Consensus in African Traditional Politics*. International Institute of Philosophy.
- Wiredu, K. (1998). *Cultural Universals and Particulars: An African Perspective*. Indiana University Press.
- World Bank (2018). *Digital Solutions for Social Inclusion in Africa*. Washington, D.C.: World Bank.
- World Bank. (2019). *Burundi Participatory Budgeting and Community Development Impact Assessment*. World Bank Report.
- World Bank. (2020). *Inclusive Growth and Sustainable Development in Sub-Saharan Africa.* Washington : Banque mondiale.
- World Bank. (2021). *Democratic Republic of Congo Country Economic Memorandum*. World Bank Publications.
- World Bank. (2022). *Ethiopia: Agriculture and environmental sustainability report.* Washington, DC: World Bank.
- World Bank. (2024). *Kenya Fiscal Sustainability and Resilient Growth DPO.* Washington. (worldbank.org)
- WWF. (2017). *DRC — REDD shows very promising results in Mai-Ndombe after first year*. WWF International / WWF-DRC.
- WWF. (2020). *Community-based conservation projects in the DRC*. World Wildlife Fund. Gland, Switzerland.
- WWF. (2022). *Congo Basin Forests: Biodiversity and Conservation*. Gland, Switzerland: World Wide Fund for Nature.
- WWF-DRC / ICCN. (2021). *Partenariat pour la gestion inclusive et communautaire des aires protégées (ex. : Salonga — note d'actualité)*.

- Yaro, J. A. (2018). *Rethinking the commons: Land, governance and the promise of regeneration in West Africa.* African Studies Review, 61(3), 89–112.

Table des matières

Revue « Marché et Organisations »

Promouvoir la recherche originale sur les relations de plus en plus étroites entre le marché et les organisations. Les acteurs économiques de taille, de puissance et de pouvoir différents dont les intérêts peuvent être convergents, complémentaires ou, le plus souvent, antagoniques, ont tendance à organiser les marchés. La raison du marché, pourtant, est la référence stratégique pour l'entreprise ainsi que pour les institutions publiques de décision économique.

N°6 : Entrepreneuriat et accompagnement. Outils, actions et paradigmes nouveaux, 2008
N°7 : Développement durable des territoires. Economie sociale, environnement et innovations, 2008
N°8 : Développement durable et responsabilité sociale des acteurs, 2009
N°9 : Gouvernance : exercices de pouvoir, 2009
N°10 : Le travail collaboratif. Une innovation générique, 2009
N°11 : Economie sociale et solidaire. Nouvelles trajectoires d'innovations, 2010
N°12 : Relations à la marque et marques de la relation. Regards croisés sur le management relationnel de la marque, 2010
N°13 : Les contrats au service de la recherche ?, 2011
N°14 : Le potentiel économique de l'Afrique subsaharienne, 2011
N°15 : Management de la distribution, 2012
N°16 : Territoire Vert. Entreprises, Institutions, Innovations, 2012
N°17 : Eco-conception, conception et innovation. Les nouveaux défis de l'entreprise, 2013
N°18 : Intelligence économique : entreprises et territoires, 2013
N°19 : La finance globale. Un monde fini, 2013
N°20 : La crise du « développement », 2014
N°21 : La Chine innove. Politiques publiques et stratégies d'entreprise, 2014
N°22 : Go East! Nouvelles Economies de Marché, 2015
N°23 : L'économie du changement, 2015
N°24 : Le temps des artisans. Permanences et mutations, 2015
N°25 : Innovations de proximité et esprit d'entreprise, 2016
N°26 : L'avenir des économies du Maghreb : entre inertie structurelle et envie de rupture, 2016/3 (n° 27)
N°27 : Le sport aux frontières du marché du travail, 2016
N°28 : Dynamiques internationales des entreprises, 2017
N°29 : L'univers du risque, 2017
N°30 : Les petites entreprises dans l'histoire industrielle, 2017
N°31 : Economie sociale et *social business* ? Au défi d'entreprendre et se financer, 2018
N°32 : Éducation et fertilisation des économies africaines, 2018
N°33 : L'entrepreneuriat innovant dans les pays du Maghreb, 2018
N°34 : L'entrepreneuriat scientifique : institutions et innovation, 2019
N°35 : Le champ économique de la culture, 2019
N°36 : Economie sociale et solidaire ? Modèles d'innovation et modes de gouvernance, 2019
N°37 : Rethinking Luxury Business, 2020
N°38 : La santé connectée. Nouvelles technologies et réorganisation des soins, 2020
N°39 : Options stratégiques et systèmes complexes d'innovation, 2020
N°40 : Les services : intégration des systèmes productifs et lien social, 2021
N°41 : Crise pandémique, crise globale. Réalité et controverses théoriques, 2021
N°42 : La crise de la covid-19. Le marché et les organisations en perspective, 2021
N°43 : (Re)faire système. *Bug & reset*, 2022
N°44 : Aléas du marché et management du risque, 2022
N°45 : Le renouveau du transport et de la logistique : les systèmes d'information, 2022
N°46 : Entrepreneuriat et innovation dans l'enseignement supérieur, 2023
N°47 : Le tourisme créatif. Culture, créativité, patrimoine, management, 2023
N°48 : L'Afrique : questions de performances, 2023
N°49 : *Fintech* en sciences du management, 2024

https://www.cairn.info/revue-marche-et-organisations.htm

Collection « L'esprit économique »
fondée par Sophie Boutillier et Dimitri Uzunidis en 1996

Dernières parutions

► ***Série Economie et Innovation***
G. DUTHIL, *Handicap et insertion professionnelle*, 2022.
T. MICHAUD, *La science-fiction institutionnelle*, 2023.
M. TOMAS, *Gouvernance territoriale et développement économique au Maroc : l'opportunité d'une étude économétrique*, 2025.
► ***Série Le Monde en Question***
O. MUMBERE MUHONGYA, *Efficacité de l'aide publique au développement. Question de la qualité des données*, 2024.
M. CAMARA, *Être ministre de l'Économie et des Finances de la République de Guinée*, 2024.
R. A. OBAM NLONG, *Du franc CFA à l'Afrix : la nécessaire refonte du Fonds Monétaire Africain*, 2024.
A. N. BASAHAG, *La réforme budgétaire dans les États de la Communauté économique et monétaire d'Afrique centrale (CEMAC)*, 2025.
A. OUCHEN, *Analyse des crises financières de grande ampleur : étude économétrique de contagion*, 2025.
O. S. AWAL, *Dette publique et développement au Cameroun : outils, stratégies et souveraineté économique*, 2025.
M.-C. DJIENA WEMBOU, E. B. AKONO, *Réformes économiques et financières en Afrique centrale : bilan et perspectives*, 2025.
E. FAKABA SISSOKO, *L'État, le marché et la fragilité : dynamiques croisées de l'investissement public et privé dans l'Alliance des États du Sahel (AES)*, 2025.
Ch. PROVIDENCE, *Développement durable dans la Caraïbe francophone : économie, culture et politique sociales face aux enjeux territoriaux*, 2025.
► ***Série Krisis***
G. MINART, *Condorcet économiste : un libéralisme économique au service du bien public*, 2023.
A. MANRAY, *Petit traité de gouvernance à l'usage des despotes éclairés*, 2024.
B. LANDAIS, *Théorie générale de la croissance économique et du développement*, 2024.
V. SOYER, *Critique de la théorie contemporaine de la valeur*, 2024.
E. CARREY, H. LANDIER, *De l'économie financière à l'économie du sens et du soin*, 2025.
► ***Série Clichés***
B. S. BONBON, *Géométrie parabolique tridimensionnelle ou perspective parabolique*, 2023.
S. BOUTILLIER, B. LAPERCHE, S. T. K. LE, *Ports industriels en transition : De l'économie circulaire à la décarbonation*, 2024.
B. HAGIARIAN, *En route vers le capitalisme*. Suivi de *Qu'est-ce qu'un supermarché ?*, 2025.
► ***Série Cours Principaux***
K. AMZILE, *Intelligence artificielle et modélisation du risque de crédit*, 2023.
B. LANDAIS, *Macroéconomie. Les fondamentaux*, 2024.
A. KATFI, O. EL MNOUER (dir.), *Mathématiques financières. Cours d'initiation et exercices corrigés*, 2024.
J. NGONGO NGOY, *Manuel d'analyse financière*, 2024.
H. GUENICHI, *Analyse avancée de données de panel : aperçu du cadre théorique et applications avec Stata et R*, 2025.
Y. KEHO, F. B. DOUCOURE, *Économétrie des données de panel : rappels de cours et applications avec Stata*, 2025.
Z. T. M. VAHI, *Modélisation du risque de crédit bancaire/ Les enjeux de la norme IFRS 9*, 2025.
► ***Série L'économie formelle***
J.-P. ROSELLO, *Marchés financiers, capital financier et crises systémiques*, 2024.
J.-L. VILLOUTREIX, *L'eau coule à Aguad : un conte économique*, 2024.
B. MEUNIER, *L'insoutenable dette publique de la France*, 2024.
J. LATREILLE, *Le PIB, ou la mesure de notre démesure*, 2024.
C. MEIDINGER, *Controverses macroéconomiques contemporaines*, 2024.
J.-M. RUFFIE, *La loi de l'offre et du besoin : décrocher de la demande*, 2025.
J.-N. COTTIER, *Les financières de l'immobilier locatif : SCPI, OPCI (SPPICAV et FPI) et SIIC*, 2025.

Structures éditoriales du groupe L'Harmattan

L'Harmattan Italie
Via degli Artisti, 15
10124 Torino
harmattan.italia@gmail.com

L'Harmattan Hongrie
Kossuth l. u. 14-16.
1053 Budapest
harmattan@harmattan.hu

L'Harmattan Sénégal
10 VDN SICAP AMITIE 3
BP 45034 Dakar-Fann
direction@senharmattan.com

L'Harmattan Cameroun
Tsinga/Derrière polyclinique FECAFOOT
BP 11486 Yaoundé
Jacques.koukam@harmattan.fr

L'Harmattan Burkina Faso
Villa 281, secteur 23 623, rue 14.32
Ouagadougou
zagbie@outlook.fr

L'Harmattan Guinée
Almamya, rue KA 028 OKB Agency
BP 3470 Conakry
harmattanguinee@yahoo.fr

L'Harmattan RDC
185, avenue Nyangwe
Commune de Lingwala – Kinshasa
matangilamusadila@yahoo.fr

L'Harmattan Congo
219, avenue Nelson Mandela
BP 2874 Brazzaville
deunovmikhael@gmail.com

L'Harmattan Mali
Immeuble Mgr Jean Marie Cissé
Aci Hamadallaye
BP 145 Bamako
syllaka@yahoo.fr

L'Harmattan Togo
Djidjole – Maison Amela
face EPP BATOME
02 BP 20680 Lomé
didieramela11@gmail.com

L'Harmattan Côte d'Ivoire
Résidence Karl – Cité des Arts
Abidjan-Cocody
03 BP 1588 Abidjan
harmattan.ivoire@gmail.com

L'Harmattan Bénin
Rue 604, (Immeuble à l'entrée
de la rue UCAO- Cite de Saint-Jean)
Cotonou
stepcorpus@gmail.com

Nos librairies en France

Librairie internationale
16, rue des Écoles
75005 Paris
librairie.internationale@harmattan.fr
01 40 46 79 11
www.librairieharmattan.com

Librairie des savoirs
21, rue des Écoles
75005 Paris
librairie.sh@harmattan.fr
01 46 34 13 71
www.librairieharmattansh.com

www.ingramcontent.com/pod-product-compliance
Lightning Source LLC
LaVergne TN
LVHW011442061026
849535LV00004BA/915